KB102153

穹通四柱

나의 운명 예언

홍연표 지음

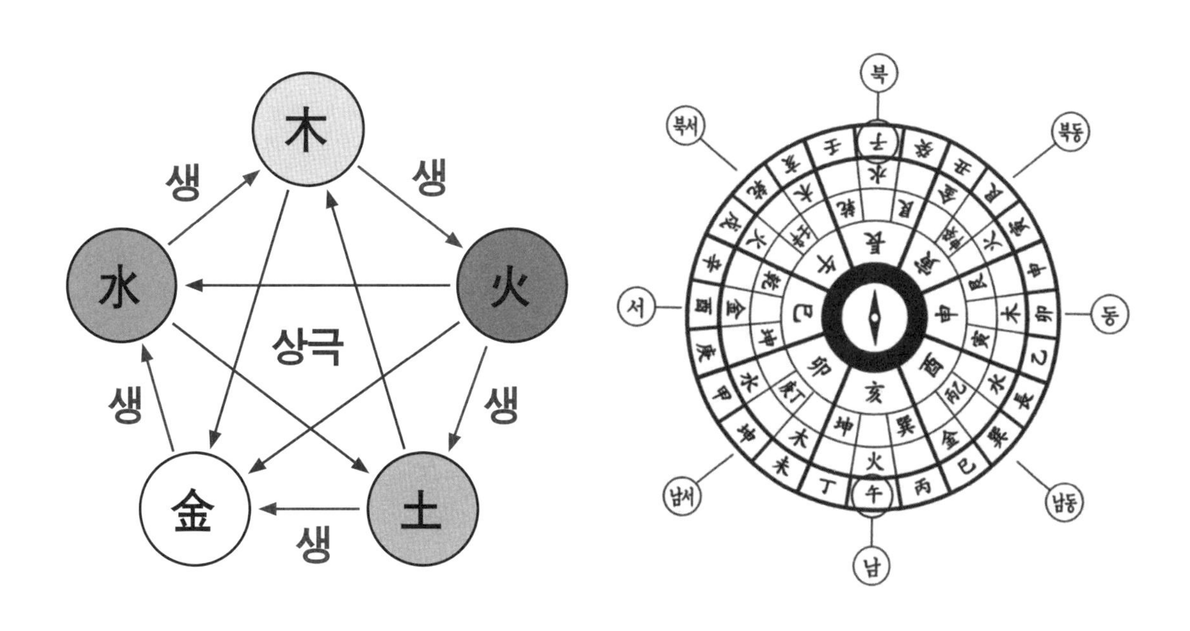

많은 세월 종교와 역(易)학에서 실제 경험과 비법 수록

궁통사주는 본인 운명을 직접 볼 수 있습니다

좋은땅

穹通四柱 궁통사주

초판 1쇄 발행 2021년 9월 3일

지은이 홍연표
펴낸이 이기봉
편집 좋은땅 편집팀
펴낸곳 도서출판 좋은땅
주소 서울 마포구 성지길 25 보광빌딩 2층
전화 02)374-8616~7
팩스 02)374-8614
이메일 gworldbook@naver.com
홈페이지 www.g-world.co.kr

ISBN 979-11-388-0165-2 (03180)

역학을 전문 직업으로 배우실 분

穹通四柱

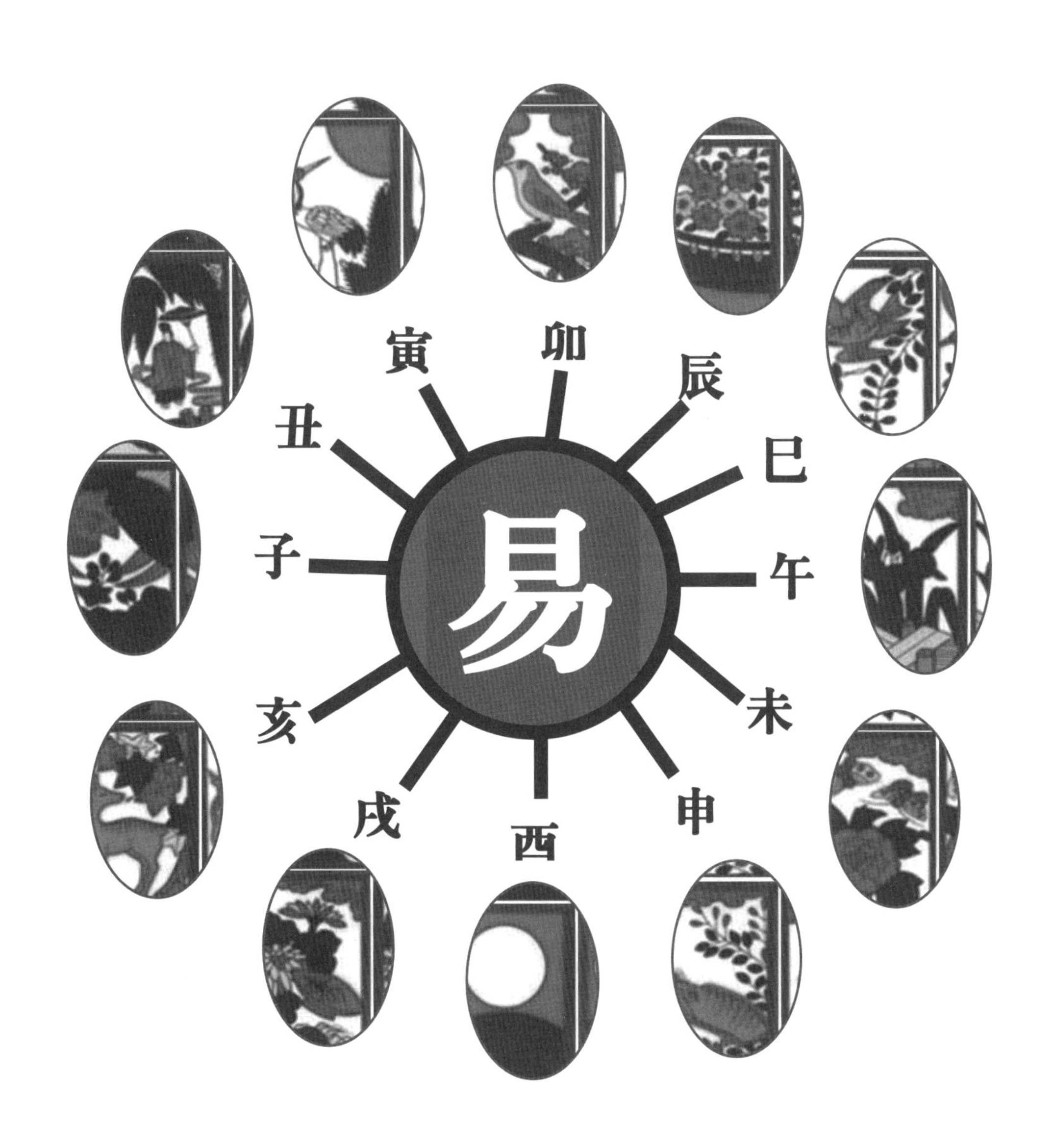

많은세월 종교와 역(易)학에서 실제 경험과 비법수록

궁통사주는 본인 운명을 직접 볼수 있습니다

저자의 약력

1] 경북 청송군 진보면 진안리 54-30번지 출생

2] 진보 중학교 총 학생회장 역임

3] 진보 농업고등학교 총 학생회장 역임

4] 지리산 피아골 토굴에서 5년간 입산수행 정진

5] 대한불교 조계종본사 조계사부설 동산불교대학졸업

출가 -수계(법명-혜명)은사 조계종 조계사 포교원장

(2대 4대) 대종사 - 무진장 큰스님

6] 사단법인 동양진리 연구학회 이사역임

7] 양산시 원동면 영포리 640번지 법관사 창건-주지

사단법인 대승불교 본원종 부산교구 감찰국장 홍보국장 역임

8] 양산시 원동면 선리 379 한국고유 무속신앙 전통민속예술원

사단법인 대승불교 중천사 창건 - 주지소임

부산광역시 연제구 거제1동 36-8번지 삼익퓨처타워상가226호

홍 연 표 역술원 30년간 개원중

TEL : 051- 502 -7937

상담시간 : 오전 09:00~오후 17:00까지

예약 : 010 - 3596 -0883

저자 - 홍연표[혜명]

#사주 학의 유래

옛날엔 지금과 같이 간지의 오행의 상생(相生)상극(相剋)과 상관없이 12성(星)의
조우(遭遇)로 판단하는 당사주란 것이 있었으며 이것은 당나라의 이허중 이란 학자가
하늘에 있다고 하는 천,귀,액,권,피,간,문,복,역,고,인,예,수의 12성의 별을
인간의 생년 월일 시와 관련시켜 사람의 길흉을 판단하는 방법으로 활용 하였다가
송나라에 와서는 이허중의 설에 간지오행의 상생 상극을 가미하여 서자평 이란
학자가 연해자평을 만들었으며 이때부터 당사주와 사주 명리학이 분리되어 발달하였고
당사주가 우리나라에 들어와서는 민간의 신앙으로 발전되어 이허중의 원문에 그림을
삽화하여 일반 서민들이 알기 쉽고 보기 쉽게 만들었으나 학문으로서 깊이가 없고,
토정 비결과 같이 재미로 보는 정도에 불과했다.

사주명리학도 처음엔 년간을 기준으로 오행의 상생 상극을 보았으나 지금처럼
일간(日干)을 기준으로 하여 보는 방법은 송 나라의 음양 학자인 서자평이
체계화 시켰다. 그때 서자평의 저서로 연해자평이 고전(古典)으로 전해저내려오고
있으니 사주명리학을 공부 하시는 분은 한번쯤 보시고 참고 할만하다.명나라에 와서는
사주명리학의 연구가 왕성하게 발전되어 만육오의 삼명통회(三命通會)는 오행의 원리를
철학 물리학적인 관점에서 설명한 훌륭한 저서이다.

연해자평을 비판적으로 계승한 명리정종(命理正宗)도 이때에 나왔다
적천수 원주는 비전(秘傳)되어 내려오다 청나리에 와서는 일반에게 공개되어
사주 운명학이 대 발전이 이루어졌으며 이 시기의 저서로는
명리약언 적천수집,적천수,천미,임철초,난강망 등이 있으며 난강망은 오래동안
묻혀있다가 여춘태라는 명리 학자에 의해 계승 발전된 지금의 궁하면 통한다는
궁통보감 이다.

우리 나라에 사주 운명학이 들어온 시기는 정확한 기록은없으나 중국에서 사주
운명학이 성행하였으므로 중국과 교류기 있었을 때부터 시작 되지 않았겠나 생각한다

삼국 시대에는 나라에서 관상감(觀象監)이 설치되었고 고려시대에는 태사국(太史局)을
조선 시대에는 서운관(書雲觀)을 두어서 국가의 대사(大事)를 결정 하기에 앞서

예언을 들었고 동서 활인원(活人院)을 두어 치병(治病)의 기능을 담당 하기도 하였으며
조선 시대에 일반 학자 나 선비들이 하나의 수양 서로서 필독서로 공부할 정도로
사주명리학이 성행하였으나 지금은 현대화의 물결과 함께 사주운명학을 미신으로
생각하는 관점이 많으나 이것은 사주명리학에 대해 무지 하기 때문이며 하나의 학문이기
에전문으로 연구해서 여러 분야에 응용해 봄직한 학문이다.

과학이 아무리 발달하여도 정신세계의 학문이기도 하기에 인류가 존제하는 한 영원히
없어지지 않고 계승 발전되리라 생각한다.

2021년 만물이 기지개를 펴는 따뜻한 봄날 양산시 원동면 영포안길 11-76 법관사에서

주지 – 홍연표[혜명]합장 055-381-2211

찾아보기

一] 오행[五 行]

1]상생[相生]
2]상극[相剋]
3]천간[天干]과지지[地支]
4]천간합[天干合]
5] 지지합 / 육합
6]육충[六沖]
7]상형[相形]
8]육해[六害]
9]육파[六破]
10]신살론[神殺論]
11] 오행 과 건강

一] 오 행[五 行]

목[木]-나무 / 화[火]-불 / 토[土]-흙 / 금[金]-쇠 / 수[水]-물

1]상생[相生] 목->화->토->금->수->목

2]상극[相剋] 목->토->수->화->금->목

->상극 과 상생의 암기법

#상생-> 나무가 타서 불이되고[목생화] 불이타면 재[흙]이되고
[화생토]흙이 쇠를보호하며[토생금]
쇠가 녹으면 물이된다[금생수]

#상극-> 나무가 많으면 흙이 갈라지고[목극토]
흙이 많으면 물을막고[토극수] 물이 불을끄며[수극화]
불이쇠를 녹이며[화극금] 쇠가 나무를 자른다[금극목]

3] 천간[天干]과 지지[地支]

가]천간

[甲갑,乙을]	[丙병,정丁]	[무戊,기己]	[경庚신辛]	[임壬계癸]
목	화	토	금	수
봄[동쪽]	여름[남쪽]	중앙	가을[서쪽]	겨울[북쪽]

나]지지

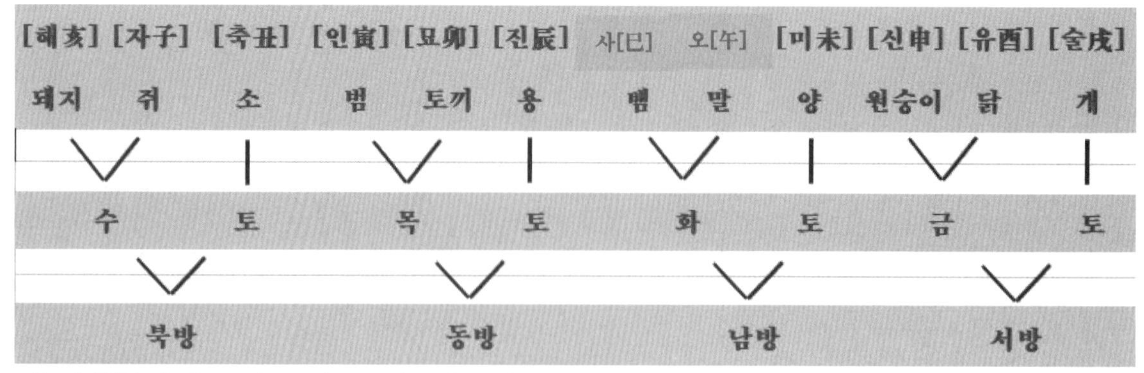

양지[陽支] 寅 辰 巳 申 戌 亥

음지[陰支] 子 丑 卯 午 未 酉

다]오행의 특성

	木[목]	火[화]	土[토]	金[금]	水[수]
천간[天干]	[甲갑,乙을]	[丙병,정丁]	[무戊,기己]	경[庚]신[辛]	[임壬계癸]
지지[地支]	寅[인]卯[묘]	午[오]巳[사]	辰戌[진술]丑未[축미]	申[신]酉[유]	子[자]亥[해]
방위[方位]	동[東]	남[南]	중앙[中央]	서[西]	북[北]
일기[日期]	아침[朝]	낮[晝]	정오[正午]	저녁[夕]	밤[夜]
계절[季節]	봄[春]	여름[夏]	사계[四季] 3.6.9.12 월	가을[秋]	겨울[冬]
색[色]	푸른색[靑]	붉은색[赤]	누른색[黃]	흰색[白]	흑[黑]
맛[味]	신맛[酸]	쓴맛[苦]	단맛[甘]	매운맛[辛]	짠맛[鹹]
기상[氣像]	바람[風]	청명[淸明]	흐름	뇌성[雷聲]	비[雨]
감정[感情]	노여움	즐거움	편안함	서러움	두려움
부류[部類]	기는유	날으는유	걷는유	껍질류	비늘류
수	3,8	2,7	5,10	4,9	1,6
위치[位置]	좌	상단	중앙	우측	하단
모양[模樣]	장대하고 빳빳한 것	활발하고 뛰어난 것	무겁고 투박한 것	단단하고 네모난 것	부드럽고 수려한 것
성질[性質]	어짐	예절	믿음	정의	지혜
체위[體位]	다리 / 코	어깨 / 눈	머리 / 얼굴	등 / 귀	꼬리 / 혀
오장[五臟]	간장	심장	비장	폐장	신장

#합,형,충,파,해,도

지지음양 祇支陰陽	양 = 寅 辰 巳 申 戌 亥 음 = 丑 卯 午 未 酉 子			十二支는四時를 대표한다		
삼합회국 三合會局	해묘미 목 亥卯未 木	인오술 화 寅午戌 火	사유축 금 巳酉丑 金	신자진 수 申子辰 水		
지지방합 地支方合	인묘진 목 寅卯辰 木	사오미 화 巳午未 火	신유술 금 申酉戌 金	해자축 수 해자축 수		
육 합 六 合	자축토 子丑土	인해목 寅亥木	묘술화 卯戌火	진유금 辰酉金	사신수 巳申水	오미무면 午未無變
삼 형 三 形	인사신지세지형 寅巳申持稅之形		축술미무은지형 丑戌未無恩之形		자묘무례지형 子卯無禮之形	
육 형 六 形	인 - 사 寅 - 巳	사 -신 巳 -申	신 - 인 申 - 寅	축 - 술 丑 - 戌	술 - 미 戌 - 未	미 - 축 未 - 丑
자 형 子 形	진 진 辰 辰	오 오 午 午	유 유 酉 酉	해 해 亥 亥	자 묘 子 卯	묘 자 卯 子
상 충 相 沖	자 오 子 午	축 미 丑 未	인 신 寅 申	묘 유 卯 酉	진 술 辰 戌	사 해 巳 亥
육 파 六 波	자 유 子 酉	축 진 丑 辰	인 해 寅 亥	오 묘 午 卯	사 신 巳 申	술 미 戌 未
육 해 六 亥	자 미 子 未	축 오 丑 午	인 사 寅 巳	묘 진 卯 辰	신 해 申 亥	유 술 酉 戌
원 진 怨 辰	자 미 子 未	축 오 丑 午	인 유 寅 酉	묘 신 卯 申	진 해 辰 亥	사 술 巳 戌

오행의 상생(相生)과 상극(相剋)　　　　오행의 방위도

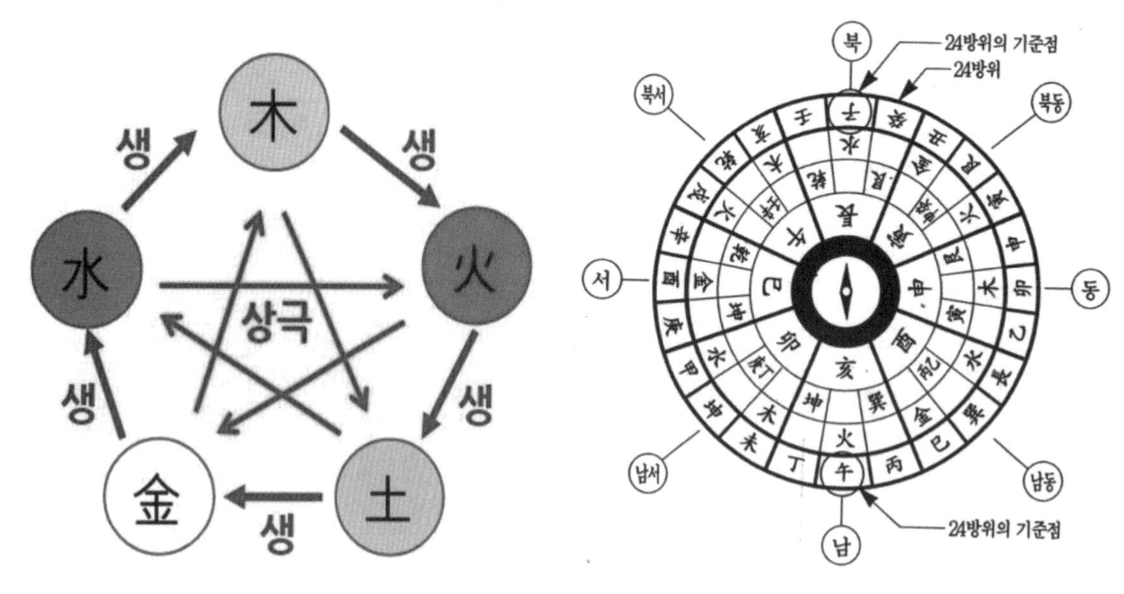

라]오행의 상징성

金-철물,금전,관록　木-나무,목제,의류,책　土-농장,토건업,땅,곡식

火-전기,태양,불,열기　水-물,술,여자,목욕탕,바람기를 상징

마]오행이 사주에 많을 때 (3개이상)

木-여자처럼 유약,추진력없다　火-급하고 질병많다

土-땅,부동산 많고 부자　金-성격상 똑똑,결단력,인생살이 순탄

水-바람기 많고 주색[酒色]

바]오행이 사주에 없을때

木-가정생활 어렵고한탄　火-결혼 자주하고 바람,파란많다

土-재복이 없고 안정성이없다　金-결단력 없고 고집으로 친인없다

水-부부풍파많고 부모,고향인연없고 삶이 윤택하지않다

4]천간합[天干合] - 합이되면 오행이 변한다

가] 甲[갑] + 己[기] = 土[토] -> 중정지합

마음이 넓고 타협심이 많으며 자기의 직분을 잘지키며

신의도 있으나 지능이 부족한 경우도 있다

나] 乙[을] + 庚[경] = 金[금] -> 인의지합

똑똑하고 결단력과 추진력이 있으며 내심은 냉정하나

외면으론 의리와 정이 많은것처럼 위장하여 처세하여

너무 자신감으로 실수를 저지른다

다] 丙[병] + 辛[신] = 水[수] -> 위엄지합

겉으론 위엄을 가장하나 실상은 냉정하고 간계에 능하며

색을 좋아하고 예의가 없다

라] 丁[정] + 壬[임] = 木[목] -> 인수지합

감정이 예민하여 자기도취에 잘빠지고 질투심이 많으며

그때의 감정에 잘흐르기가 쉬우며 주색정이 심하여 색을 즐긴다

마] 戊[무] + 癸[계] = 火[화] -> 무정지합

용모 수려하나 박정하며 교제술이 능하여 미인과 결혼하나

부부정이 없으며 늦게 결혼하거나 나이차이 많은 사람과결혼

간혹 평생 정식결혼을 않고 여자만 사귀고 총각으로

지내는 경우도 있다

5] 지지합 / 육합

가] 육합

子[자]丑[축]=土[토] 寅[인]亥[해]=木[목] 卯[묘]戌[술]=火[화]

辰[진]酉[유]=金[금] 巳[사]申[신] =水[수] 午[오]未=오행이없다

합이 많다는 것은 사람과 사귀기를 좋아 한다는것이며

사주에 남자는 천간합 여자는 지지합이 많으며 남,여

사귀기를 좋아하고 다툼은 적은편이나 애가많다

나] 삼합

亥[해]卯[묘]未[미] = 木[목] 寅[인]午[오] 戌[술] = 火[화]

巳[사]酉[유]丑[축] = 金[금] 申[신]子[자]辰[진] = 水[수]

다] 반합

삼합의 세글자중 어느2개만 합이 되는 것을 말한다

반합이 되어 나오는 오행은 삼합이되어 나오는 오행과 같다

#천간합

甲[갑]己[기]=土[토] 乙[을]庚[경]=金[금]

丙[병]辛[신]=水[수] 丁[정]壬[임]=木[목] 戊[무]癸[계]=火[화]

#지합

午[오]未[미]=0 巳[사]申[신]=水[수] 辰[진]酉[유]= 金[금]

卯[묘]戌[술]=火[화] 寅[인]亥[해]=木[목] 丑[축]子[자]=土[토]

6]육충[六沖]

충이란->싸움,떠남,깨어짐,이별,의견 충돌을 암시한다

가] 子[자]-> 午[오] 하는일이 항상 불안정하다

나] 丑[축]-> 未[미] 매사 지체됨이 많으며 고집이세다

다] 寅[인]-> 申[신] 다정다감하나 감상에 젖는 시간이 많다

라] 卯[묘]-> 酉[유] 친한사람 배반 잘하며 자식근심 많다

마] 巳[사]-> 亥[해] 소득없이 남의 일에 간섭하여 근심이 많다

바] 辰[진]-> 戌[술] 고집과 욕심으로 항상 손해보고 고독하다

#사주에 년,월,일시 모두 충이되면 광폭하고 단명하며 모두충이되고

합이되면 높은 벼슬길에 오른다

#년지가 월을 충하면 - 일찍 고향떠나 타향살이한다

#월지가 년지 충하면 - 하는일 중단되고 풍파가 많다

#월지가 타주와 합이되어 년지를 충하면 타격이 배가된다

#일지가 시지를 충하면 자식과 인연이 없고 동거하지말며

시지가 일지를 충하면 부부 이별하고 처를 극한다

7]상형[相形]

가] 寅[인] 巳[사] 申[신] 三形[삼형] - 지세지형

무모하게 세력다툼으로 실패한다

나] 丑[축] 戌[술] 未[미] 三形[삼형] - 무은지형

은혜를 배은망덕하여 적과 내통한다

다] 子[자] 卯[묘] - 무례지형

예의가 없으며 색정으로 파란많다

라] 자형-> 辰[진]辰[진],午[오]午[오],酉[유]酉[유],亥[해]亥[해]

사주에 자형을 만나면 성격이 침울하고 쓸때없는 고집으로

의지가 박약하고 독립심이 없다

사,절,묘를 만나면 생각이 모자라고 불구자인 경우도 있다

8]육해[六害]

사주에

酉[유],戌[술],子[자]未[미],丑[축],午[오],卯[묘],辰[진],申[신]亥[해]

寅[인]巳[사]해(형도됨)을 만나면 불구자가 되는 경우가 많다

생월에 육해를 만나면 고독,박복하다.여자가 더욱 그렇다

일과시에 해를 만나면 말년에 질병으로 고생한다

卯[묘],辰[진], 丑[축]午[오]해에 왕한 주성이면

성질 잘내고 인내와 양보없다

酉[유]일 辰[진]시 생은 귀머거리나 장님이 되는 경우가 많다

9]육파[六破]

寅[인]亥[해] , 丑[축]辰[진] , 戌[술]未[미]

子[자]酉[유] , 午[오]卯[묘] , 巳[사]申[신]

파란 서로 파괴된다.찢어 진다고 참고하면된다

상형도

子[자]卯[묘] , 寅巳申[인사신]　丑戌未[축술미]

육해도

辰[진]卯[묘] , 巳[사]寅[인] , 午[오]丑[축]

未[미]子[자] , 申[신]亥[해] , 酉[유]戌[술]

육파도

寅[인]亥[해] , 丑[축]辰[진] , 戌[술]未[미]

子[자]酉[유] , 午[오]卯[묘] , 巳[사]申[신]

10]신살론[神殺論]

1]천을귀인[天乙貴人]-지혜가 총명하여 흉한일을 당하여도 인덕이
있어 주위에서 도와주는이가 많아 해결이 잘되며 도리어 좋아진다
천을귀인의 주와 합이되면 사회의 신망이 높고 출세가 빠르며
한평생 형벌을 받지아니한다
천을귀인이 사절에 임하거나 충,공망되면 효력이 상실된다

2]금여[金輿]

인품이 온화하고 용모가 단정하고 총명하며 좋은 배우자 만나고
자식도 훌륭히된다

3]문창성[文昌星]

지혜가 뛰어나고 글재주가 좋으나 풍류를 즐긴다

4]학당[學堂]

문창성과 같으나 흉성을 만나면 학식이 높아도 벼슬운이 좋지않아
관직에 나가지 못하는 이가 많다

5]암록[暗綠]

남의 눈에 띄지 않게 급할 때 도움이 된다

	甲갑	乙을	丙병	丁정	무戊	기己	경庚	신辛	임壬	계癸
천을 귀인	丑未 축미	子申 자신	亥酉 해유	亥酉 해유	丑未 축미	子申 자신	丑未 축미	午寅 오인	巳卯 사묘	巳卯 사묘
금여	辰[진]	巳[사]	未[미]	申[신]	未[미]	申[신]	戌[술]	亥[해]	丑[축]	寅[인]
문창	巳[사]	午[오]	申[신]	酉[유]	申[신]	酉[유]	亥[해]	子[자]	寅[인]	卯[묘]
학당	亥[해]	午[오]	寅[인]	酉[유]	寅[인]	酉[유]	巳[사]	子[자]	申[신]	卯[묘]
암록	亥[해]	戌[술]	申[신]	未[미]	申[신]	未[미]	巳[사]	辰[진]	寅[인]	丑[축]

6]천,월덕 귀인[天,月德貴人]

귀한사주는 길해지고 흉성은 액이 감소한다

온순하고 현모양처형이고 잔액이 없고 정조가 있다

月	1	2	3	4	5	6	7	8	9	10	11	12
천덕 귀인	丁정	申신	壬임	辛신	亥해	甲갑	癸계	寅인	丙병	乙을	巳사	庚경
월덕 귀인	丙병	甲갑	壬임	庚경	丙병	甲갑	壬임	庚경	丙병	甲갑	壬임	庚경

7]삼기[三寄]

인품이 준수하고 도량이 넓고 사회적 명망이 높고 시험운이 좋다

천상삼기 甲戊庚[갑무경], 지하삼기 乙丙丁[을병정] , 인중삼기 壬癸辛[임계신]

8]복덕수기[福德秀氣]

재주총명하고 복록이 따르며 항상 도와주는이가 많고

일생 큰재앙이 따르지 않는다

천간 乙乙乙[을을을]이나 지지에 巳酉丑[사유축]

9]육수[六秀]

戊子[무자], 己丑[기축], 戊午[무오] , 己未[기미] , 丙午[병오] ,丁未[정미]-일주
글재주 있고 팔방미인소리를 듣는다
사주의 격국이 나쁘면 비루하고 인색하다

10]괴강살[魁罡殺]

戊戌[무술] , 庚戌[경술] , 壬戌[임술], 壬辰 [임진] , 庚辰[경진]
격이 좋으며 총명,대귀,영웅,열사가 나타난다
괴강성은 형충을 만나면 이상한 운명에 직면한다
고집이 세고 총명하나 인색,냉정하고 따지기 좋아한다
여성이 괴강이면 남성을 극[克]하거나 결혼하면 남편이 횡사 아니면
무능해져 고생이 많고 고독하다

11]양도[羊度]

丙午[병오] , 壬子[임자] , 戊午[무오] 음도->癸丑[계축],丁未[정미],己未[기미]
형벌,강렬,황폭,성급,잔인,태강으로 세상살이에 곤액과 험난이 따른다
여성은 생활력이 강하여 사회활동하여야한다
사주의 격이 좋으며 세상에보기드문 영웅호걸 열사가 되는 경우가 있고
남의 위에 지도자로 군림한다

12]백호대살[白虎大殺]

戊辰[무진] , 丙戌[병술] , 甲辰[갑진] , 壬戌[임술] , 癸丑[계축] ,丁丑[정축]
백호살은 비명횡사하여 흉신이다[교통,천재지변]
종교에 귀의하거나 고독,빈천하면 면한다

13]간여지동

甲寅[갑인] , 乙卯[을묘] , 庚申[경신] , 辛酉[신유] , 戊辰[무진],己未[기미]

활동력이 강하고 생활력이 강하며 활동하지 않으면 부부풍파 따르고

미망인이 많은 편이다

14]천라,지망 - 그물에 갇혀짐[술해-천라,진사-지망]

남->천라 여 지망이나 남녀 모두 천라지망이 사주에 많으며 이성의 복이없고

불구,관액,구설이 따르나 종교,의술,예술분야에 종사하면 좋다

15]수옥살 [사유축-묘 , 해묘미-유 , 신자진-오 , 인오술-자

신강하면 형권장악,경찰,형무등 출세

신약하면 태세에 또오면 관액,형벌따름

16]도화살[都花殺]

남녀 막론하고 잘생겼으나 풍류와 색정으로 주색을 탐하다 낭패본다

17]역마살[驛馬殺] - 삼합의 첫자와 충되는 글자

일생 분주히 돌아 다니기 좋아하고 안정되지 못하고 편안할 날이 없다

역마가 공망되면 주거가 불안하여 이사 자주한다

역마가 건록이 있고 충해주면 외직으로 명성을 얻는다

여자사주에 관성,역마가 같이있고 형,충을 만나고 수옥살,삼합을 겸하면

남편이 납치,감금 당하거나 횡액이 따른다

18]원진살[怨嗔殺]

이유없이 서로가 미워하고 원수같이 지내게됨

궁합/시부모/종업원과의 사이등에 상대의 사주/본인사주 대조하여 참고

19]귀문살[贵門殺] - 자유,오축,인미,묘신,진해,사술

의처증,의부증,변태성욕 발생할 우려가 많다

木[목],火[화],土[토] 일주,신약일 경우 정신병 오는 경우가 많다

20]천문성[天門星]

사주에 戌亥[술해]가 있을때 종교,예술,역학,한의에 소질이 있고 영감이 많다

21]문창일[文昌日]-문창성과 비슷하다

丙申[병신], 戊申[무신], 丁酉[정유], 己酉[기유] , 壬寅[임인] , 癸卯[계묘]

22]원진살[怨嗔殺]

子[자]	丑[축]	寅[인]	卯[묘]	辰[진]	巳[사]
未[미]	午[오]	酉[유]	申[신]	亥[해]	戌[술]

子[자]-未[미] = 쥐는 양머리의 뿔돋힌것을 크게 꺼린다

丑[축]-午[오] = 소는 밭을갈지않는 말에게 불만이 많다

寅[인]-酉[유] = 범이 닭의 주둥이 짧은 부리를 미워한다

卯[묘]-申[신] = 토끼는 원숭이의 재주많음을 미워한다

辰[진]-亥[해] = 용은 돼지의 면상이 시커멓다고 싫어한다

巳[사]-戌[술] = 뱀은 개짖는 소리에 놀라 경풍을 일으킨다

원진띠 끼리 (일지도 참고함) 혼사하면 원망과 불평이 많아

한평생 싸움이 그치질않는다

23]남녀 생월 불혼법

여자	1월	2월	3월	4월	5월	6월	7월	8월	9월	10월	11월	12월
남자	9월	8월	5월	6월	1월	12월	3월	10월	4월	11월	2월	7월

11] 오행 과 건강

1] 오행이 형,충,극 할때

木[목] - 형,충,극 할 때 -> 정신,중풍,탈모,시력 나빠짐

火[화]- 형,충,극 할 때 -> 고/저혈압,시력 심장 나빠짐

土[토]- 형,충,극 할 때 -> 소화불량,위경련,생리통 나빠짐

金[금]- 형,충,극 할 때 -> 기관지,폐,맹장,치질,뼈 나빠짐

水[수]- 형,충,극 할 때 -> 귀,성병,정력,당뇨,부인과 나빠짐

2] 오행이 일주에 있을때나 많을 때

子[자]	아래 배자주 붓고 아픔,요통	午[오]	심장두근,잘놀람,혈압
丑[축]	위무력증,위복통 잦음	未[미]	비장나쁨,가슴답답,우울증
寅[인]	어깨,허리,무릎,팔다리 쑤심	申[신]	기침,해소,천식,요통,관절염
卯[묘]	손발 저리고 가려움증	酉[유]	간,폐 나쁨/각혈,골절
辰[진]	등,가슴 결리고 뻐근함	戌[술]	어깨결림,장 나쁨
巳[사]	얼굴색 창백,동공 초점흐림	亥[해]	신장,방광 나쁨,생리,요통

사주에 甲乙丙丁[갑을병정] 있을 때 ->자식과 배우자 극

사주에 乙己癸[을기계] 있을때 -> 수족절단 이나 안질환

사주에 甲乙丙[갑을병] 있을때 -> 안과질환

사주에 甲[갑]3개나 辛[신]이 3개 있을 때 -> 눈질환,형옥,도축업

사주에 子酉未戌[자유미술]이나 卯午丑辰[묘오축진] -> 수족절단

사주에 甲,乙,庚 있을때> 실명

3] 건강과 육친의 관계

누구나 병이 생기려면 먼저 위의 기능에 이상이 생기게 되고
사람의 체질과 오행에 따라 간,심장,폐,신장의 균형이 깨어지면서
인체의 균형이 깨어진다
내적인 병은 부모,형제,처자의 인연으로서 과거세의 인과로부터 시작되고
숙명적이며 외적인 병은 운명이다

간이 나쁜 사람 ->부계와의 충돌이 원인이다

부계란 생아자만이 아니고 상사,사장등 남자와의 의사가 맞지않고

충돌이 잦으면 나빠진다

심장이 나쁜사람 -> 모계 계열과 화합치 못한사람이다

위장이 나쁜사람 -> 부모,형제,친구와 불화가 많은사람

폐가 나쁜사람 -> 부부불화,태어날때 부부싸움 잦았음

신장이 나쁜사람 -> 자녀들에 대한 지나친 간섭이 원인

4] 신체의 불편이상

수액[水厄]과 맹인[盲人]

	1,2,3 월	4,5,6 월	7,8,9 월	10,11,12 월
수액	寅[인]시	辰[진]시	酉[유]시	丑[축]시
맹인	酉[유]일시	辰[진]일시	未[미]일시	戌[술]일시

농아 와 불구

寅 午 戌 [인오술]생 - 卯[묘]　　일진이 乙巳[을사]일乙巳시

申 子 辰 [신자진]생 - 酉[유]　　일진이 乙未[을미]일乙未시

亥 卯 未 [해묘미]생 - 子[자]　　일진이 己巳[기사]일 己巳시

巳 酉 丑 [사유축]생 - 午[오]　#사주에 길성이 있거나 공망,합되면 약화된다

穹 通 四 柱

二] 관상

1] 삼정법(三停法)

2] 팔분법(八分法)

3] 오관(五官)

4] 안면 12궁

二] 관상

이(耳), 목(目), 구(口), 비(鼻), 미(眉) 오관을 한곳에 담은 얼굴은 그 사람의 인생, 과거, 현재, 미래사를 빠짐없이 수록한 인생(운명)의 바로미터 그 자체입니다.
이와 같이 유익한 고시적 존재(얼굴)를 바로 이해하지 못하고 또 다른 잣대에 인생을 재다보니 길흉화복(吉凶禍福)의 반복현상은 피할 길 이 없었던 것입니다.

'관상을 본다'하면 관상의 범위를 얼굴에다 한정하는 경우가 많다.
이는 큰 잘못 이다. 상(相)의 범위는 인체의 전모를 말한다.
머리끝에서 발끝까지 나아가 한 올의 체모에 이르기까지 인체에 속하는 모든 부위가 그 대상이다. 뿐만 아니라 일체의 행동거지 즉 걸음걸이나 앉은 자세(行相坐相)며 갖가지 버릇도 참고한다.
세간에는 수상, 골상, 족상 등 잡다하게 분류한 상서(相書)가 범람하고 있으나 그 중에서 수상(손금)을 제외한 나머지 것들은 그것 한편으로 한사람의 성격을 말한다거나 운명을 빠짐없이 점친다 하기에는 미흡하다.
그러나 상의 범위를 인체의 전모라고 규정한바와 같이 인체의 개개부위가 갖고 있는 정보를 절대로 무시해서는 안 된다.
마치 한방에서 단일 약재에다 기대하는 효능보다 이 약재, 저 약재를 첨가한데서 일어나는 상승효과를 기대하는 것과 같이 관상은 가시 권에 드는 모든 부위가 지니고 있는 정보를 종합한데서 합리적인 답을 구한다.

관상학의 창시자 숙복(叔腹)이 말하기를
"관상은 굳이 음양오행설을 짚어보지 않아도 된다.
마치 하늘의 별자리나 별빛 을 보고 시절을 예언하고 국운을 점치듯 인상도 드러난 겉모양을 읽는데서 능히 구하고자 하는 답을 얻을 수 있다"라고 했다.
이 말은 관상을 유물론적 가치관에서 판단할 수 있다는 뜻으로 굳이 동양철학적 사상으로 어렵게 접근하지 않아도 된다는 뜻이다.

그러나 중국의 역사나 중국에 기원을 둔 학문을 접하다보면 음양오행설을 이해하지 못하고는 더는 나아가기가 힘드는 경우가 많다.
관상학도 예외일 수 없어 자연의 순환 법칙론이기도 한 음양오행설에 근거한 해법이 아니면 더는 깊은 곳을 헤아릴 수가 없다.
숙복이 이를 모를 리가 없는데도 애써 음양오행설 무용론을 주창한 것은 일반대중이 이 학문의 도가 깊어지면 천기누설을 일삼는다하여 일반대중의 관상실력을 아마추어 수준에 묶어두자는 의도가 숨어 있지 않았나 생각한다.
(당시의 관상학 은 일반대중에게 금기의 학문이었다고 한다.)

삼정법(三停法)

삼정법이란,
얼굴을 위로부터 초. 중. 말년기로 3등분해 그 사람의 생애를 개괄적으로 판단하기 위한 설정이다.
구체성은 없지만 예전 어른들이 일종의 교훈적인 목적으로 써왔던 관상법으로 삼정법에 근거했음을 알 수 있다.
한 예로
"자네 지금은 고생하고 있지만 중년이 되면 잘 살게 될 거야..."라고 위로한 말이나

"저 사람 지금은 돈 몇푼 번다고 안하무인이지만 말년에는 고생 좀 할걸..."등은

모두 이 삼정법 요령에 근거한 것이다.

개괄적이라 해도 왕운(旺運), 쇠운(衰運)이 도래하고 잠입하는 시기가 정확하다는데 특징이 있다.

[1], 상정(上停)

얼굴에서 상정의 범위는 그림에서 보듯 이마 상단에서 눈썹까지이다.

상정은 대부분 이마가 차지하고 있어 인생의 초년기운은 전적으로 이마 사정에 달려

있다함을 말한다.

상정에서는 주로 선천 운을 본다.

선천 운이란 부모와 조상 운을 말한다.

상정이 지배하는 나이는 태어나서 34세까지이다. 따라서 20대나 30대 초반에 일어나는 모든 운수의 길흉여부는 상정 사정에 따른다.

[2], 중정(中停)

중정은 위로 눈썹과 눈 사이를 경계해 밑으로는 코끝까지이다.

나이로 치자면 35세에서 50세까지 정확히 15년간을 지배한다.

중정에는 耳. 目. 鼻의 삼관이 모여 있으며, 산근(山根)과 관골(觀骨)도 함께 자리하여

지적한 부위들이 잘 생겼다하면 중년 40대에는 크게 발전한다.

[3], 하정(下停)

하정은 코 밑 인중(人中)에서부터 턱 끝까지이다.

삼정을 천인지(天人地)의 개념으로 보면, 하정 지(地)는 땅에 해당한다.

하정이 지배하는 나이는 51세에서 71세까지 약 20년간이다.

이 무렵은 인생의 마무리 과정에 해당된다.

하정이 넓적하고 두둑하며 묵직한 형상이면 자손이 번창하고 재물도 늘어나며

수명 또한 연장된다.

반면 볼에 살집이 없다거나 얄팍한 턱, 송곳같이 쪼뼛한 턱, 뒤로 발랑 젖혀진

턱등은 50세까지 쌓아두었던 명예나 재물이 산적(山積)하다해도 이맘때가 되면 마치

썰물 같이 빠져 나가버린다.

그러므로 하정이 빈약하면 자식 복(덕)이 없다고 한다.

팔분법(八分法)

안면 팔분법은 삼정법보다 조금 더 세분화된 관상법의 하나이다.

이 대목은 일본의 현역상가 다이와(大和 田齊眼)씨가 발표한 내용이다.

[1], 선천운(先天運)

선천 운은 이마에 있다.

하늘 혹은 신(神), 국가(예전에는 임금), 부모 등 나의 손윗사람과 관계되는 운은 이마사정에 달려 있다.

[2], 대인관계(對人關係)운

전래의 관상서에는 눈썹과 그 언저리에서 형제 운을 점쳤다.

지금은 개념을 달리해 내가 상대하는 모든 사람 즉 대인관계의 운을 점친다.

[3], 이성 운 (배우자 운)

이 곳은 처첩궁이라 이름해 본처나 첩에 관계되는 운을 점쳐왔다.

지금은 개념의 폭을 넓혀 이성과 관계되는 모든 사안을 이곳에서 점친다.

[4], 사회 운

사회 속에서의 자리 매김 즉, 파워의 정도를 점친다.

[5]. 금전 운

주로 현금의 비축력, 관리력, 유통력 등의 우열 여부를 가린다.

[6], 재물 운

이곳은 예전 관상 서에서는 식록궁(食祿宮)이라 해 먹을 복(식량 운)을 따졌다. 양식 걱정이 없는 지금은 후천적인 재물 운을 점친다.

[7], 기국(器局)

기국이란 그릇(포부)이라는 뜻이다.
따라서 크고 작은 포부를 입 모양에서 가늠한다.
입은 그 사람의 그릇이다.

[8], 주거 운

주택, 대지, 전답 등 부동산 운을 턱에서 점친다.

오관(五官)

오관이란, 귀(耳),눈(目),입(口),코(鼻),눈썹(眉)의 다섯 기관을 말한다.
귀(耳)를 체청관(採廳官)이라 하며, 눈(目)을 감찰관(監察官), 입(口)을 출납관(出納官)
코(鼻)를 심변관(審辨官)이라 한다. 오관은 체내에 있는 오장을 관장해
오장 사정은 곧 오관에 반영된다.

[1], 귀 편(耳相編)

인간은 오감(五感)을 지녔다.
시각, 청각, 미각, 후각, 촉각이 그것이다.
이 중 에서 촉감기관을 제외한 나머지 4개 기관은 모두 얼굴에 배치된 오관이
관장하고 있다.
따라서 관상시에 오감의 사정은 해당기관의 생김새를 통해 진단한다.
예를 들면 눈 모양과 눈빛을 보고 시력의 정도를 가늠한다거나
콧대의 길이와 콧구멍의 넓이를 통해 후각 기능을 진단한다는 등이다.
그러나 청각기능은 귀 모양에 반영되지 않아 위의 요령에 따르지 않는다.
실제로 복귀에 해당한다는 크고 두터운 귀도 청각기능 장애자가 있는가 하면 볼품없이
빈약한 이상(耳相)인데도 소리를 가려듣는데 에는 아무런 불편이 없다는 것이 예이다.
따라서 청각기능은 관상 법 즉 시진법(視診法)으로는 가려내지 못한다.
그러나 고막으로 전해오는 소리가 아닌 마음으로 듣는 심청(心聽)기능은 귀 모양에
비례하고 있다.

이와 같은 귀는 조음(造音)기능(작곡)도 함께 발달해 음률조작에 뛰어나다.
악성 베토벤의 귀는 엄청 크고 두터웠다.
그런데도 그는 소리를 듣지 못하는 청각장애자였다.
하지만 심청기능과 조음기능이 뛰어났던 그는 주옥같은 명곡을 수없이 남겼다.
비슷한 예는 우리나리 대중가요 작곡가의 대부격인 박시춘, 박춘석씨의 귀도
보통사람과는 비길 바 없이 크고 두터웠다.
두 사람은 베토벤과 같은 난청자는 아니지만 귀가 크다는 공통점을 지니고 있다.
이와 같이 관상에서 난청 여부는 가려보지 못하지만
심청기능(心聽)은 가려본다.
크고 두터우며 늘씬한 이신(耳身)은 마음으로 듣고 내뱉는 소리에 뛰어나다.
그러므로 귀 모양이 못생긴 미녀 텔렌트는 있어도 귀 못생긴 가수는 없다.

[2], 눈썹(眉相)편

인체구조학적 이론을 빌자면 눈썹은 눈에 스며드는 빗물을 막아주는 추녀역할을 하는 존재이다. 다시 말해 생명과는 직접적인 관계가 없으며 신체의 특정 부위 한 곳을 보조하기 위해 존재한다는 것이다.
눈썹은 형제 운을 비롯한 대인관계 운, 학운, 인성 등 전반적인 내용을 본다.

<눈썹의 특징>

① 눈썹은 미모(眉毛)가 맑아야 한다.(淸)
② 눈썹은 높이 나야 한다.(高) (동양인에 한해)
③ 눈썹은 가늘고 부드러워야 한다.(細)
④ 눈썹은 빛나고 아름다워야 한다.(秀)
⑤ 눈썹은 완만한 곡선을 이루어야 한다.(彎)
⑥ 눈썹은 길어야 한다.(長)

[3], 눈(眼相)편

옛날부터 눈에 얽힌 이야기는 많다. '눈으로 말한다'
'눈은 마음의 창이다' 시나 노랫말에 나오는 눈 찬미론 은 다채롭다.
관상에서 눈은 혼백의 집이라 하며 그 속에서 우러나는 눈빛을 정기(精氣)라 한다.
정기는 생명의 빛이며 영혼의 흔적이기도 하다.
때문에 실명한 사람이나 눈 을 감은 얼굴은 관상하지 않는다.
그 사람의 정신을 읽을 수 없기 때문이다.
눈은 오행(五行) 중 목(木)에 해당한다.
오장(五臟) 중 간(肝)을 관장하며 눈빛에는 혼이 담겨 있다.
눈머리 눈꼽이 끼는 곳을 노육(怒肉)이라하며 흰자위를 백안(白眼)
검은자위를 흑안(黑眼)이라 하며 동자를 동공(瞳孔)이라 한다.
눈 꼬리는 마치 물고기 꼬리와 같다해 어미(魚尾)라고 한다.
눈과 눈빛은 쉴새없이 움직인다.
그 움직임은 마음이 움직이는데 따라 일어나는 심동(心動)현상이다.

[4], 코 편(鼻相編)

코는 얼굴의 기둥이다.
따라서 두둑하고 실하며 곧게 뻗어난 꼴을 높이 산다.
코는 오악(五岳)중 중악(中岳)에 해당하며 간지 법 상으로는 무기(戊己)의 자리가 된다.
오행의 매김자리는 토궁(土宮)이다.
체내 장기와의 관계는 오장 중 비위(脾胃)를 관장한다.
소화기관에 병이 발생하면 콧잔등에서 붉거나 검은 기색이 발현한다.
이 밖에도 콧망울과 콧구멍 사정을 통해 폐부(肺部)의 건강 여부를 진단한다.
코는 12궁중 재물을 관장하는 재백궁(財帛宮)이다.
얼굴에 있는 돈주머니라는 뜻이다.
따라서 비상(鼻相)이 잘생긴 사람은 현금이 나 동산(動産) 성격을 띤 재물이 많다.
코가 지배하는 나이는 41세에서 50세까지 10년간이다.

[5], 입편(口相編)

입은 오관(오관) 중의 하나로 출납관이라 한다.

들이키는 역할과 내뱉는 역할을 다한다해서이다.

오행의 이름으로는 수궁(水宮)이며 입이 지배하는 나이는 60세이다.

안으로 비장(脾臟)을 관장하며 혓바닥 앞, 뒷면을 통해 심장 사정을 읽는다.

상징적인 위치는 대해(大海)이다.

대해는 백천(百川)을 수용한다하여 그 모양은 넓고 깊은 꼴을 길상으로 친다.

들이키고 내뱉는 기능 두 가지는 생명과 밀접한 관계가 있다.

고로 입 모양은 수명 판단에 큰 몫을 한다.

안면 12궁

안면 12궁이란, 사람이 살아가는데 오가는 긴요한

운명 12가지를 사안별로 표기한 것이다.

지적한 12부위 모두가 다 잘 생겼다면 그야말로 복 받은 사람이다.

그러나 12복을 다 잘 타고났다는 사람은 없다.

어느 한쪽이 발달했다면 또 다른 한 편은 미발달해 들쭉날쭉 구성된 것이 대부분이다.

.

[1], 관록궁(官祿宮)

관록궁은 이마 한가운데 사공(司空)을 중심한 3~5cm 둘레가 그 자리이다.

일명 지각골이라고도 하는 이 자리는 이마면보다 약간 솟아오른 꼴을 원하며

외피 또한 두텁기를 바란다.

거기에다 색깔(氣色)이 밝게 비치면 더바랄것 없는 관록궁이라 한다.

그것은 필연코 관직에 몸담을 형상이며 그 관운 또한 수명이 길다해서이다.

[2], 천이궁(遷移宮)

천이궁이란 일명 역마궁(驛馬宮)이라고도 한다.

위치는 눈썹 끄트머리에서 귀 밑머리가 난 곳까지 그 중간지점(얼굴측면)이다.

이곳에서는 주로 여행, 직장의 이동, 주택의 변화(이사) 등의

운신(運身)에 따른 운을 점친다.

길흉 여부는 전적으로 그때그때 일어나는 기색에 근거한다.
천이궁이 홀연 어두워지면 이미 예약된 이사나 여행(출장, 임지부임)이라해도
후일로 미루거나 포기하는 것이 좋다.
일정을 연장하는 기간은 천이궁에서 일어난 암색(暗色)이 지워질 때까지(약 15일)이다.
천이궁이 암색을 띄는데도 이를 무시하고 여행이나 이사를 감행했다하면
목적한 바를 이루지도 못할뿐더러 크고 작은 피해가 따른다.
이와는 반대로 천이궁과 그와 연결된 복덕궁까지 외피가 두툼하고 기색이 환하면
여행에서 기대한 목적 이외에도 기대 밖의 이익을 얻는 경우도 있다.

[3], 복덕궁(福德宮)
복덕궁은 눈썹 끄트머리 상단에 접한 이마 일원이다.
이마의 액면(額面)이 반반하게 펼쳐져 눈썹과 가지런히 얼굴 전면(前面)에서
바라볼 수 있는 위치에 나 있으면 복덕궁이 살아있는 얼굴이라 한다.
반면 이마가 지나치게 동그람해 복덕궁이 마치 이마 측면으로 빗겨난 꼴이면
복이 없다는 얼 굴이 된다.

[4], 부모궁(父母宮)
부모궁은 이마 관록궁을 중심으로 좌우 2cm정도의 이마 일면이다.
이마의 액면(額面)이 반반하고 흠집이 없이 맑아야 부모의 안부가 편하다.

[5], 형제궁(兄弟宮)
형제 궁이란 눈썹을 말한다.
남성은 좌미(左眉)에서 형제 운을 우미(右眉)에서 자매 운을 본다.
(여성은 반대로 본다) 예전에는 눈썹 생김새를 통해 형제자매의 숫자를 셈하고
그들의 행. 불행을 점 쳤다.
형제 운 즉 대인관계 운이 좋다는 눈썹은 눈보다 미장이 길어야 하며,
올이 부드럽고 윤기가 나며, 미상(眉相)에 힘이 깃 들어 보이는 눈썹이다.

눈을 짓누르듯 눈에 밀착한 것, 올이 억세어 미모가 산만한 것, 미신이 토막토막 난 것

숱이 희박해 바닥이 훤하게 드러난 것 등은 모두 인덕(대인관계)이 없는 눈썹이다.
이와 같이 미숙하고 열악한 미상은 형제자매가 있다해도 서로가 도움이 되지 못해
가까운 이웃보다 못한 경우가 많다.

[6], 명궁(命宮)
명궁은 눈썹과 눈썹사이 미간(眉間)을 말한다.
명궁은 또 다른 이름으로는 인당 (印堂), 학당(學堂)이라고도 한다.
이곳을 목숨의 집, 명궁(命宮)이라 이름한 것 은 얼굴 전반을 통해 얻은 정보(운명)를
이곳에서 일어나는 기색(氣色)을 근거로 길흉여부를 판가름하는 기결 점이라 해서다.
따라서 명궁은 적절하게 넓고 외피에 두께에 따라 그 사람의 대세 적 흐름(운명)을
내다보고 당면한 문제의 길흉여 부는 그때그때 일어나는 기색에 따라 결론한다.
명궁은 그 넓이에 대해서 이론이 분분하다.
혹자는 한치가 되면 이상적이라고 했으며 또는 한쪽 눈썹 길이만큼의 폭이 적절하다고
말하는 상가(相家)도 있다.

[7], 전택궁(田宅宮)
눈썹과 눈 사이 눈두덩이 전택궁이다.
타고난 주택 운, 즉 상속 운이 이곳에 있다.
따라서 눈 두성이 넓직 하면 일찌감치 훌륭한 주거환경에서 살게 된다.
반면 마치 허기진 배가죽 마냥 움푹 꺼져 탄력을 잃고 좁으면 주거운(집복)이 없다.
이런 경우는 상당한 기간 제집 마련이 어려워 셋집살이을 전전하게 된다.
거기에다 턱 모양마저 짧거나 외소 하면 평생을 두고 제집 마련이 어렵다.
이를테면 전택궁이 잘 생긴 덕분에 백간 저택을 물려받았다 해도 제 턱이 빈약하면
말년기(50대)에 접어들어서는 예전 같은 집을 지니지 못한다.
반대로 전택궁이 빈약해 셋방에서 태어났다해도 턱 모양이 풍성하면
말년에는 남부럽지 않은 집을 지니게 된다.

[8], 처첩궁(妻妾宮) = 배우자궁

처와 첩의 자리(처첩궁)이라 이름한 것은 애인이나 배우자 등 이성운을 점치는 곳이다.
처첩궁의 정확한 위치는 눈 꼬리에서 귀밑머리가 난 곳(얼굴 측면) 일원이다.
이 곳 눈 꼬리는 마치 물고기 꼬리를 닮았다하여 어미(魚尾)라 하며,
그 옆자리 귀밑머리가 난 곳까지를 간문(奸門)이라 한다.
이곳 어미는 눈꼬리 상하가 맞닿는 곳이 깨끗해야 길하며, 간문은 살집이 두둑하고
말쑥해야 남녀간의 이성 운이 좋다.
반면에 간문 살집이 메마르거나 끄트머리가 움푹 꺼지고 거무스레하면 이성 운이 없다.
또한 상처자국이나 사마귀, 흑점 등이 나 있다해도 이성운은 없는 사람이다.

[9], 남녀궁(자녀궁)
남녀궁이란 또 다른 이름으로 자녀궁이다.
아랫 눈꺼풀 눈썹을 따라 도둠하게 일어난 곳이 그 자리이다.
이곳은 마치 살아 있는 한 마리의 누애를 닮았다하여 와잠(臥蠶)이라 이름하고
그 아래부위를 눌러 뼈가 닿지 않는 곳을 누당(淚堂)이라 한다.
이 두 곳을 가리켜 자녀궁이라 하는데 자녀를 여럿 두던 예전에는 이곳 사정을 통해
자녀의 수를 셈했다.
와잠은 마치 한 마리의 누애가 살아서 꿈틀거리듯 싱싱한 꼴이면
남성은 생식력이 왕성하고 여성은 수태기능이 발달해 수태와 출산이 손쉽게 이루어진다.
이와는 달리 눈 밑에 누애 모양이 없다거나 누당이 마치 바람 빠진 튜브모양으로
팽창력을 잃은 꼴이면 남성은 정력이 없고 여성은 수태기능이 부실해 건강한 임신과
출산을 기대하기 어렵다.

[10], 질액궁(疾厄宮)
질액궁이란 눈과 눈 사이 콧 뿌리를 말한다.
산근(山根)이라 이름하는 질액궁은 글자그대로 질병이나 또 다른 액운을 점치는 곳이다.
이곳이 지나치게 꺼져 이마에서 콧대로 이어지는 선이 단절된 형상이면 갖가지 질병과
친숙해 일생동안 여러 차례 병상을 찾게 된다.

질액궁을 지배하는 나이는 41세, 42세, 43세의 3년간인데 움푹 꺼진 정도가 심하면

이맘때가 가장 위태롭다.

질액궁에다 또 다른 이름을 부여해 변화궁(變化宮)이라고도 한다.

대부분의 사람들이 이 질액궁이 지배하는 나이에 당도하면 기존의 생활과는 다른

다양한 변화를 일으키기 때문이다.

이를테면 직업의 변화, 주거지의 변화, 신분상의 변화 심지어 가족 구성원에 이르기까지

변화(생사별)가 일어난다는 것이다.

[11], 재백궁(財帛宮)

그림에서 보듯 코끝 준두(準頭)와 좌우 콧 망울 난대 전위(蘭臺殿尉)가 재백궁이다.

재백궁은 지갑이나 금고에 비유해 튼튼하고 두둑한 꼴이면

금전(재물) 비축운이 좋다고 한다.

전래의 관상서에는 다양한 코 이름이 있으나 그 중에서도 현담비(懸膽鼻)가

으뜸 가는 복 코이며 돈 코라 했다.

현담비란 소의 쓸개를 꺼내어 치켜들었을 때 축 늘어져 코끝 일원에 무게가 실린

그런 코 모양을 말한다.

코 모양이 현담비이거나 그와 유사한 코모양은 일생을 통 해 금전(재물)에 여유가 있다.

형체가 분명한 콧망울에는 양질의 배우자 운도 함께해 좋은남편, 훌륭한 아내를 가진다.

이와는 반대로 콧대는 뻗어났다 해도 콧 망울 벽이 얇아 코 모양이 홀쭉하게 생겼거나

콧구멍이 훤하게 드러났다 하면 돈복, 처복(남편 복)이 다 없다.

이런 코는 40대 10년간이 고달프다.

재물의 손실과 부부의 생사별이 한꺼번에 일어나기 때문이다.

[12], 노복궁(奴僕宮)

노복궁이란 턱을 말한다.
노복이란 종을 뜻하는데, 지금은 개념을 달리해 손아랫사람, 고용인 등을 그 범주에 두어 그들과의 관계 운을 턱 모양을 통해 점친다.

노복궁(턱)은 넓고 길며 두터워서 묵직한 느낌이면 내가 거느릴 수 있는 손아래사람이나 고용인이 많다.
반면 짧막한 턱, 쪼빗한 턱, 뒤로 발랑 젖혀진 턱 등은 아랫사람을 거느릴 운이 없다.
이러한 턱이 아랫사람을 여럿 두었다하면 필연코 하극상(下剋上)의 항명(抗命)이 따라 제 뜻을 이루지 못하게 된다.

고용인원이 많은 업종의 장(長)은 풍성한 노복궁이 필수적이다.
노복궁이 빈약한 사람은 가급적이면 아랫사람을 두지 않아도 해낼 수 있는 업종을 선택하는 편이 안전하다.

三]사주[四柱]팔자[八字] 정리법

1] 사주뽑는방법

2] 사주[四柱]의 구성

3]육신

4] 육신의 해설

5] 12운성 찾는 법

6] 육신/12운성/대운을 총정리

三]사주[四柱]팔자[八字] 정리법

사주팔자란 태어난 출생년,월,일,시의 네기둥을 사주라고하고
천간과지지를 합하면 팔자가 되므로 사주팔자라한다

[예] 1950년 5월5일 辰[진]시생 [남자]

	년	월	일	시
천간	庚[경]	임[壬]	丙[병]	壬[임]
지지	寅[인]	午[오]	戌[술]	辰[진]

년,소년기[15 세까지]
월,청년기[15 세~30 세]
일,중년기[30 세~45 세]
시,노년기(45 세~60 세]

꼭 그런것은 아니지만 대략 참고해서본다

년주	월주	일주	시주
조상	사회	본인	노후
부모	가정	배우자	자식

년주,월주를 부모님으로
보기도하며
월주를 부모님과형제로
보기도 한다

1] 사주뽑는방법

대운만세력을[대운이 적립 만세력] 서점에서 구입해서 태어난해[1950년]
경인이므로 적고 월주는 5월이므로 임오이고 일주는 5일이므로 병술로 적고
시주는 진시에 태어났으므로 진시를 시지에 적고 시의 천간은[시간조견표]에서
본인의 일주칸에 진시에 보면 임진시가 된다
월지를 적을때에는 그달의 맨첫째절입을 지나지 않았으면 앞달의 월건을 취하여야하고
생일이 절입에 걸리거나 절입을 지났으면 그달의 월건을 취하면된다

[예]1950년 4월 23일 辰시의 경우 가]
1950년 4월 20일 辰시의 경우 나]

가]

년	월	일	시
庚	壬	甲	戊
寅	午	戌	辰

나]

년	월	일	시
庚	辛	辛	壬
寅	巳	未	辰

가]의경우 년[1950 년] 庚 寅을 적고 월이 4 월이나 [4 월은 辛 巳]23 일은 첫절입
표시된 것[망종]을 지났으므로 5 월 월건이 적용되어 壬 午가되고 시는 辰시이므로
시간조견표에서 甲, 己의 칸에 辰시를 찾으면 戊 辰시가 된다

나]의경우 년은 그대로 적고 월이 4월20일이 절입을 지나지 않았으므로
4월의 월간 辛 巳로하고 20일이 辛未이므로 시간조견표에 보면 丙辛 칸에
辰시를 찾아가면 壬辰 시가된다

시간조견표												
일주	子	丑	寅	卯	辰	巳	午	未	申	酉	戌	亥
甲일, 己일	甲子	乙丑	丙寅	丁卯	戊辰	己巳	庚午	辛未	壬申	癸酉	甲戌	乙亥
乙일, 庚일	丙子	丁丑	戊寅	己卯	庚辰	辛巳	壬午	癸未	甲申	乙酉	丙戌	丁亥
丙일, 辛일	戊子	己丑	庚寅	辛卯	壬辰	癸巳	甲午	乙未	丙申	丁酉	戊戌	己亥
丁일, 壬일	庚子	辛丑	壬寅	癸卯	甲辰	乙巳	丙午	丁未	戊申	己酉	庚戌	辛亥
戊일, 癸일	壬子	癸丑	甲寅	乙卯	丙辰	丁巳	戊午	己未	庚申	辛酉	壬戌	癸亥
부터 까지	23:01 ~01:00	01:01 ~03:00	03:01 ~05:00	05:01 ~07:00	07:01 ~09:00	09:01 ~11:00	11:01 ~13:00	13:01 ~15:00	15:01 ~17:00	17:01 ~19:00	19:01 ~21:00	21:01 ~23:00

2] 대운 정리법

가] 년간이 양[+]인 남자 / 년간이 음[-]인 여자 -> 월주에서부터 순행

나] 년간이 음[-]인 남자 / 년간이 양[+]인 여자 -> 월주에서부터 역행

다] 대운의수는 계산해도 되나 대운 만세력에서 찾아보면 생이날 밑에 숫자가
적혔는데 위의 숫자는 남자의 것이고 밑의 숫자는 여자의 것이다
만약 절입에 딱걸리는 경우는 대운의 수를 역행하는 경우는 1이고
순행하는 경우는 10으로 한다

라] 대운이란 - 10년마다 운이 바뀌는 것을 말하는것인데 10년동안 본인 나이에
해당되는 대운의 주성을 참고해서 운명을 풀어나가야 하는데
천간을 4년,지지를 6년으로 참고하기도하고 천간,지지를 다참고하면서
천간은 40% 지지는 60% 참고하기 바란다

예] 1950 년 5 월 5 일 辰시생[남자]

년	월	일	시
庚	壬	丙	壬
寅	午	戌	辰

년간 辰이 양[+]이며
남자이므로

월주 壬千에서 부터 순행한다

대운수는 남자이니 위의수 6

대운수	6 세	16 세	26 세	36 세	46 세	56 세	66 세
진행	癸	甲	乙	丙	丁	戊	己
	未	申	酉	戌	亥	子	丑

예] 1950 년 5 월 5 일 辰시생[여자]

년	월	일	시
庚	壬	丙	壬
寅	午	戌	辰

년간 辰이 양[+]인데
여자이므로

월지에 역행한다

대운수는 여자이니 밑에
5 이므로

대운수는 5 이다

대운수	5 세	15 세	25 세	35 세	45 세	55 세	65 세
진행	辛	庚	己	戊	丁	丙	乙
	巳	辰	卯	寅	丑	子	亥

역행이란	己	戊	丁	丙	乙	甲
	巳	辰	卯	寅	丑	子

순행이란	甲	乙	丙	丁	戊	己
	子	丑	寅	卯	辰	巳

3]육신

天干 육신 기준표

육친	비견	겁재	식신	상관	편재	정재	편관	정관	편인	인수
甲	甲	乙	丙	丁	戊	己	庚	辛	壬	癸
乙	乙	甲	丁	丙	己	戊	辛	庚	癸	壬
丙	丙	丁	戊	己	庚	辛	壬	癸	甲	乙
丁	丁	丙	己	戊	辛	庚	癸	壬	乙	甲
戊	戊	己	庚	辛	壬	癸	甲	乙	丙	丁
己	己	戊	辛	庚	癸	壬	乙	甲	丁	丙
庚	庚	辛	壬	癸	甲	乙	丙	丁	戊	己
辛	辛	庚	癸	壬	乙	甲	丁	丙	己	戊
壬	壬	癸	甲	乙	丙	丁	戊	己	庚	辛
癸	癸	壬	乙	甲	丁	丙	己	戊	辛	庚

地支 육신 기준표

육친	비견	겁재	식신	상관	편재	정재	편관	정관	편인	인수
甲	寅	卯	巳	午	辰戌	丑未	申	酉	亥	子
乙	卯	寅	午	巳	丑未	辰戌	酉	申	子	亥
丙	巳	午	辰戌	丑未	申	酉	亥	子	寅	寅
丁	午	巳	丑未	辰戌	酉	申	子	亥	卯	午
戊	辰戌	丑未	申	酉	亥	子	寅	卯	巳	午
己	丑未	辰戌	酉	申	子	亥	卯	寅	午	巳
庚	申	酉	亥	子	寅	卯	巳	午	辰戌	丑未
辛	酉	申	子	亥	卯	寅	午	巳	丑未	辰戌
壬	亥	子	寅	卯	巳	午	辰戌	丑未	申	酉
癸	子	亥	卯	寅	午	巳	丑未	辰戌	酉	申

일간[본인]에서 천간과지지를 대조해서 찾는다

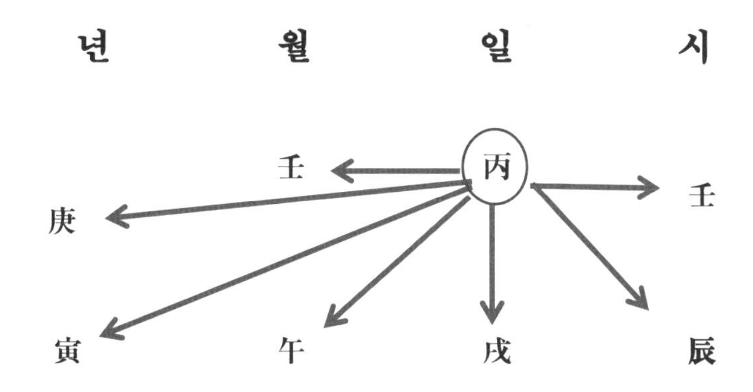

편재	편관	본인	편관
편인	겁재	식신	식신

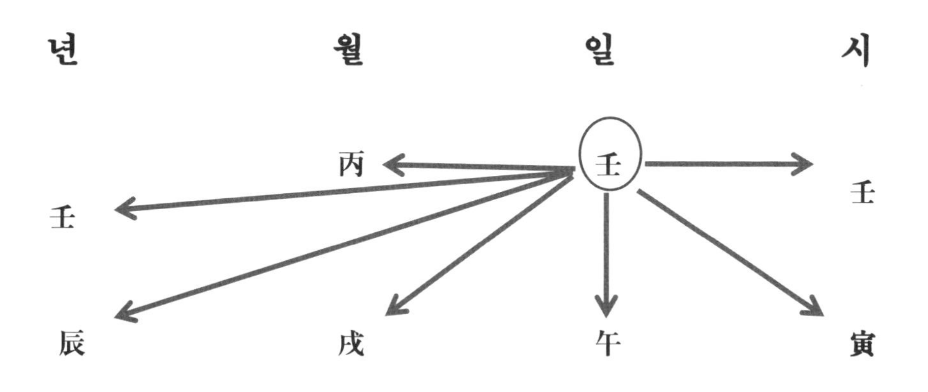

비견	편재	壬	비견
편관	편관	정재	식신

4] 육신의 해설

가] 비견 - 형제,친구,동료.신규사업 시작,분가로 본다

나] 겁재 - 이복형제,여동생,겁탈당한다,사기,손해

다] 식신 - 여자에게는 자식,손자,조카 식록으로본다

남자는 식록,손재,수술,장모로 본다

라] 상관 - 여자는 자식,남녀 모두 식록,수술,건강,조모로 본다

마] 편재 - 부친,금전회전 남자는 여자 처첩으로 본다

바] 정재 - 아버지,형제,금전 남자는 여자 정처로 본다

사] 편관 - 남자는 자식,관직,변동 여자는 남편,간부

아] 정관 - 남자는 자식,진급,발전 여자는 남자 본남편

자] 편인 - 계모,이모,무정한 엄마,문서계약으로 본다

차] 인수 - 엄마,지혜,학문,시험합격,문서계약으로 본다

1] 나를 낳은 것은 엄마요[편인,인수]

2] 내가 놓은 것은 자식이요[식신,상관]->여자

3] 내가 극하는 것은 재요[편재,정재],돈,여자

4] 나를 극하는 것은 관이요[편관,정관] 여-남편,남-관청

5] 내가 같은 것은 형제요[비견,겁재],형제,동료

#나의 사주팔자 명조찾기

1]핸드폰 스토아 검색창에 만세력을 검색하면 여러 개의 무료만세력어플이 나옴

2]하나의 만세력을 다운 받으세요

3]다운로드가 끝나면 만세력창을 열고 본인의 생,년,월,일,시를 입력하고 조회

4]만세력창에 한자 8글자가 뜹니다 - 이것이 본인사주명식입니다

5] 12운성 찾는 법

	甲	乙	丙·戊	丁·己	庚	辛	壬	癸
장생	亥	午	寅	酉	巳	子	申	卯
목욕	子	巳	卯	申	午	亥	酉	寅
관대	丑	辰	辰	未	未	戌	戌	丑
건록	寅	卯	巳	午	申	酉	亥	子
제왕	卯	寅	午	巳	酉	申	子	亥
쇠	辰	丑	未	辰	戌	未	丑	戌
병	巳	子	申	卯	亥	午	寅	酉
사	午	亥	酉	寅	子	巳	卯	申
묘	未	戌	戌	丑	丑	辰	辰	未
절	申	酉	亥	子	寅	卯	巳	午
태	酉	申	子	亥	卯	寅	午	巳
양	戌	未	丑	戌	辰	丑	未	辰

가] 장생 - 어머니 배속에서 갓 태어난 시기

나] 목욕 - 태어나 목욕시키면서 시달림을 받는 시기

다] 관대 - 성장하여 의관,의복을 차려 입는 시기

라] 건록 - 관직에 진출해 녹을 받는 시기

마] 제왕 - 사회에서 활동을 제일 많이 왕성하게 하는 시기

바] 쇠 - 쇠약해져서 활동이 많지 않고 휴식하는 시기

사] 병 - 늙고 힘이 없어 병이 드는 시기

아] 사 - 활동이 정리되고 죽는 시기

자] 묘 - 모든 것이 끝나고 묘에 들어가는 시기

차] 절 - 모든 것이 끊어진 상태

타] 태 - 어머니 배속에서 다시 잉태되는 시기

파] 양 - 어머니 배속에서 자라고 있는 상태

12운성은 육신 찾는법과 같이 일간[자기]에서 찾아본다

년	월	일	시
庚	壬	丙	壬
寅	午	戌	辰
장생	제왕	묘	관대

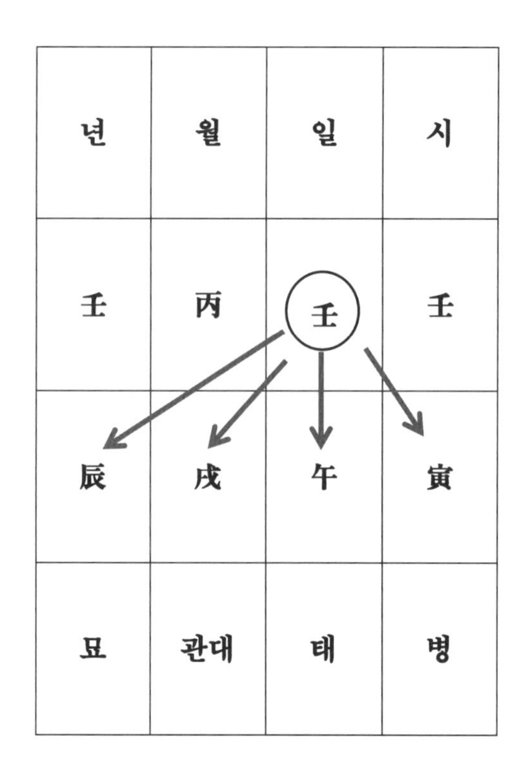

년	월	일	시
壬	丙	壬	壬
辰	戌	午	寅
묘	관대	태	병

년	월	일	시
庚	壬	丙	壬
寅	午	戌	辰
편재	편관	본인	편관
편인	겁재	식신	식신
장생	제왕	묘	관대

년	월	일	시
壬	丙	壬	壬
辰	戌	午	寅
비견	편재	본인	비견
편관	편관	정재	식신
묘	관대	태	병

6] 육신과 12운성과 대운을 총정리해보자

[예]1950년 5월5일 辰시생

남자

년	월	일	시
庚	壬	丙	壬
寅	午	戌	辰
편재	편관		편관
편인	겁재	식신	식신
장생	제왕	묘	관대

여자

년	월	일	시
庚	壬	丙	壬
寅	午	戌	辰
편재	편관		편관
편인	겁재	식신	식신
장생	제왕	묘	관대

6	16	26	36	46	56
癸	甲	乙	丙	丁	戊
未	申	酉	戌	亥	子

5	15	25	35	45	55
辛	庚	己	戊	丁	丙
巳	辰	卯	寅	丑	子

정관	편인	인수	비견	겁재	식신
상관	편제	정제	식신	편관	정관
쇠	병	사	묘	절	태

정재	편재	상관	식신	겁재	비견
비견	식신	인수	편인	상관	정관
건록	관대	욕	장생	양	태

남자와 여자가 생,년,월,일,시가 같으나 사주해석이 다르게 해석되며

대운또한 다르다

穹通四柱

四] 신강,신약 잡는법

四] 신강,신약 잡는법

1]신강 신약 구분

첫째로, 출생(出生)월(月)이 일주가 왕성한 달인가 아닌가를 살핀다.

목(木)은 인묘진(寅卯辰)월에 가장 왕성하고 해자축(亥子丑)월에도 水生木하여 왕성하다.

사오미(巳午未)월에는 화(火)가 성하는 계절이므로 그 기운을 화(火)에게 빼앗겨서

쇠퇴하며 신유술(申酉戌)월에는 목(木)을 극(剋)하는 금(金)이 왕성한 계절이므로 가장

쇠약해진다.

화(火)는 사오미(巳午未)월에 가장 왕성하며 인묘진(寅卯辰)월에도 목생화(木生火)하여

왕성하다. 신유술(申酉戌)월에는 쇠약해지며 해자축(亥子丑)월에는 가장 약해진다.

금(金)은 신유술(申酉戌)월에 가장 왕성하며 토(土)가 성하는 진미술축(辰未戌丑)월에도

성하다. 해자축(亥子丑)월과 인묘진(寅卯辰)에는 쇠약하며 사오미(巳午未)월에는 가장

약해진다.

수(水)는 해자축(亥子丑)월에 가장 왕성해지며 신유(申酉)월에도 왕성하다.

인묘진(寅卯辰)월에는 쇠약해지며 사오미(巳午未)월과 辰未戌월에는 가장 약해진다.

토(土)는 진미술축(辰未戌丑)월에 가장 왕성하며 巳午월에도 왕성하다. 신유(申酉)월과

인묘(寅卯)월에는 가장 쇠약해 진다.

둘째로, 일주가 생조(生助)되는 오행이 많으면 신강이고, 반대로 일주를 극해하는 오행이 많으면 신약이다. 생조 : 비겁,인성. 극해 : 재성,관성 그리고 일주의 오행을 누출시키는 식신과 상관을 만나면 기운이 누출되어 일주가 약해진다.
셋째로, 일주가 지지(地支)에 십이운성의 장생, 건록, 제왕 등을 만나면 기운을 얻는다 하여 신강하다. 넷째로, 地支의 장간 속에 일주의 기운을 생조하는 오행상 동기를 만나면 강해지는데 이를 통근(通根)하였다고 한다.

다섯째로 삼합이나 육합 및 간합이 되는 오행이 일주를 생조하면 신강이 되고 반대로 극해하면 신약이 된다. 신강 및 신약의 판단은 이상 다섯가지를 모두 종합하여 결정하여야 하는데, 실제 사주를 감정해 보면 구별하기 곤란한 경우가 있으며, 사주쟁이 노릇을 수십년한 대가들도 틀리는 경우가 종종 있다.

상생과 상극의 세력이 비등할 때는 월령에 중점을 많이 두는데 즉 월령이 비겁이나 인성이면 신강이고, 월령이 재관이나 식상이면 신약으로 보면 적중률이 높다.

대체로 사주팔자 중에서 일주를 생조하는 육신(六神)과 극해 또는 누설시키는 육신의 숫자를 비교하여 그 많고 적음에 의하여 신강 및 신약을 구분하되 중점은 월지(月支)에다 많이 두어야 한다. 그리고 천간보다 지지가 힘이 3 배나 강하다는 것을 염두해 두어야 하며 월지(月支)의 힘은 천간에 비해 6 배나 9 배 이상 강하며 년지(年支)나 일지(日支)나 시지(時支)보다 2 배 내지 3 배가 강한 것이다.

관살.

1).비겁(比刧)이 많아 신강(身强)하면 관살이 용신이다.

2).인성(印星)이 많아 신강(身强)하면 관살은 기신이다.

3).신강(身强)한데 재관식(財官食)이 모두 강하면 큰 인물이 된다.

4).신약(身弱)한데 재관식(財官食)이 모두 강하면 매우 가난하거나 요절한다.

5).신강한데 관살이 약할 때는 재성(財星)으로 생조하면 좋아진다. 〈재자약살격〉

6).관살(官殺)이 태왕하면 인수(印綬)가 용신이다. 綬 편안할 수

7).사주가 신약하지 않고 관살이 왕성하면 식상으로 관살을 억제해야 좋다.

〈식상제살격〉

8).식상이 관살을 지나치게 억제하면 인수운을 만나야 좋아진다. 〈제살태과격〉

9).관살(官殺)이 혼잡하면 대흉한데 합관유살이나 합살유관해야 흉이 조금이라도

줄어든다.

〈관살혼잡격〉

재성.

1).신강(身强)한데 관살이 약하면 재성(財星)으로 재생관해야 길하다.

2).신강한데 식왕(食旺)하면 다시 재성(財星)을 만나야 생생불식하여 길하다.

3).인성이 많아 신강하면 재성(財星)이 용신이다. 금(金)이 태과하여 기신이 되면 항상

철이나 칼이나 자동차 등을 조심해야한다.

4).재다신약(財多身弱)하면 비겁(比刧)을 만나야 길하다. 재성이 많은 신약사주이니

비겁이 용신이다. 비겁이 용신이면 형제나 친구와의 인연이 좋다.

5).신약한데 재관식(財官食)이 강하면 흉하다.

인성.

1).식상(食傷)이 많아 신약하면 인성(印星)이 용신이다. 식상이 태과하면 지갑에 구멍이 난 것처럼 재물이 모이지 않는다. 傷상처 상

2).관살(官殺)이 많아 신약하면 인성(印星)이 용신이다.

3).신약(身弱)하면 인성(印星)이 용신이나 희신이다.

식상.

1).식신유기승재관(食神有氣勝財官)

식신(食神)이 유기(有氣)하면 재관(財官)을 승(勝)한다고 하였다. 식신(食神)이 길작용을 하면 재성(財星)이나 관성(官星)보다 더 길복을 많이 따른다는 뜻이다.

2).신강살강(神强殺强)하면 식상(食傷)으로 제살(制殺)해야 길하다.

3).화토식상격(火土食傷格)은 관살(官殺)을 만나야 길하다. 병정화(丙丁火) 일주가 미술(未戌)월에 태어난 사주를 말한다. 화토식상격(火土食傷格)은 사주가 열조하므로 수기(水氣), 즉 관살운이 들어야 중화를 이루기 때문이다.

4).금수식상격(金水食傷格)은 관살(官殺)을 만나야 길하다.

경신금(庚申金)일생이 해자축(亥子丑)월에 태어난 사주를 말한다. 해자축(亥子丑)월은 차가운 기운이 많으므로 관살(官殺), 즉 병정화(丙丁火)를 만나야 조후되기 때문이다.

5).목화식상격(木火食傷格)은 인성(印星)을 만나야 길하다.

갑을(甲乙)일생이 사오미(巳午未)월에 태어나면 해당한다. 화기가 넘치므로 조후하려면 인성(印星) 수기(水氣)가 필요하다.

6).토금식상격(土金食傷格)은 인성(印星)을 만나야 길하다.

무기(戊己)일생이 신유(申酉)월에 태어나면 해당한다. 이런 사주는 습기가 많으므로 인성(印星) 화기(火氣)를 만나야 조후된다. 식상격(食傷格)은 대개 인성印星이 길작용을 한다.

인성(印星)이 용신이면 대개 학문과 인연이 많고, 부모,상사,선배와 인연이 좋다.

7).수목식상격(水木食傷格)은 인성(印星)을 만나야 길하다.

임계(壬癸)일생이 인묘(寅卯)월에 태어나면 해당한다. 이런 사주는 설기(泄氣)가 심하니 인성(印星)운을 만나야 좋아진다.

8).식상이 많아 신약해졌으면 인성운을 만나야 좋은데 이런 사주를 식상용인격(食傷用印格)이라 한다.

9).사주가 신강한데 식상(食傷)이 재성(財星)을 생조하면 재물복이 매우 많은데 이런 사주를 식상생재격(食傷生財格)이라 한다. 대개 부자가 된다.

10).사주가 인성(印星)과 비겁(比刼)이 중첩되어 태강하면 식상(食傷)으로 설기시켜야 좋아지는데 이런 사주를 식상용식상격(食傷用食傷格)이라 한다.

특히, 인성(印星)이 많은 신강(身强) 사주는 관성(官星)을 쓸 수 없다. 왜냐하면 관성은 인성을 생조하여 태왕한 인성을 더 왕하게 만들기 때문이다.

[비겁].

1).재성(財星)이 많아 신약(身弱)하면 비겁(比刼)운을 만나야 길하다. 재성이 태왕하면 비겁으로 제극(制剋)하는 것이 가장 좋다.

2).비겁(比刼)이 태왕한데 또 비겁(比刼)운을 만나면 흉하다.

[종격]

사주상의 위치를 거의 무시하고 육신으로 육친의 길흉을 판단한다. 사주의 전부 또는 대부분이 1~2 가지의 육신으로 구성된 경우. 정격과는 달리 일주를 중심으로 신강과 신약을 논하지 않고 육신의 기세에 따라 종(從)으로 간명한다.

인비(印比)로 종하면 종강격(從强格),

식상(食傷)으로 종하면 종아격(從兒格),

재성(財星)으로 종하면 종재격(從財格),

관살(官殺)로 종하면 종관살격(從官殺格)

종세격(從勢格)은 사주 전체가 재관식(財官食)으로 구성된 명조.

[간명비법, 중화(中和)].

중화란, 사주에 음양과 오행이 골고루 들어 균형을 이룬 것을 말하며, 이런 사주는 평생 길복이 많다. 중화를 이룬 사주는 길운에는 당연히 발복하고, 흉운에도 별 문제없이 무난하게 지나간다. 중화를 이룬 사주는 크게 오행구비(五行具備), 생생불식(生生不食), 주류무체(周流無滯)하다. 진용신, 반드시 필요한 육신(六神)을 말한다. 가용신, 진용신이 없을 때 대신 취하는 六神을 말한다.

기반(羈絆), 용신을 합으로 묶어 용신의 사명을 못하게 하는 것을 말한다.
절각(折脚)이란 지지(地支)가 천간(天干)을 파극하는 것. 折 꺽을 절 脚 다리 각
개두(蓋頭)란 천간(天干)이 지지(地支)를 파극하는 것. 蓋 덮을 개 透 통할 투

천간(天干)에 투출(透出)한 오행은 쟁탈당하기 쉬우나, 지지(地支)의 오행은 완전히 당하지는 않는다. 즉 용신이 천간에 투출하면 아름다우나 빼앗길 위험이 있고, 용신이 지지에 있거나 암장되면 안전하기는 하나 능력을 완전히 발휘하기 어렵다. 飽배부를 포 煖 따뜻할 난 飢 주릴 기 寒 찰,차다 한

[포난사음욕(飽煖思淫慾) 기한발도심(飢寒發道心)]

'배부르고 따뜻한 곳에서 호강하고 살면 음욕이 생기고 굶주리고 추운 곳에서 고생하며 살면 道心(도심)이 일어난다. – 명심보감

[용신을 가려내는 방법].

격국을 찾아서 격국에 따라서 용신을 찾아야 하기 때문에 어려운 것이다.

일반적인 사주에 있어서는 신강사주이면 재관(財官)이 용신이 되고

재관이 무력하면 식상(食傷)이 용신이 된다.

반대로 신약사주이면 인성(印星)과 비겁(比刧)이 용신이 된다.

출생월이 인성이나 비겁이면 신강이다.

출생월이 재성이나 관성이면 신약이다. 또는 사주내에 재관이 많으면 신약이다.

일주(日主)가 지나치게 왕성하면 재물이 파손되거나 마누라가 도망을 가는 등의 흉악한 일이 있으며 반대로 일주가 지나치게 쇠약하면 병에 걸려 죽는 고통을 당하거나 가난하게 살거나 천대를 받고 사는 흉운을 만나게 된다. 그러므로 오행의 조화 여부에 의하여 운명의 길흉을 판단하는 것인데. 음양과 오행의 태과(太過)하거나 불급(不及)하지 않고 오직 중화(中和)가 된 사주가 가장 좋은 사주라 할 수 있다.

[용신 잡는 법 중에는 조후법(調睺法)이 있다].

임수(壬水)일주가 축(丑)월에 태어나 너무 차다. 천간에 癸水와 壬水가 투출하고 지지에 子水가 투출해 얼어붙은 사주를 녹이는 화(火)가 용신이다. 이런 사주는 신강 신약을 따지지 않고 먼저 기후의 조화부터 이루어져야 하므로 조후법에 의하여 용신을 잡는 것이다.

전왕법(專旺法) : 오행이 어느 일방으로 편중되어 그 하나의 세력이 극히 왕성하여 억제할 수 없을 때에는 할 수 없이 그 왕성한 세력을 따라가야 하니 그 왕성한 육신이

용신이 된다. 종격(從格)이나 화격(化格)등 외격(外格)이 있다. 사주팔자가 길하려면 용신이 강건하고 온전해야 한다. 용신이 왕성해야 부귀영화 및 장수(長壽)와 오복(五福)을 다 누릴 수 있다. 용신이 왕성하기 위해서는 타육신에 의해 파국되지 않아야 하며 충파를 당하지 않아야 한다.

만일 타육신에 의해 파국을 당하더라도 사주에 약이 있어 용신을 파국하는 병을 억제하면 무방하다. 또 용신이 파국되더라도 사주에 어느 오행이 삼합이나 육합이 되면 충파는 해소가 되는 것이다. 용신이 왕성하기 위해서는 월령이 왕성해지는 달에 해당되고 생조되는 육신이 많으면 된다. 사람도 몸이 너무 허약하면 약기운을 받지 못한다. 몸이 어느 정도 기운을 차려야 약발을 받을 수 있는 것처럼 사주도 너무 심한 신약이면 약용신을 쓸 수가 없다.

2]사주의 비밀(秘密)

사람은 누구나 좋은 사주를 타고 나서 잘 살고 싶어한다. 그럼 사주는 누가 점지하느냐? 사주가 점지되는 원인은 부모와 조상들에게서 그 원인을 찾아 볼 수 있다. 육신이 노쇠하여 육신을 벗어버리고 영혼만이 영계에 들어간다. 지상에서 살 때에는 영계가 있는지 없는지 모르고 살았기 때문에 저승 보따리를 준비하지 못하였다.

막상 죽음을 당하고 보니 눈앞이 캄캄한 것이다. 새로운 세계가 있는 것을 보고는 놀라고 두번째는 자신이 생전에 지은 죄악의 보따리가 너무나 큰 것을 알고는 놀란다. 세번째는 영계에 일단 들어가 버리면 육신이 없으므로 아무리 몸부림을 쳐도 지은 죄를 씻을 수 없다는 것을 알고는 놀라는 것이다. 아무리 후회해도 돌이킬 수 없는 곳이 영계임을 알게 될 때 너무나 무서운 곳이 지옥임을 깨닫게 된다. 이미 지은 죄업은 태산보다 더 많이 쌓여 있건만 육신이 없으므로 씻을래야 씻을 도리가 없다.

그 죄업을 씻을 수 있는 길을 열어주신 것이 곧 지상에 사는 후손들을 통해서이다.

사주란 조상들의 죄업에 대한 내용을 알려 주는 것이다. 즉 사주란 조상들의 죄업에 대한 기록이라고 할 수 있는 것이다. 이렇게 조상들의 죄업에 대한 내용을 후손들에게 알려주는 것이 사주이다. 알려주는 이유는 후손들이 자기의 사주를 보아서 지옥에 빠져서 고통 당하는 조상들을 구원해 주어야 한다는 일종의 안내서인 것이다. 싫든

좋든 상관없이 조상들의 업보를 후손이 소멸시키지 않고는 앞길이 열리지 않으며 또한 영계에 들어가서 고통 당하는 조상들을 구제해 줄 수가 없는 것이다.

여기에서 조상과 후손은 공동 운명이라는 것을 알게 된다. 조 상이 지은 죄업은 후손인 내가 다 책임지고 갚도록 이미 대우주의 법칙은 정해져 있는 것이다. 지금 이 순간도 우리들의 조상들은 천상지옥에서 지상에 있는 후손을 지켜보며 초조하게 가슴 조이고 있는 것이다.

나를 낳아 주신 분은 부모이므로 사주에서 인성을 부모로 본다.

인성을 낳은 육신(六神)은 관성이므로 관성은 조부모가 된다.

관성을 낳은 육신은 재성(財星)이므로 재성은 증조부모가 된다.

재성을 낳은 육신은 식상(食傷)이므로 식상은 고조부모가 된다.

식상을 낳은 육신은 비겁(比刧)이므로 비겁은 현조부모가 된다.

일주(日主) 나 자신

인성(印星) 부모님 1 대

관성(官星) 조부모 2 대

재성(財星) 증조부모 3 대

식상(食傷) 고조부모 4 대

비겁(比刧) 현조부모 5 대

인성(印星) 인조부모 6 대

관성(官星) 관조부모 7 대

사주를 보아서 인성이 기신이면 부모와 6 대 조상의 업보가 있으므로 그 업보를 소멸시켜야 한다는 뜻이다.

지금까지 저승에 들어간 우리들의 조상들은 70% 이상이 지옥에 들어간 것이다. 그리고 10%정도는 연옥으로 또 10% 정도는 승마궁으로 들어갔고 나머지 10% 정도는 낙원에 들어갔으며 천국에는 아직 아무도 들어가지 못했다. 그러므로 지상인은 자기 조상들을 구원하기 위하여 필사적인 노력을 해야 이것이 효자인 것이다.

조상들을 위해서 제삿상을 잘 차리는 것이 급한 것이 아니라 조상들의 업보 소멸을 위해서 공덕을 쌓는 것이 더 급한 것이다. 그 공덕 쌓는 종류가 수천 가지가 되겠지만 간추려 보면 다음과 같다. 素 흴,흰빛,생명주 소

첫째. 우주의 주인이신 천지부모님을 믿고 모시고 살아야 생소(生素)를 받을 수 있기 때문에 공덕이 되는 것이다. 영계 조상들은 육신이 없어 생소를 받을 도리가 없다.

다만 지상에서 육신을 가진 후손이 생소를 받을 때 혈통적인 인연 덕분에 그 생소를 함께 받아갈 수가 있는 것이다. 이러한 내용을 볼 때 혈통의 인연은 곧 공동운명이 된다는 것을 알 수가 있다.

둘째, 마음의 자세를 바르게 가지면 흉운이 길운으로 변하여 공덕이 되는 것이다. 바른 마음의 기운은 너무나 고귀한 것이다. 조상들도 이 바른 마음의 기운을 간절히 고대하고 있다. 그리고 지상에서 살고 있는 사람도 마음의 자세를 바르게 가지면 만가지 복을 다 받도록 천지 이치가 그렇게 되어 있는 것이다.

셋째, 조상들의 지은 업보가 태산보다 더 무거우므로 그 업보를 소멸시키려면 괴로운 일을 당하나 즐거운 일을 당하나 한결 같은 마음으로 모든 일에 감사해야 하는 것이다. 내가 갚을 차례에 참아버리면 업보는 참은 만큼 소멸이 되는 것이다.

넷째, 은혜를 생각하는 공덕을 쌓아야 하는 것이다. 부모님의 은혜, 만물에 대한 은혜, 사람들에 대한 은혜, 그리고 가장 크고 중요한 천지부모님에 대한 은혜를 주야로 생각해야 공덕이 되는 것이다. 은혜를 생각해야 더 큰 은혜를 받는 것이다.

다섯째, 오래 참는 공덕을 쌓아야 한다. 역사적으로 크게 성공한 위인 달사치고 오래 참지 않고 성공한 사람은 아무도 없었다. 수도정진(修道精進)도 오래 참고 해야 하며 공덕도 오래 참고 쌓아야 한다. 마지막으로 제일 중요한 것이 곧 열남열녀(烈男烈女)의 도(道)를 지키는 것이다.

사주에 인성이 기신(忌神)이라고 해서 꼭 부모가 죄를 범했다고 단정할 수 없다.

그 이유는 부모도 조상들의 업보 때문에 고전하며 나름대로는 갚으려고 애를 쓰다가 역부족으로 다 갚지 못하고 영계에 들어갔을 수도 있기 때문이다. 그리고 사람이 살면서 일생동안 죄악만 범하며 살고 있는 것이 아니라 어떤 때는 선업을 지을 때도 있는 것이다. 즉 선업과 악업을 동시에 지어 영혼에 기록되어 있기 때문에 같은 형제라도 형은 부모 덕이 있고 동생은 부모 덕이 없게 태어나는 것이다. 부모 덕이 있는 사람은 부모님의 선업을 물려 받은 것이고 부모 덕이 없는 형제는 부모님의 악업을 물려 받았기 때문에 그런 것이다.

그러므로 후손들은 자기 조상을 놓고 원망해서는 안되는 것이다. 원망하면 할수록 그 업보만 크게할 뿐 아무 소용이 없기 때문이다. 지금 조상들은 오직 지상에서 활동하고 있는 후손에게만 기대를 걸고 있는 것이다.

五]공망[空亡]

五]공망[空亡]

1]공망(空亡)이란

비다, 모자르다, 내실이 없다, 빌 공에 망할 망을 써서

비어있다라는 뜻이 있습니다.

어떠한 특정기운을 만나면 그 작용력은 있으나 현상적으로 드러나지
않거나 없는 상태를 뜻합니다

10 천간이 12 지지를 짝짓고 남은 지지 2 개를 말합니다. 사주에 지지가

공망(空亡)이면

그 공망(空亡) 지지(地支)와 짝짓는 천간(天干)도 같이 공망(空亡)이 됩니다.

일간지(日干支)를 기준으로 적용하며 공망(空亡)이 되더라도

오행은 있는것으로 보고 육친은 작용력이 없는것으로 보게됩니다.

60갑자 (六十甲子)	공망 (空亡)
甲子,乙丑,丙寅,丁卯,戊辰,己巳,庚午,辛未,壬申,癸酉	戌 亥
甲戌,乙亥,丙子,丁丑,戊寅,己卯,庚辰,辛巳,壬午,癸未	申 酉
甲申,乙酉,丙戌,丁亥,戊子,己丑,庚寅,辛卯,壬辰,癸巳	午 未
甲午,乙未,丙申,丁酉,戊戌,己亥,庚子,辛丑,壬寅,癸卯	辰 巳
甲辰,乙巳,丙午,丁未,戊申,己酉,庚戌,辛亥,壬子,癸丑	寅 卯
甲寅,乙卯,丙辰,丁巳,戊午,己未,庚申,辛酉,壬戌,癸亥	子 丑

공망(空亡)은 10천간과 12지지로 짝을 지어 줄 때 地支는 남아 있으나

天干이 부족하여 두개의 地支가 짝을 배정 받지 못하고 남게 될 때 공망(空亡)이라 하는데

그 두개의 地支는 공허하고 무력하다는 뜻을 가지게 됩니다.

남은 地支 중에서 앞에 있는 양지를 공(空)이라 하고 뒤에 있는

음지를 망(亡)이라 하는데

사주에 공망(空亡)이 있더라도 무조건 같은 비중으로 해석하면 안되고

공망(空亡)에 해당된 地支에 合과 沖이 있는지 자세히 살펴봐야 합니다.

공망(空亡)은 일주를 기준으로 정합니다

공망(空亡)은 합이나 충으로 해소되는데 충은 공망(空亡)을 80%정도 해소시키고

합은 공망(空亡)을 40%정도 해소시키는 것으로 판단합니다.

공망(空亡)에서 양간일생(陽干日生)이 양지(陽支)가 공망(空亡)이 되면

진공(眞空)으로, 음간일생(陰干日生)이 양지(陽支)가 공망이 되면 반공(半空)

작용으로 봅니다.

甲子일주에 戌이 공망(空亡)이 되었다면 진공, 乙丑일주에 戌이

공망(空亡)이면 반공이 됩니다

대운의 공망(空亡)은 적용하지 않고 년운(年運)의 공망(空亡)은 중요하게 참작합니다.

그리고 사주에 공망(空亡)이 있는데 다시 행운(行運)에서 공망(空亡)이 올 때는

공망이 풀리는 것과 같아 공망의 작용력이 약해집니다.

地支가 공망(空亡)이면 天干도 역시 공망(空亡)으로 무력해집니다.

2]공망(空亡)의 종류와 작용력

사주의 地支중 年,月,時 3개의 地支가 공망(空亡)이면 오히려 대귀대인(大貴大人)의

명(命)이라 해석하기도 하는데 실제로 보면 좋은것도, 나쁜것도 없는 무해하다는

정도로 판단하는 것이 좋다고 하겠습니다.

이런경우 日主로 산다고 보는데 출가를 하거나 배우자의 덕으로 산다고 봅니다

년(年) 공망(空亡)은 조상의 덕이 없거나 윗사람의 혜택을 얻기가 어렵고 조상이 물려준 터전을 지키기 어렵고 조상의 묘를 분실하거나 조상을 잘 섬기지 못해 주위로부터 욕을 먹거나 비난을 당하기 쉽습니다.

월(月) 공망(空亡)은 공부를 많이 하고 학력이 좋아도 사회에 진출하여 활용하기가 어렵고 매사에 이루어지는 일도 없이 동분서주하기 쉬운 명(命)으로 해석하며 선천적으로 부모 등 모든 육친과 인연이 약하거나 혜택을 입기 어렵다고 봅니다. 부모형제의 도움이 없고 고향과 인연이 약해 떠나 살거나 진로나 직업이 순탄하지 않고 복잡하기 쉽습니다.

일(日) 공망(空亡)은 사용하지 않습니다. 년을 기준으로 공망(空亡)을 보는 것은 실제로는 사용하지 않는 경우가 많습니다

시(時) 공망(空亡)은 끈기나 고집은 있고 희망은 크지만 이루어지기 어렵고 진로가 막히는 장애물이 많이 생깁니다. 또한 자녀가 부실하며 자녀에 근심이 많습니다,

자녀가 없거나 혹은 양자를 두기 쉬우며 자식이 있어도 무덕하며 노년에는 자식과 별거하여 고독합니다.

3]육친 공망(空亡)

- 비겁(比劫) 공망(空亡)

형제간에 무덕하며 고독하고 협조정신이 부족하게 되며, 비겁이 공망된 사람은 고향보다는 객지나 외국에서 성공하는 확률이 많습니다.

- 식신(食神) 공망(空亡)

소극적인 성격이 되거나 직업이 자주 바뀌며 개척, 분발, 발전에 큰 뜻이 없게 됩니다.
반면에 기예나 가무에 재주가 있으며 달변으로서 교육, 의술, 예술, 점술이나
종교계와 인연이 많습니다.

- 상관(傷官) 공망(空亡)

탐구심이 강하여 학문연구에 종사하거나 말수가 적고 인정이 없기는 하나 정신적인
차원은 높습니다.
여명(女命)은 상관이 공망(空亡)되면 초산에 딸을 낳을 확률이 대단히 높습니다.

*식상 공망

식상은 자신이 가지고 있는 재능의 별이며 수단이나 도구를 상징합니다.
여성은 자식이 식상입니다.
그래서 식상 공망이면 자신의 수단이나 방법이 없다는것으로 일반적인 물건 없는
장사라 표현합니다.
물건없는 장사는 정보,아이디어,보험,주식 등의 물건을 다루는 일이 삶의 도구가
된다고 확장할 수 있습니다.
여성에겐 식상이 자식의 별이 되므로 자식과의 인연이 부족한것을 의미합니다.

- 편재(偏財) 공망(空亡)

재물에 대한 욕심이 많고 큰일을 계획하나 이루기 어렵고 허영심과 사기성이 많이
잠재되어 있습니다.

- 정재(正財) 공망(空亡)

남명(男命)은 처와 인연이 약하며 처로 인한 흉액이 간혹 있게 되고 금전문제에
인색하고 구두쇠가 많습니다.

*재성 공망

재성으로 주로 금전, 일의결과, 아버지, 부인의 자리로 보는데 재성이 공망이면 부친이 없다고도 해석가능하며 일찍 부친과 헤어질 수도 있으며 아버지가 있어도 부친의 덕이 없음을 의미합니다.

배우자가 공망이며 처가 없다는것이 아니라 처의 모양이 공망의 형태를 뛰고 있다고 보시면됩니다.

그리고 재성공망이면 돈이 없는것이 아니고 결과와 결실을 중요히 여기지 않는 심리적 특성을 가지고 있으며 주로 일의 결과나 결실이 눈으로 보이지 않는 정식적 특성을 갖는 직업을 갖게됩니다.

- 편관(偏官) 공망(空亡)

정치성향이 강하고 외교력과 보스기질, 지도력은 있으나 반골적이거나 반체제적인 성향으로 혁신적인 일을 좋아합니다. 남명(男命)은 자식과의 인연이 아주 약합니다.

- 정관(正官) 공망(空亡)

관직이나 직장 그리고 자식과의 인연이 약합니다.

청렴강직한 척하나 명예욕이 강하고 또 명예를 대단히 원하며 관을 이용할 줄 압니다.

성격적으로는 자신이 최고인 줄 알거나 대접받기를 좋아하며 여명(女命)은 부부인연이 약하며 어떤남자를 만나더라도 만족하기 힘듭니다.

*관성 공망

관성으로 자신의 사회성, 직장을 의미하지만 여성에게는 배우자라는 의미가 하나 더 붙습니다. 관성이 공망이면 직업이나 직장이 외국계라는 사회적 특성을 나타냅니다.

4]인성(印星) 공망(空亡)

지조가 강하여 타인의 도움이나 구원을 싫어하는 자립적인 재야선비 스타일이나 상, 하간에 무례하기 쉽고 인덕과 부모덕이 없으며 학업을 끝까지 마치기가 어렵습니다.

중퇴하거나 만학(晩學)하는 경향이 있으며 무엇이든지 배우려고 하는 욕심과 노력하는 마음이 있는데 주거가 항상 불안하여 이사를 자주 하는 경향이 있습니다.

*인성 공망

인성은 주로 크게 학문,문서,부모 등을 의미하며 인성이 공망이라면 부모가 안계시거나 떨어져 살아야 하는 경우, 혹은 있어도 전혀 나에게 도움을 줄 수 없는 상태 등 있어도 없는것보다 못하는 현실적 문제가 생깁니다.

또 학문장애로 인한 검정고시,일반적이지 않은 학업형태, 학업성취도가 적은 학교진학등을 이야기 할 수 있습니다.

학문으로는 철학,종교,심리,역사,외국어,고고학 등 눈에 보이지 않는 세계와 공부의 인연이 깊다고 보겠습니다.

- 절로공망 (絶路空亡)

절로공망 (絶路空亡)의 뜻은 길이 끊어진 상태를 말하며 장애물이 많고 좌절을 많이 겪는다는 의미인데 앞으로 가고자 하는 길에 큰 강이 가로막혀 있거나 물이 범람하여 전진하기 힘들거나 건널 수 없는 것을 뜻합니다.

時干에 壬,癸가 있거나 時支에 亥,子가 있는 것을 말합니다.

그러나 무조건 절로공망 (絶路空亡)을 나쁘다고 해서는 안되고 나이가 들면 조용한 곳에 집을 짓고 은둔생활을 계획하는 사람들도 많습니다.

공망은 비어있다는 뜻으로 일반적으로 '허탕친다' 라는 의미가 있습니다

또한 모양은 있으나 현실적으로 무용(無用)이 되는것도 공망입니다.

부모자리가 공망이면 덕이 없다? 그걸 나쁘다고 하면 나쁜것일 수 있으나 그것은 한쪽면만 보았을때 그렇게 보이는것이며

부모덕이 없는 사람은 독립심과 자립심이 강하고 빨리 성숙할 수 있는 환경이 만들어지며 그래서 자수성가 하는 정신력을 갖추게 됩니다.

모든 만물은 고통과 억압 속에서 발전하고 성장합니다, 공망도 인생의 고통과 억압의 인자라해도 부정적인 면과 긍정적인 면을 동시에 가지고 있다라고 생각해 보면 좋겠습니다.

六] 육신의 특성

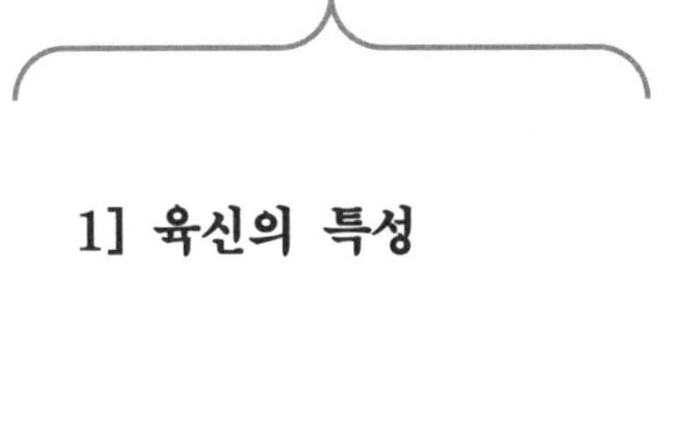

六] 육신의 특성

비견 – 외골인생,옹고집,수비본능의 성

자유와 독립을 추구하며 구속을 싫어하며 사주에 많으면 육친,친구와 불화와 투쟁이 많아 고립되기 쉽다

발전적 힘은 있으나 돈버는 감각은 무디어서 재산형성은 잘하지 못하고 더디다

비견이 많으면 동업은 적합하지 않고 개인사업,상업등을 경영하면 성공한다

사주에 비견이 많고 재성이 하나뿐이면 가난하다[군비쟁재]

#년주 – 손위 형제 있고 장남이라도 가업과 부모와 인연이 없어 일찍 타향으로 나간다

#월주 – 형제,자매 관계 좋으나 반항심이 강하여 남과 잘 다투게 되고 불효하기도 한다

#일주 – 부부궁이 좋지 못하다

일간이 약한 경우는 배우자의 덕이 있다

여자는 활동해야 하며 남편의 바람으로 걱정한다

#시주 – 자식과 인연이 박하다

남자는 양자 둘 수도 있고 여자는 미망인 많고 가정불화 따른다

#성격 – 자존심이 강하며 남의 속박을 아주 싫어하며 협동심이 적고 양보가 없으며 감정에 치우친다

초년에 직업과 주거가 안정이 안되거나 정의감이 강하고 독립정신이 강해 무일푼으로 자수성가한다

비견이 왕 한경우 관살이 억제해주면 길하나 인성이 생해주면 흉하여 진다

#직업 - 양간일은 자유업 음간일은 기술계통 발전하게 된다

사회지도자적 위치를 선호하며 정관,인수 있으면 변호사,건축가,세무사가 좋고

재성이 있으면 사업가로서 능력을 발휘한다

천을귀인등 길성이 동주하면 예술,종교방면

건록,재왕이 동주하면 사업가가 좋다

#사주에 [비견]이 공망된 사람

직장 내에서 융화되지 못하고 외톨이가 되며 평소에 질서 지키라 해놓고 본인이 먼저

질서를 깨트려 버리는 모순으로 빈축을 산다

부친과 형제의 도움이 없다

반대로 부친의 지나친 보살핌이 있을수도 있으나 도움이 되지 않는다

병적일 정도로 자기를 내세우고 고집을 부리며 보수적이므로 인간관계에

마찰을 빚습니다

감정의 기복이 심하고 의지가 약해서 개으름뱅이임

사주에 재성이 있으면 이런 경향은 약화 되기는 하나 성격자체는 변하지 않습니다

#대운에 [비견]이 왔을 때

독립정신이 왕성해지고 사업시작의 적기이며 2~3년후 회사형태로 상승성장 합니다

10~20대 -부모님의 지원도 기대하기 어렵고 본인 스스로 자립 해야하는 고통스러운

기간이나 인내력과 정신력을 키우는데 좋은 기회입니다

20~30대 - 결혼하게 되면 양친과 살지 않고 독립생활이나 사업시작의 기회이나 타인의

지원이나 협력을 기대하기 어렵고 자력으로 모든걸 헤쳐나가야 합니다

50대후반 - 까다로운 성격으로 변하여져 집안식구들이 싫어하는 존재가 됩니다

완고해지는 반면 친한친구나 손자들에게는 다정하게 대하며

여성일경우 사업의 유대관계가 생깁니다

#년운에 비견이 왔을 때

본인운 - 적극적이며 새로운일 계획하거나 실행에 옮기며 이혼을 강행하게되며
짝사랑하던 사람은 용기가 생겨좋고 나쁘고간에 결론을 내는 해입니다

사회운 - 어제까지 환경에서 빠져나오려한다
전직,이주,독립등이 구체적으로 나오고 큰전환기가 되며 사회를 그만두고
싶은 생각이 들때도있다
관대,건록,제왕에 임하면 독립의욕이강렬하여 사업시작,확장등
과감하게 결정한다
딸이 시집을 가거나 가출인이 생기는등 길흉간에 움직이는 상태다
나이가 많을경우 형제간의 사별도 있다

직업운 - 자기의 뜻에서 일어나는 일이 많고 대운이 좋고 공망만 아니면
독립,전업,개업을 실행해도 성공하게된다

금전운 - 전환기이므로 지출이 많고 오히려 돈을 빌려쓰게되며 모험적으로
투자만 하지 않으면 무방하나 저축될 운은 아니다

애정운 - 남자는 재운에 여자는 관운에 인연이 좋으며 적극적이되어 일방적인 열정에
불과하나 애정운은 좋으며 스피드 결혼이 되기가 쉽다

건강운 - 필요이상으로 활동하거나 상처입을 우려가 있으며 입원중인 사람은
원기회복되며 건강한 사람은 비대해진다
공망이면 여행이나 한가한때 사고주의

가정운 - 가정으로부터 떠나서 생활하고 싶은 충동이 일어나 가출,별거등도 가능하다
새로집을 짓거나 신축,증축,점포수리영업,장소변경등이 일어난다
자식이 부모곁을 떠나려하나 나쁜원인에서 떠나는 것은 아니다

#년운이[비견] 공망 일때

친인과의 이별,충돌사고,골절상,지병등 신경 쓰일 일이 많아지고 사업시작,개업 이전등 무리하다가 실패 하게된다.

본인의 뜻이 친인들에게 전혀 통하지 않게되며 조바심으로 주위 사람들과 충들이 잦아지고 직장에서 업무마찰,능력저하 사업가는 큰 손실과 형제들의 분쟁에 말려들어 심신이 피로하고 자신의 부상,병약,신경쇠약등 정신적장애를 일으키며 사주에 식상이 있는 사람은 성적불능 상태에 빠지게된다

(2) 겁재 - 투쟁,폭력,지도력,허무주의 성

일주의 양간이 겁재를 만나면 남에게 빼앗긴 다는 뜻이 있고
음간 일주가 겁제 만나면 약탈한다 빼앗는다의 뜻이 있다
일생고립되여 원조자가 없어 흉조가 강조되지만 주중에 정관성을 만나면 겁재의 포악성은 제압되어 전화위복이 된다
사주에 비겁 많으며 상부 극처하게 되고 화류계 여성을 아내로 맞이한다
남과 합작하면 반듯이 파탄이 생기며 정재와 같이 있으면 남의 아내와 교제하게되며
겁재와 상관이 있으면 거짖이 많고 양도 있으면 형옥,재앙, 혼담이 잘깨어진다

#년주 - 부모 일찍 사별하거나 이혼으로 편친 섬기게 되며 일찍부터 고생이 많고 사업은 파산 되기쉽다

#월주 - 가정에서 포악스런 남편으로 처자에게 무리한 희생강요하여 가정풍파많고 부부싸움,이별등 폭력적이다

#일주 - 자녀에게 괴로움을 주는 부모가 되거나 자녀의 실패,단명이 된다

#시주 - 자녀와 이별하거나 자녀 때문에 재산을 소비한다

#성격 - 대인관계에 버릇이 없고 트집을 잘하며 성격이 급하고 투기를 좋아한다

체념이 빠르고 자기학대를 잘하며 죽음 따위는 겁내지 않고 남이 상상하지못할

투기나 모험에 뛰어들어 대성 하는수도 있다.

남의 일 간섭잘하고 쓸데없이 낭비를 하며 처자를 고생시킨다

마음의 속과 겉이다르며 평소 돈쓰는데는 통이커 교제가 많고 낭비도 많지만

수단은 좋아 잔돈에는 구애 받지 않고 지낸다

관살이 있으면 억제되나 비겁이 있으면 흉폭성이 더욱 강렬해진다

사주의 구성이 좋으며 리더쉽과 정치력을 발의하여 여러사람의 존경받는다

#직업운 - 인내를 요구하는 성격이 맞지않고활동적인 현장의 기술자,영업인등이

적합하며 보좌역에서 잘 견뎌내면 발전의 기회를 잡는다

정관성이 있으면 공동사업성공하고 편제성 금융업. 중개인이 좋고

편관성이 있으면 기술관계가 좋다

건록이 있으면 독자성공하여 제왕이 있으며 다방면의 경영으로 성공한다

#사주에 (겁재)가 공망된 사람

성격이 냉정해 진다 일면 따뜻한점이 있긴하나 타인의 고생을 속으로 비웃기도 하고
타인의 고생을 속으로는 비웃기도하고 타인은 물론 부모,배우자,형제가 곤경에 처해
협조를 요청해도 일언지하에 냉정히 거절 합니다.
무슨일에나 외형에 이끌려 화사의 멋진건물이나 번화가에 위치한 것에 마음이
끌려서 취직을 하나 얼마 못가서 그만두는 경우가 많다

협조성이 없어 타인과 접촉이 원활하지 못해 친구들 사이도 차츰 멀어지게 된다
사주에 재성이 있으면 이런경향이 약화됨

#대운에[겁재]가 왔을 때

강한 사업의 시작운이 있어굳은 신념으로 사업을 시작하면 성공합니다
직장생활자는 승진도 가능합니다

10때 - 부모가 아무리 노력을 기울여도 공부보다는 친구들과 노는데 열중합니다
외부로부터의 발전의 의미가 있기에 학생이라면 아르바이트나 친구의 교제로
소일합니다.
이기간은 부친의 운세가 하강 하기 때문에 모친의 발언이 강화되며
넉넉하지는 않지만 생활에 쫒기지는 않습니다.

20대- 사업의 확장과 발전을 어렵습니다.
후퇴하거나 축소되는 것도 아니고 현상유지입니다
30-40대 - 사업운이 왕성하며 독립의 찬스입니다.
교우관계가 넓어져서 고독을 모르며 가정에서는 마음의 안정이
어려워 외출이 잦고 사교성과 기력도 충만 합니다
여성은 결혼생활로 들어가지 못하고 사람에 따라서는 남자보다는
일이라고 하는 직장여성의 활달한 면을 보여 결혼은 직장동료와
할가능성이 많습니다

#년운에 (겁재)가 왔을때

본인을 자기의 삶에 대해 회의가 생기고 무슨일이든지 의미가 없어지고
포기하고 싶어진다.사업에 책임감도 없어져, 대인관계의 트러블도 자주 생기고
사업도 실패가 따른다.게을러지며 연애도 무책임한 짓을 하다가 곧 싫증을 낸다
결혼생활의 파란이 일어나고 외지에서 여자관계가 생긴다.
겁재는 애정을 잃을 운이라 사업이나 인간관계의 나쁜 결과가 나타난다
여자는 남편의 질병이나 사고로 인하여 육체적 정신적 곤고가 심하다

#사회운 - 사업의 실패 손실이 많고 주위의 귀찮은일이 생겨서 지출이 많아진다
겁재월에 더욱 심해지며,도난,부도수표,보증사고등이 발생한다.
투기나 모험은 실패하므로 사업의 확장이나 독자적 경영은 하지말 것

#직업운 - 동료와의 단합이 안되고 책임문제 발생으로 좌천,면직등에 주의해야 한다
대운도 겁재면 사업의 실패로 부도를 내던지 도난이나, 사업상의 차질로
손실이 많고 전업이나 파산이 된다

.

#금전운 - 친지 친구의 부탁으로 빌려주는경우와 보증섰다가 변상책임등으로
헛돈이 나간다
부동산 문제가 발생 하면 소송으로 발전한다

#애정운 - 겁재,월,상관 월에 아니꼬와서나 라이벌이 생겨서 상대의 마음이 멀어진다
거짓투성이의 이성교재로 영구성이 없고 엉뚱한 일이 생겨 심신의
상함이 크며 미혼인 경우 자기의 의지에서가 아니고 주위상황으로
자포자기가되여 무책임한 심정으로 결혼을 승낙해 버린다
사주의 구성이 좋지 않으면 파탄은 필연적이며 부부의 경우 트러블,
사업실패의 충격으로 히스테리가 생겨 걸핏하면 이혼문제를 꺼내 마찰을
일으켜 비위를 거슬린다

남자는 극처의 성,여성은 라이벌의 성이므로 아내의 근심,남편의 바람,
공망이면, 이혼한다

#건강운 - 태만이나 과로에서 오는 정신계,비뇨기계,낙상 원인모를 병에 걸려
별 것 아닌 것이라고 생각했던것이 오래 끌고 고생한다

#가정운 - 분쟁,환자,부상자가 발생하고 형제간의 뒷치닥거리로 신경써야 될 일이
많이 생긴다.사업 투기등은 손해보나 부동산매입은 좋다
자녀가출이나 사고 발생등 부모의 의사와 반대되는일을 저지르고
원인모를 병에걸려 부모님의 애를 태운다

#년운이 (겁재)가 공망일 때

염쇠적인 충동이 강하게 일어난다
진행하던일 갑자기 포기한다든지 행동의 책임감이 없어져 심하면 자살을 기획하고
실행에 옮기는 경우도 있다.타박상등기타 사고방생 우려가 높고 사업상의 실패가
따르고 육친의 사망 친구의 죽음등이 발생한다
직장에서 명령을 거부하면 대인관계의 마찰을 초래 한다
손아래 형제의 분쟁에 말려 들게되고 애정관계도 갑자기 금이가는등으로
병약해지기 쉬우며 신경쇠약등에 주의를 요한다.
정기적 수입이 감소되고 생계비 마져 위협받게 되여 용돈마져 줄여야 할 입장이다
상관이 있으면 교통사고 주의해야한다

3]식신 - 의식주의 안정을 가져다 주는 성
조용하고 따뜻한 성격이며 포용력도 있는 낙천주의의 성이다
많으면 일간의 힘이 세기되어 신체가 허약하고 관을 억제하므로
여자는 남편을 극하고 음란하여 후처나 화류게 생활을 한다
식신이 월주에 있고 관대,건록,제왕에 임하면 대길하며 먹을 복이 대단하다
식신이 왕하고 편관성이 쇠약하며 자녀를 두기 어렵고 남편이 무능력해진다
식신은 부모재산이어 받을수 있으나 겁제 및 편인과 같이 있으면 궁핍하고 단명

#년주 - 부자집 출생하여 조상의 덕이 많다
공망이면 명문가였으나 쇠락해진 상태

#월주 - 성격 명랑하고 신체가 풍만하고 사주에 정관이 있으면 크게발전하고 안락하다

#일주 - 착하고 어진 아내를 얻고 배우자의 덕으로 의식주 혜택을본다

#시주 - 말년 부귀장수하며 자녀의 덕도있다

시주에 편인이 왕하면 곤고 단명하며 어릴적 젖이 부족하고 여자는

산액이 따른다

#성격 - 악착스레 일하기를 싫어해 의식주에 별신경을 쓰지않고 낙천적이라 개성과

투쟁심이 부족하고 결단력이 없어서 남의 부탁을 받으면 거절을 못하는

성격이라 남을 거슬리면서까지 자기의 주장을 관철하려 하지 않는다

대인관계의 말썽을 일으키는 일이 적고 타인의 호감을 받는다

대사,대업을 이끌만한 기백이 부족하고 가업을 중흥시킬 투지도 모자라서

사업을 너무 크게 키우지 않는것이 좋다

여성은 식신이 많으며 부모와 일찍 이별하고 초혼에 성공하기 어려우며

남성 편력거듭된다

인정에 끌려 자기 힘이상으로 무리를 함으로 주머니에 금전이 남아 있질 않는다

예술방면의 재능을 나타내고 다재다능의 소유자다

식신은 하나만 있는것이 좋다

#직업 - 공무원 재정직,금융업이나 가업을이어 나갈정우는 서비스업 식당업이 좋다

현장에 나가 몸소일하는 육체노동은 싫어하고 대혁신을 하는 일 등은

할 수 없으므로 자영업도 소규모로 하여야 한다

식신과 비겁이 있으면 공동사업으로 성공한다.

편관을 만나면 실패가 많고 독자 성공 못한다

편인을 만나면 남의 일로 손해보며 정관을 만나면 이익과 혜택이 많다.

#사주에 식신 공망인 사람

아무런 이유도 없이 배우자의 집안과 트러블이 생겨 잘 화합되지 않는다
10대나 20대의 젊은때라도 생명의 위험이 따른다
잘넘겨도 50대에 위험한 연령이니 건강관리하십시요
성격적으로 박정하여 가족의 고통을 조력하지않아 냉대와 경멸로 고독속에 빠져듭니다
식신은 느린성격이나 공망되면 이유없이 바쁘게 돌아다니며 침착성을 잃게 됩니다
심적인 여유가 없어서 휴식을 취하면 도리어 답답해합니다
식신이 공망되면 자살자가 많은것이 특징입니다
사주에 재성이 있으면 이런 경향이 약화됩니다

#대운에 식신이 왔을 때

전반적으로, 여유와, 대범 한 면이 나타납니다
사업에 열중하지 않고 취미와 유흥에 빠져들기도 해 금전을 낭비합니다
10대~ 20대 - 서예나 꽃꽂이 등에 열중하며 쫓기지 않는 한가한 생활을 하게 됩니다
한가함이 지나쳐 절재가 없는 면이 나타나서 엄격한 생활태도가
결여된 점이 흠이 되여 노년에 그 여파가 나타납니다
40대~50 대 - 언제나 놀이 유흥의 상대가 많아져 고독감이나 소외감은 느끼지 않으나
끈질기지 못한점이 나타납니다
이기간은 분쟁이 끌려드는 일은 없습니다
직장에서 덕망도 있고 호감도 사겠으나 상사가 볼때 신의 없고
패기없는 사람으로 보이기 쉽습니다
마음씨 좋고 한가한 노인으로 존경 받게되는 유유자적한 노년 입니다
여성의 경우 부부사이가 꼭 좋은 것은 아니지만 임신하기
쉬운체질로 변합니다.

#년운에 [식신]년운이 왔을 때

본인 정신적으로 장래길운이 약속되는 안정기로서 활동성은 결여되나 공부를
시작한다든지 자격증을 따는 일등 장래의 준비를 하는 데는 아주 좋은 운 입니다
느슨하게 움직이므로 사업상의 미스나 남에게 방심하여 이용당하거나
실패를 당하게 됩니다
폭음,폭식으로 소화기계통의 장애가 오며 여성은 부인과, 비뇨기과의 불균형으로
비만체질이 되며 임신이 잘되는 시기입니다

#사회운 - 주의력이 없어지고 느슨해져서 미스나 실수를 저질러 사회의 신망을
잃기도 합니다.사업인은 깊은생각과 통찰계획없이 힘에 겨운일에 손을
대다가 손실을 초대합니다.공망이면 법적인문제,형사소송 문제를 일으킵니다.

#직업운 - 안정된 상태이나 근무상의 실수를 주의해야 한다
사업인을 공동 경영건 이 생기고 필요 이상으로 사업에 심신과 정력이
소비된다.상대방에 말려들어 이용 당하거나 사기를 당하며
수표 할인동에 손대다가 손실이 생기니 삼가는 것이 좋다

#금전운 - 수입이 크게 되는 해는 아니지만 과거의 노력이 결실이 되어 착실하게
뻗어나가므로 금전 유통은 원활하다
그 간의 노력의 소득이므로 신규 사업은 하지 않는 것이 좋다
공망이면 도난을 주의하여야 한다
#애정운 - 주위의 개입이 있거나 상대방의 고백으로 연애가 성립은 되지만
들뜬 기분이거나 삼각관계를 주의해야 한다
깊은 생각없이 즉흥적이므로 상대방의 페이스에 말려든다
남여 다 이성의 혜택은 있어 결혼의 좋은 시기이다
가정적으론 안정이 있으나 아무 생각없이 순간적으로 과오를 저질러
여성은 이해에 바람이 난다,임신이 잘된다

#건강운 - 식욕이 왕성하므로 과식으로 인해 위장장애 초래한다

공망이면 부인과 계통 수술 (자궁외임신) 주의해야 한다

#가정운 - 가족 중심의 순조로운 상태이나 자주성 결여로 모든일이 타의에 의해

지배되며 자녀문제로 지출이 많다

공망이면 자녀의 건강 주의하여야 한다

부동산의 매입은 계획만 세우고 피하는 것이 좋으며

가옥, 점포의 증,개축은 해가 없다

#년운이 (식신) 공망을 맞았을 때

병이라고는 없던 사람도 원인을 알수 없는 병으로 고생하며 어미와 자식이 번갈아

병으로 쓰러질 수도 있습니다

업무상 만나기로했던 사람이 오지않아 할일없이 기다리는 그런 여가시간이 많아집니다

그런 일이 자주 일어나 사업이나 집안일에 지장을 초래하는 일이 잦아지며

피 할 수가 없습니다.

선악을 불문하고 여가시간이 너무 많이 생겨 이점이 오히려 정신적인 불안정을

야기시키는 원인이 됩니다.

순조롭게 들어오던 금전이 제때 들어오지 않게됩니다

남녀관계는 상대와의 의사소통이 잘되지 않아 연인 사이가 파탄지경에 이르게됩니다

생활비도 위협 받게되고 대인관계에 당신의 의견이 무시됩니다

교통사고의 우려도 많고 대중앞에서 수모를 당하기도 한다

서류결재,부동산 계약 청부 같은 일에 차질이 생겨 책임져야 한다

여성은 바람이 나며 임신,유산 자녀의 가출 등으로 고민이 많다

4) 상 관 - 반항, 방황, 고독, 공상을 상징한다

자존심과 프라이드가 강하여 자기 뜻이 맞지 않으면 누구를 막론하고 하대하는 난폭성이 있어 대인관계에도 의견충돌이나 반항적인 격한 감정을 일으킨다

남녀 가다 자녀 덕이없고 그 자식이 범법하여 근심을 끼치며 상속문제로 분란을 일으킨다

남성은 불명예 사기,폭력 등으로 범죄를 저지르기 쉽다
여성은 팔자가 세어 부를 극하거나 결혼 생활의 파탄을 초래한다.
상관이 많으면 예술적 소질이 풍부하나 재성이 없으면 부부인연이 희박하여 해로하기 어렵다

여자의 경우 상관과 겁재가 같이 있으면 재산을 목적으로 결혼하는 경우가 많은 탐욕에 찬 사람이다
상관,정관이 같이 있으면 음란하며 양인과 같이 있으면 그 남편이 흉사한다

#년주 - 부모 덕이 없고 일찍 고향을 떠나며 알력 과 갈등 트러블이 많고 단명한다

#월주 - 부모,형제 가족의 인연이 박하고 일찍 고향 떠난다
여성은 월주 상관은 부궁이 나쁘다

#일주 - 주중에 재가 약하면 처로 인하여 재산을 얻는다
여성은 자존심이 강하고 남편을 업신여기는 경향이 있으며 부운이 나빠 본인보다 못한 사람만 접근 한다

#시주 - 남녀 다 자녀운이 나쁘다

#성격 - 기고만장하여 사람을 깔보고 사회생활이 오해와 비방을 불러오고
대인관계에 있어 반대,방해,소송등 트러블이 많다
예술적으로 우수한 재능을 발휘하고 타협을 겸비한 성격이 있긴 하지만
정의감이 강하므로 변호사 검사가 많다
좋고,나쁨을 극단적으로 표현하므로 친구가 적은편이다
명석한 두뇌와 감정이 예민하여 예술,기술분야의 특이한 재능을 가진이가 많다
연구심은 왕성하나 사회성이 결여되어 그 재능을 인정받지 못하고 자포자기에

빠져 괜한일로 타락 되기도 한다
자기를 의지하고 찾아오는 사람에게는 성심을 다해 보살펴주기를 좋아하므로
수중에 돈이 남아있지를 않는 다
상관은 한가지 재주에 특이하여 목표만 정하면 돌진하여 대성하는 사람이 많다.
동업이나 어떤조직에 드는것보다 자립을 도모하는 것이 성공확률이 많다

#직업 - 남의 위에 설 두령격은 못되지만 두령격의 파트너나 차자로서 남의 보좌역에
적합하다.조형가,건축가,음악가,작가, 서가등 예술가로서 감상적이고 섬세한
분야에서 힘을 발휘한다
사주중에 인수성을 만나면 작가,종교가로 명성 얻는다
회사생활,기술관계는 능력을 살려 발전하나 오래 근무하지 못한다
주중에 겁제를 만나면 실패하므로 동업은 적당치 않다
편인이 있으면 본업이외에 손을 대다가 실패하며 남의 보증을 서다가
재산을 날린다

#사주에 (상관)이 공망된 사람

영감에 가까운 예민한 육감으로 이론이 통하지 않는 감정적인 사람이 되기 쉽습니다
여성은 일찍 배우자와 사별하던지 혼자 사는 경우가 많습니다
성품은 정숙한 여성형이므로 결혼 했을 경우 헌신적인 아내가 되여 남편의
내조를 잘한다.
자식이 태어나도 딸자식 하나만 남게되고 사내아이와는 거리가 벌어집니다
상관이 공방된 남성은 바람 피우는 일이 많은것이 특징입니다
상관은 반항,고독,속박을 싫어하지만 깊은 인정은 있는데 공망이 되면 성격이
변하여 반발심이 강해지고 예민해져 독선적인 성격으로 직장이나 가정에서 다투게되고
타인의 의견을 무시함으로 따돌림을 당하고 좌절감으로 신경쇠약이 되기 쉬워져
자살자가 많은것이 특징인데 동반자살이 많습니다

#대운에(상관)운이 왔을 때

연대에 관계없이 단체생활을 떠나 고적한 생활을 하게됩니다.
친척이나 주위 사람을 의지할수 없게되고 독자적으로 삶을 열어가야 합니다.
초년에 오면 양친이 있다해도 고독하며 학우나 친구,이웃들과도 잘어울리지
않게 됩니다
경우에 따라서 양친과의 이별이나 중병에 시달릴 수도 있습니다
#20대 - 남여 모두 고독을 이기지 못해 결혼을 원하게됩니다
이렇게 서둔 나머지 상대의 기본 성격조차 파악 못해서 결국에
부부불화가 심해지니 주의하십시요
#중년기 - 부모, 배우자등 친인과 이별수도 있으니 직장에서도 동료가 없고 주위가
의지할수없는 상태가 되며 적의를 품은 사이는 아니지만 좋은사이도 아니므로
일상생활에서 파생되는 모든 문제는 혼자 해결해야합니다
#말년기 - 한 가지 일에만 열중하며 진도는 늦어도 착실하게 일을 처리하게되고
그분야에서는 권위를 인정 받게되는 충실한 노년기가 될것입니다

#년운에 (상관)이 왔을 때

본인은 적극적으로 나가고 싶은 마음이 일어난다
사회에서 자기를 강하게 밀어내는 상태가 되여 대인관계에도 불화가 생겨
본인마음을 자제하기 힘들어 친인과 멀어지기도 하고 본인이 먼저 사회를
떠나버리기도 하는 초조함과 트러블이 많아 이유 없이 조급한 해가 되며
이성을 잃고 감정에 지배되여 차분한 계획성이 결여된다

공망이 년월일이 거듭되며 여러가지 사건에 말려들어 곤경에 처할 위험이 많고
신경쇠약, 노이로제에 걸리기 쉽다
하극상의 과오를 범하여 형벌을 받을 수도 있다

#사회운 - 불화와 투쟁으로 소송사건을 일으키며 직장인은 동료나 부하의 잘못을
뒤집어 쓰거나 하여 좌천이나 면직될 우려가 많으므로 주의하여 신중히
해야한다.경영인은 인원축소 부하의 배신,내부혼란 등 사회적으론
그런대로 발전 하나 인간관계의 고충이 따른다.
공망을 만나면 이런 경향이 한층 강화된다

#직업운 - 전업 및 이전문제가 구체화 된다
직장인은 상사나 동료,직원간의 트러블이 원인이다
사업인은 무리한 확장이나 새로운 투자는 부도를 내거나 채무에 시달린다

#금전운 - 사주의 대운에 따라 다르지만 예기치 않은 지출이 많아지고 사업상
문제나 건강보증사고,도난,화재등 거래처의 도산등 불의의 손해가 발생한다

#애정운 - 여성은 몇년동안 사귀던 연인과 트러블로 헤어진다
공망년이면 상대의 사고나 고향으로 돌아가거나 하는일로 이별하게된다
사주의 구성이나 대운이 나쁘면 상해사건이 발생된다
사업,직장등의 불안정 생활능력등으로 다 되가던 결혼이 연기되거나
주위의 반대로 방해가 된다
기혼자는 이유없이 권태증이 생겨 별거나 이혼등이 발생한다
여성은 이해에 결론을 낸다.공망이면 절대적이다

#건강운 - 외과계통 자동차사고, 싸움 등으로 수술등을 하게되고 한번으로 치료가
안되고 장기치료가능성이 많다

#가정운 - 양친의 생사별,상속문제,투쟁등 병자가 발생하며 부부간의 의견충돌이
있으며, 부부가 같이 경영하는 경우는 트러블이 더욱 심하다
불조심해야하고 사업상의 실패로 어쩔수 없이 이전될 가능성이 많으며
이때 이주하면 영구성이 없으며 병원신세 지거나 눕게된다
부부불화가 원인이 되어 자녀의 반항,가출,병 등으로 근심이 많다
가족여행은 무방하나 사업목적은 이루지 못한다
개인여행은 재해의 사고암시 있으므로 삼가는 것이 좋다

#년운이 (상관)이 공망일때

오해와 초조감으로 파괴적 행동이 반사회적 사건을 일으켜 법망에 걸려 들수가있다
상사와 충돌사건을 일으켜 좌천,실직되며 싸움으로 인해 큰상처를 입을 우려가 많다
불화,투쟁,사업의 실패로 인해 형사사건 소송시비가 일어나고 경영부진으로
자금난에 봉착하여 차압까지 당할 우려가 있으며 저자세로 겸손하게 대처하여야 한다.
부모와 사별의 징조도 있고 여성은 남편과 불화하거나 남편의 질병에 의한 별거가
있으리라.미혼자는 연인과 이별,홧김에 바람,임신,유산등 주의
고독과 철저한 인간불신에 빠져 주변사람과 만나지 않고 인사조차 교환조차 귀찮게

생각됩니다. 이 상태가 발전하여 노이로제가 발생되며 식욕감퇴,체력약화등
악순환이 계속되고 입원 또는 생명의 위험까지 강조됩니다.
공망의 재앙이 본인에게 나타나지 않고 자식에게 옮겨갈 염려도 있습니다
걸핏하면 금전의 지출이 생겨 힘겹게 저축한 돈은 줄어들기만 하는
흡사 걸신들린 귀신에게 붙들린 것 같습니다
세무,사찰,교통위반등 정서불안으로 불필요한 행동을 일으켜 분쟁의 씨앗을 만듭니다
사주에 인성이 있으면 제기불능 까지는 가지 않습니다

5) 편제) - 선량,봉사,투기,회전,재산의 성

금전회전의 능력이 있어서 은행이나 남의 돈으로 자기 사업을 발전시키는
수완가입니다.
남자는 이성문제의 트러블이생기거나 처첩을 거느리게되며 타향에서
성공하게된다.
사주에 편제가 많으면 여자관계가 복잡하고 욕심이 많으며 주색을 좋아하며
금전의 출입과 씀씀이가 헤프다
신왕한 사주에 편제도 왕하면 사업가로 크게 성공 한다
편제가 공망을 만나면 부친과 처복이 없다
편제가 너무 많으면 도리어 재복이 없고 묘에 있으면 부친과 처와사별한다

#년주 - 천간지 모두 편제면 양자노릇을 하거나 부모,유산상속 못받는다
어릴때 조모에게 양육되거나 두 부모를 섬기게 된다
사주의 어느 기둥 모두 편제로 되었으면 처덕이 있다

#월주 - 숙명적으로 부모의 혜택을 입지 못 한다
사주 가운데 공망을 맞으면 결혼문제에 애로가 많다

#일주 - 처덕이 있고 풍류를 좋아하고 여난이 있다

#시주 - 형충되지 않으면 만년 자수성가 치부한다

#성격 - 담백한 성격이지만 금전과 이성에 대한 집착성이 강하며 투기를 좋아하고
타산적이어서 자기중심적으로 행동하는 경향이 많다
겉보기는 남의 일 주선을 잘하나 엉큼함 면이 있어 남의 비위를 잘 맞추어
실속을 차리는 사교성이 있고 설득력도 좋아 교제범위가 넓어서 저축되는
돈은 얼마 되지 않지만 일생 돈 잘 쓰고 구애받지 않는 편이다
비견 많으면 편제의 역량을 저해하므로 인간적으로 경박하게 보여 남에게
도리어 이용당한다
편제가 많으면 복상사에 빠져 사망하는 일이 많다

#직업 - 사업가적 기질이 있어 영업관계,매니져,지배인,금융관계업 등에 적합하고
봉사정신이 많으므로 여성은 보모,간호사,영양사등에 종사해도 좋다
편제성이 월덕,문창귀인을 만나면 교육자 변호사가 좋다
자영인 경우 금융,귀금속,기술,판매업이 적합하다
편제가 있고 비견이 있으면 본업이외에 손대면 손재한다
식신이 있으면 타인의 원조 받아 이익 보며 상관이 있으면 남의 보증 서거나
돈을 빌려주다가 손해본다
정재가 있으면 부업으로 성공한다

#사주(편제)가 공망된 사람

부모와 인연이 희박하여 아무리 착실한 사람이라도 부친과의 정이 희박합니다
부친이 박정하다거나 가정을 돌보지 않는 사람도 아니고 자식을 아끼는 정은 많으나
접촉할 기회가 적어서입니다
20세전 부친과 사별하거나 생이별 하게 됩니다
부부의 인연도 약합니다.원인은 여러가지 있겠으나 성격상 불화가 가장 크며 책임이

어느 일방에게 있는 것이 아니고 그냥 감각적으로 맞지 않는다는 것 입니다
사람에 따라 이혼이나 별거도 생각할 수 있습니다
성격의 미묘한 변화를 일으켜 재수가 없게 되고 예정했던 돈이 갑자기 엉뚱한
이유로 들어오지 않는등 계획의 차질이 발생합니다.
유산의 상속을 받아도 내것이 되지 못하고 유산의 규모가 크면 클수록 엉뚱한곳에
다 없애고 결국에 빈털털이가 되어 들어온 제물이 나가기만 하고 건실하고
생산적인곳에 투자를 하여도 이익은 기대 할수 없습니다
애정면과 금전면에서 인연이 멀어집니다

#대운이 [편제성]이 왔을 때

애정운과 재물운이 충족되는 기간입니다
초년에 오면 무엇이든 자기의 것이 되든 아니면 금전상의 고생이 따르든가
어느 한가지 현상이 나타납니다

10대 - 여성은 조숙하여지고 남성은 조숙하여져도 의식적으로 무관심을 표방합니다

20대 - 연애에서 결혼으로 골인하게 되고 기혼자는 연인들과 같은 신선함과
밝음을 잃지 않는다

30대 - 회전재가 강조되므로 뜻밖의 큰돈이 굴러옵니다
동급자라해도 사업상의 큰돈을 회전시킨 결과 수완을 인정받고
이런 동기로 사업을 시작하기도 하고 갑자기 직장을 퇴직하고 자진하여
봉사활동에 열중하는등 진로를 변경하는 사례가 있습니다

중년기 - 제물운이 따르기 때문에 자금의 원조가 없어도 주택의 신축이나
사업을 시작하게 됩니다.
지나친 자만은 금물이며 금전적인 마찰이 일어나면 부채가 눈덩이처럼
불어 납니다

노년 기 - 노후의 생활이 안정됨을 의미합니다

#년운에[편재]가 왔을 때

본인 활동력이 왕성해지므로 무슨 일이나 적극적으로 나가며 남의일 주선에도 바쁘고 주위에서도 협력을 해주는 장래를 위한 준비단계이다.

남성은 금전과 여성운이 강하게 작용하므로 연애 및 결혼을 할 기회가 많아지고 여자도 잘따른다

#사회운 - 직장인은 실력의 정당한 평가를 얻어 발전하고 기술,예술인은 세상에 나올기회이며, 사업인은 돈을 벌이는 해 이므로 그 이익을 회전자금이나 확장에 투자하면 쉴 시간 없이 바쁘긴 하지만 이익이 남는다

#직업운 - 자영인은 실적이 올라 안정이 되고 직장인은 정관월에 승진한다.
정관이 공망이면 유명무실해진다

#금전운 - 금전회전은 원활하나 저축이 되진 않는다
남성은 비중을 금전이나 여자 어느쪽을 두느냐에 따라 달라지지만 대운에도 재성을 만나면 거금을 잡게되며 어느 정도의 지출이 있어도 까딱 않는다
직장인은 부업을 도모해도 이익을 본다

#애정운 - 여성은 마음이 초조해지므로 몸 지키는 대 신경써야하며 적극적으로 나오면 남성에게 무시당한다 여성은 연하의 남성과 교제하게되나 결혼까지 연결되지 않는다.
남성은 평소 여성과 인연이 없던 사람도 근사한 상대를 만나 교제하게되어 결혼으로 연결된다.
여성은 사귀는 사람이 많아지나 약혼중이면 연기되거나 깨어질 우려가 많다
공망이 되면 삼각관계에 얽히거나 금전만 나가게 되고 썩은 인연이거나 사기결혼이 된다

#건강운 - 무리하기 활동하다 위장병이 나타나며 크고 작고 간에 오래끌게되며
상관에 수술할수도 있다

#가정운 - 남자는 부친이나 아내의 병으로 걱정이 생기거나 애정문제로 시끄러워진다
여성은 상속문제나 남편이나 연인의 이성문제가 표출되어 싸움이 일어나
이별까지는 가지 않는다.새로운 삶의 보금자리를 마련하거나 사업을 확장한다
너무 무리하거나 요란하게 하지 않는 것이 좋다

#년운에(편제)가 공망일때

빚이 많아지고 빚이 자꾸만 불어나 결국엔 빈털털이가 되고 사업상의 실수와
놀이 유흥에 빠지거나 주식 투자나 도박등으로 큰손실을 보게 됩니다
여자나 금전문제의 인연이 회박해집니다

가족간의 분쟁,애정문제등으로 가정이 파괴되여 가족이 흩어지는 비극을 초래합니다
애정문제가 원인이 되여 금전문제까지 비화됩니다

채무관계나 애정문제가 부모,형제,부부,자녀까지 휘말리게되여 고통을 줍니다.
애정문제로 인해 명예가 추락하며 빚보증등 문제도 발생하므로 주의 해야하며
부모님의 도움도 없습니다

가정에서는 처의병,애인문제로 걱정이 생기고
여성은 남편의 바람,연인의 배신등으로 고민이 많다
직장인은 직장을 옮겨야 한다

6]정재성 - 건실, 온후,축재,절약가의 성

편제가 출입만 빈번한 돈이라면 정재는 규모는 적지만 나의 고정재산 이라
할수있는 부동산 또는 정기적으로 꼬박꼬박 들어오는 돈이나 본인 앞으로 등재된
재산을 의미한다
어진 아내를 얻고 아내덕으로 재산이 불어나기도 하나 정제가 너무 많으면
여색으로 인해 결혼운이 불리하고 인정에 이끌려 남의 보증으로 재산을 낭비하며
공처가가 많다.정재와 비견성이 많으면 조업을 계승하지 않고 일찍 부모와 이별한다.
정재는 천간보다 지지에 있는 것이 좋다
천간의 정재는 남에게 빼앗기기 쉬운 재산이다
사주에 정재가 강하고 인성이 약하며 아내가 모친을 학대하여 고부간의
갈등을 일으킨다
정재와 겁재를 만나면 재물의 손실과 처로 인한 근심 많다
사주에 비견이 있고 정재가 도화살을 만나 미인이나 그 아내가 요염하고 부정하다
정재가 (묘)가 되면 아내가 어리석거나 허약하며 똑똑하면 다른 곳으로 재가한다
여자 사주에 정재,정관,인수가 모두 있으면 재색을 겸비하였으나
색정에 주의 하여야 한다
정재 인수 가 다같이 많으면 음란하고 천하여 화류계 생활이나 화류계 직업을
가지기 쉽다

#년주 - 정재가 있고 타주에 정관이 있으면 자력으로 부를 축적하며 명예도 올라간다

#월주 - 부지런하고 신망이 높고 형제자매의 도움도 많고 신용도 있어 발전한다

#일주 - 착하고 어질고 예쁜아내 얻고 처복도 많다

#시주 - 처궁이 길하며 현처를 얻고 자수성가하며 자식도 훌륭해 가운이 발전한다

#성격 - 인정에 약하고 봉사적 성격이라 누가 부탁을 해오면 차마 거절 못하고

돌봐주다 실패한다

신용도 있고 착실하고 온화하므로 호감을 받으나 너무 지나쳐 오히려

어색하게 보인다

금전면에서는 합리적이고 경우가 밝아서 인색한 인상을 주나

써야 할 때는 과감히 쓴다

재산형성은 일확천금이나 투기가 아닌 한푼두푼 차곡차곡 모아야

실패없이 재산 형성한다

#직업 - 현금 취급하는 업종이 적합하다

태어난 고향보다 타향에서 자수성가한다

공무원,화사원도 무난하고 자영업으로 성공한다

사주에 겁재가 있으면 독립하면 손실을 보며 식신이 있어야 주위의 도움이

있고 신용을 얻어 무에서 유를 창조한다

정재가 있고 편제도 있으면 금전출입 있으나 만족 하지 못하고 본업 이외에

손을 대다가 실패한다.

#사주에 (정재)가 공망된 사람

금전이 자꾸 흘러나가 결국 바닥이 나게되며 몸부림 치면 칠수록 더욱더 나가게된다

이유 없이 불안해져 가정이 안식처가 못 되고 집을 자주 떠나고 싶은 충동이 일어난다

그렇다고 조바심을 내거나 자포자기상태가 되면 손해만 자꾸 커질뿐입니다

평소대로 근면한 생활태도로 열심히 착실히 하여야만 심한 몰락은 없습니다

정재가 공망된 사람은 26세에서 - 49 시까지는 좋은운이고

58세 이후는 나빠지므로 여기에 대비하여 낙담하지말고 꾸준히 성실히 하면

불행이 없어집니다.

#대운에 (정재성)이 왔을때

가정과 가족중심의 충실한 생활을 합니다
초년기 집안이 대단히 가난하거나,부자이거나 양극단이 되며 모친이 정신적으로
고생합니다

20-30대 평탄하고 무난한 이성을 만나 결혼하게 되는데 모험정신 부족으로
신선미와 변화부족으로 부부간의 권태와 갈등을 초래하기도 합니다

정재는 제대로 힘을 나타내는 데 40년이란 긴 세월이 필요하고 중년기에 정재가
오면 인생에서 제일 중요하고 활동력이 왕성한때 이므로 이제까지 축적한 돈을 전부
동원해서 사업을 해도 실패하지 않고 발전합니다

#노년기 - 금전적으로 가정적으로 안정된 노후가 됩니다

#년운에[정재년]이 왔을 때

본인운 - 친구,선배,이성등 인간관계가 발전되고 도움도 많은편 이지만 가만히
않아서 기다리면 기회는 오지않음으로 적극적으로 나서서 활동하면
유리하다

사회운 - 사업가는 고정자산 만들기회로 토지,가옥,전토등 시설투자등
장래에 대비함이 좋고 회사원은 상사의 추천 등으로 좋은자리 보내진다
예술인은 세상에 나갈 절호의 기회다
여성은 자식의 덕이 있고 남성은 금전,이성문제,결혼관계등은 좋으나
여성문제를 일으키면 모치럼의 금전 수입을 깨는 결과가 된다

직업운 - 진급,영전,타기관의 촉탁등으로 금전상의 이득이 있다
대운에 정관이나 재성을 만나면 사업인은 사업확장이나 투자등에
이득이 생긴다

금전운 - 금전 이 순조롭게 잘 들어온다
장래를 봐서 재고나 부동산 투자는 유보하는 것이 좋다
여성문제에 얽히면 금전은 다소 멀어진다
공망 이면 겉만 크고 속은 비었다

애정운 - 남성은 이성과 인연이 많아 별 관심없던 여성과 사귀게되며 그로 인한
금전이 소비된다
여성은 장래성 있는 사람을 우연히 만난다
남녀가 다 연애중이면 결혼까지 골인한다
직장이나 직장상사 사업인은 거래처에서 소개되어 조건맞는 사람과
맞선 보아 이루어지는 일이 많다
기혼자는 직장여성과 삼각관계가 생긴다

건강운 - 지나친 과로에서 수면부족으로 신경성위장,등신경계통의 질환이 약간
있기는 하나 무난하다

가정운 - 부모님의 건강, 모친의 입원등이 따르고 여성은 남편의 바람으로 고민하며
공망이면 상대여성의 임신등이 발생한다

주택구입,신축등 움직임이 있으나 겁제,정재 만나는 달과 공망만 피하면
투자가치는 좋다
자녀의 좋은 일로 기쁜 일 발생, 경사도 있다

#넌운(정재)가 공망될 때

지나친 활동이 남의 눈에 거슬려 중상모략을 받는다
모든 일에 신중하게 대처해야 하고 직장인은 감언이설에 속아서 전만 못한 곳으로 옮겨 진다
부동산이나 계약 관계가 틀리거나 문제성을 일으켜 사기횡령을 당할 우려가 있다
여성관계의 비밀이 탄로나서 명예의 손상이 따르고 사람에 따라 애인이 생기거나 처이외의 여성과 살림을 꾸미는 경우도 있습니다
금술이 좋았던 부부도 애정관계에 마찰이 잦아져 냉전 상태가 계속 되며 파탄의 경지까지 갑니다 미혼인 경우 마음이 허전해 생각없이 혼담에 끌려 결혼하게되는데 멀지않아 이혼으로 종말이 납니다
금전면에도 수입이 불안하고 범위가 적지만 꾸어준 돈이 때입니다.
사업상 실수와 명백하게 가망 없는 곳에 투자하게 되고 늘어가는 빚때문에 대인관계가 악화됩니다
상관성이 있으면 낭비벽이 심해져 도박이나 오락에 열중하게되여 부부의 애정까지 금이가며 재앙이 가정의 붕괴와 재산손실등의 복구에 오랜 시간이 걸립니다

7]편관 - 투쟁,공격성,성급함,행동력,무관의 성

칠살이라고도하며 상대방 마음을 훤회들여다보는 직관력이 뛰어나며 성격이 과격한 탓에 대인관계에 트러블이 많아 인생살이에 파란이 많다
편관이 양도나 괴강과 같이 있으면 군인으로 권세잡고 출세한다
편인과 동주하면 외국 출행하고 격이 낮으면 행상인으로 동분서주하기만 한다
여자는 관살혼잡(편관,정관)을 이루거나 많으면 정조관념이 희박하거나 여러번 시집가게되며 유흥업 종사한다
(목욕)이면 남편 바람둥이이고
(장생)은 얌전하고 귀하며
(묘)에 임하면 남편과 이별,사별한다

#년주 - 부모궁이 불리하여 부모로 인해 곤경이 따른 다

#월주 - 편관,양인과 같이 있으면 모친과 일찍 사별하며 일생 고독과 파란이 따른다

#일주 - 총명하나 성질이 급하고 고생이 심하며(묘)에 임하면 일생 건강에 근심이많다

#시주 - 성질이 강하여 남에게 지기 싫어하고 자녀와 인연이 약하며 식상이 있으면
영리하며 중년후 혜택이 많다.

#성격 - 자존심이 강하고 자기중심적이며 필요이상으로 과시하기를 좋아하고
반항심이 많아 대인관계의 비난이 많으며 고립되어 도와주는 이가 적다
주색에 빠지기도 하고 깊은 생각 없이 배짱좋게 큰 사업에 손을 대기도 해
알력과 상해, 형사사건을 잘 일으키며 필요이상으로 인정을 베풀고 부하를
사랑하는 두목형이기도 하다
직관력이 뛰어나 사업면에 발전시키지만 틀에 박힌 생활을 싫어해
반사회적 행동으로 보인다
인성이 있으면 예술계통을 살려 성공한다
자신도 종잡을 수 없는 이중성으로 인해 본인에게 도리어 피해가 돌아온다.
의리있고 입이 무거운 사람이 많으나 특히 편관이 (묘)있는 사람은 사람이
간사하고 보기와는 딴판으로 남을 이간질 하는 때는 명수이니 절대 속을
내보이지말며 상대하지 않는것이 이롭다
(묘)지가 충 이되면 더욱 심하다

#직업- 양면성이 있어 직업도 인정과 의리의 두목
외면을 살려 건축분야의 현장감독이나, 청부업,건달등에 종사하는 경우와
직관력이 뛰어남으로 작가,예술가,수출입,부동산,증권,오파상이 적합하며
식신이 있으면 투기로 손해보며 정제성이 있으면 독자적 경영은 손실이
따르고 인수가 있으면 조직속에 투신함으로 성공한다
공무원, 군인, 경찰, 소방관, 형무관등 무관 계통이 좋다

#사주에 (편관)이 공망된 사람

우연히 주위의 변화가 자주 일어나 되고 회사원은 전근 장기출장을 명령 받으며 주부는 모임의 임원을 떠맡게 되어 가정을 등한시 하게되며 계속 한곳에 오래 살지 못 하는 원인이 생기며 가정에 있지 않고 친구 집이나 떠돌아 다니며 가정을 지킬 시간이 없습니다

행동력은 뛰어나지만 주위와 마찰이 심해서 직장에서도 좋은상사 만나기 어렵고 동료와도 화합이 잘되지 않고 외톨이가 되며 모든 일이 원만하게 진행되지 않습니다

항상 급한 성격 때문에 싸움을 만들어 상사에게 불만을 갖게되고 오랫동안 한곳에 근무 하지 못 하고 자주 옮깁니다

여성은 35세 이후에 결혼운이 오기에 만혼이 되기 쉽습니다

일찍 한다고해서 꼭 행복 한 것 만도 아니니 비관 할 필요는 없습니다

반사신경이 발달하여 운동선수나 군인이 되면 출세합니다

#대운에 [편관]이 왔을 때

대단히 바쁜 세월이 됩니다

유년기 - 성격이 급해서 폭군적이나 반사신경이 발달해서 운동에는 비범한 재능을 발휘하게 됩니다

가정적으로 윤택한 환경이 아니며 부모님은 고된 생활을 하야 하는 시기입니다

20대 ~50대 - 뛰기만 열심히 뛰고 소득은 기대에 못 미친다.

회사일을 열심히 하는데도 근무 평가는 떨어집니다

두뇌로 판단하는 홍정이나 영업 분야는 뜻대로 안됩니다

직장동료나 친구들은 승진되지만 본인은 올라가지 않아 조바심을 갖고 중도에 좌절하면 제기하기 어려우니 참고 견디어야 합니다

노년 기- 체력이 따르지 않는데도 젊은이 못지않게 열심히 활동하게 됩니다

#년운에 (편관)이 왔을 때

본인운 - 본인의 의사와 상관없이 타의압력으로 직장의 변동이 있으나 전만 못합니다
사업인은 공장설치의 변경,장소이전 사업종류의 변경,주거의 이전등이
발생합니다.여성은 가정적이나 남성은 밖에일만 열중해서
가정사에 소흘해지기 쉽습니다
작가나 예술인은 다른방면의 방침수정이 불가피해진다

#금전운 - 전환기이므로 지출이 많으며 금전 융통이 잘 안된다
지금까지 벌인 돈을 토해내야 하지만 재산으론 남는다

#애정운 - 편관,정관월에 여성은 애인이 생기든지 연애중이면 결혼을 하게된다
전혀 혼담이 없던 여성도 선택의 고민이 생길 정도로 많이 들어오며
맞선 보아 인연이 성립된다
공망년이면 교재중단, 상대의 사정으로 이별한다
결혼이 성립되었더라도 사기결혼, 얼마 못가 이별한다

건강운 - 전환기라 바쁘게 설치므로 스트레스,신장, 눈,비뇨기계통의 병이 발생한다

가정운 - 부모님의 병과 남편의 밖의 일로 가정에 소흘해 부부싸움이 있게 된다
공부하는 학생은 분발하고 나이먹은 자식은 부모와 떨어진다
직장따라 전근,집이 좁아서등 이사 증축,개축이 이루어진다.

#년운이 (편관) 공망일때

마음의 초조와 정신적인 번민과 불안 상태가 되므로 탈피하고자 주위에서 영향력을
가하기에 하는 수없이 옮기지만 결과는 나쁘게 된다
여성은 남성의 유혹에 넘어가게 되고 여러곳에 혼담이 들어오나 모두다 썩은 인연이고
비뇨기과 병에 걸려 고생할 우려가 많다

타인이 저지른 실수나 동료의 나쁜 일만 떠맡게되고 아무리 애써도 보답은 커녕
싸움 할일만 생긴다
시비가 잦아지고 주석에서 주먹질까지하게 되여 조직에서 미움을 받게 되여 직장을
그만두게 된다
활동량이 많을수록 초조감이 나타나서 사업분쟁으로 형제,친구까지 피해를 주며
건강을 해치며 휴식할 시간도 없이 정신없이 바쁘게 다니다 교통사고까지 겹처서
휴유증이 남게됩니다

8]정관성 - 책임감,자존심,명예,발전의 성

정관은 사주에 하나만 있는 것이 좋고 많으면 자기를 이기지 못하여
실속이없고 빈곤하다
음간일생이 일주의 정관이 최길성이지만 양간 일생은 힘이 조금 약하며
인수가 있어야 힘을 발휘한다
사회적으로 신망이 있고 여성은 남편운이 좋고 용모 또한 단정하다
남성은 정관이 자식이므로 극하는 상관이 많으면 자식을 잃는 경우가 있다

#년주 - 부모의 업을 이어 받으며 상속으로 부모의 은혜가 많다
차남으로 태어났더라도 장남 노릇을 하게된다
#월주 - 차남으로 태어나며 편관이 또 있으면 길성이 감소된다
인수가 있고 형충파 되지 않으면 부귀를 누린다
정관 대운이 오면 크게 발전한다
#일주 - 지혜가 총명하고 자수성가하며 처의 도움으로 안정되고 명문가의 여성을
아내로 맞이한다
#시주 - 만년이 부귀하며 자식의 덕으로 편히 지낸다

#성격 - 상식과 원칙을 중하게 생각하는 깐깐한 성격소유자이며 융통성이 없고
보수적이며 남에게 구속되고 간섭 받는것을 싫어한다
신용이 있는 반면 개인적으로는 유머와 인간미가 없어서 재미없는 사람으로
보인다.관능적이고 현실주의자이므로 이상이 높고 허영심이 많아
권위와 명예에 약하고 대인관계에 너무 철저해 예의를 잘지키고 꼼꼼하고
신중히 행동하므로 안정된 생활을 선호하고 비밀을 잘지키며 자기 마음을
잘 털어놓지 않아 냉정해 보인다

#직업 - 꼼꼼하고 명예와 신용을 중요시하므로 공무원,학자,금융관계에 종사하면
능력을 발휘한다
정관,정재가 있으면 매사 잘 풀리며 비견이 있으면 부모의 업을 계승 하고
주위의 도움을 많이 받는다
편재가 있으면 신용을 얻어 무슨 일이나 발전하나 너무 과신한 나머지
본업이외에 손을 대다가 실패하는 수 도 있으니 신중히 할 것

#사주[정관이] 공망된 사람

의사, 미용,서예,변호사,학자,종교가, 운명철학가에 투신하면 성공합니다
여성은 남편을 꺾어 누르는 억센 아내가 될수도 있으며 사주의 구성이 나쁘면
이별할 수도 있습니다
여행중에도 별의별 잡다한 생각이 머리를 어지럽히고 안정이 되지 않는 정신적
딜레마에 빠지게 됩니다
중년기에는 날아가는 새도 떨어뜨릴 권세였으나 정년이 가까와서는 운세가
급격히 떨어져 주위 사람들까지 분쟁에 말려들고 불명예로 하락할 우려가 많습니다
중년기에는 병이나 돌발사태로 생명의 위협을 받는 불행한 사태가 닥쳐옵니다
편인 인수가 있으면 영향이 약해지나 성격은 변하지 않습니다.

#대운에 [정관운]이 왔을 때,

연령에 상관없이 직책과 책임이 지워집니다
유년기- 학교에서 반장 추대등 책임있는 위치에 서게 되므로 능력을 발휘하여
훌륭히 수행합니다
엄격한 가정교육으로 예의 바르고 성적도 상위에 속합니다

#20대 - 결혼을 하게 되며 상대의 집에서 대릴사위라던지 가업의 재건을 위해
일해 주게 되던지 하는 책임을 지우는 부탁을 하게 되어 무거운 짐이 됩니다
#30-40대 - 착실한 근무 태도를 인정 받아 대규모의 거래가 성사되는등 윗사람의
인정을 받아 승진할 기회입니다
사업의 능력을 테스트 해보는 좋은 기회입니다
#40~50대 - 이제까지 신용과 능력을 인정받아 한층 완숙한 경지에 도달하여
특진등의 기회가 옵니다
#노년기 - 명예직을 갖게되어 다망한 날을 보냅니다

#년운에 (정관)년이 왔을 때

본인운 - 진급 발전 안정이 확신되는 길운이다.
이제까지 길러온 실력을 사회에서 인정받으므로 선거 같은 것에
입후보하면 당선의 영광이 따른다
예술인은 인기가 상승하고 이름이 알려진다
사회운 - 사업가는 신망을 얻어 왕성해지고 발전하며 직장인을 있는 자리에 앉아
진두지휘하게되고 자격시험,취직,승진 시험등에도 합격한다
직업운 - 상사의 추천이나 주위의 도움도 많아지고 은행 거래처등에서도 신용을
얻게 되므로 적극성을 띠고 활동하면 지위가 올라간다
금전운 - 금전유통에 원활하다 부동산 구입등은 약간의 무리가 따라도 괜찮다

애정운 - 여성은 애정의 최고의 좋은기회이며 새로 애인이 생기든지 교제중인

남성과 더욱 가까워진다

미혼은 혼사가 많이 들어오고 결혼이 성사된다

건강운 - 무리만 하지말며 지병이 있는 사람은 재발한다

가정운 - 마음 먹은 대로 발전은 되나 부모의 상액이 있다

전근,영전등 신축,증축,확장등을 실행해도 좋다

여성은 남편의 건강만 신경쓰면 된다

자녀가 직장이나 학업관계로 부모곁을 떠난다

#년운에 [정관이] 공망 될때

남에게 중상,오해,누명을 써 자존심의 상처가 크며 그로 인해 금전 손실이 많다

새로운 일 시작하면 실패한다

하기 어려운일 골치 아픈일등만 떠맡게 되고 소득은 없다

시험문제는 중도에 좌절 실의에 빠지고 부모의 근심 걱정거리가 생기고

자식 걱정거리가 생긴다

상관월을 만나면 교통사고,낙상,싸움등이 발생한다

배우자가 만든 분쟁에 끌려들어 입장이 난처해진다

미혼자는 혼담이 많아지나 이해의 결혼은 사기결혼이 되어 평생 후회하거나

이혼하게 된다

상관이 있으면 노이로제,교통사고등이 따른다

이제까지 쌓아올린 명예가 무너지게되고 이로 인하 금전 낭비가 많다

9]편인 (도식) - 방랑,이별, 고독,변덕,게으름의성

지능은 있으나 게으르고 엉뚱한 발상을 잘하며 예술계,물장사 유흥업등으로 유명해지고 재산도 얻으나 사회적으로 명성이 높다는 차원과 다른 이름이 알려진다

변덕이 심해 재난, 좌절등이 자주 발생하며, 일상적 놀이 취미생활을 하다가 그것이 발전하는 경우이다

편인이 사주에 많으면 부모,처자와 인연이 희박하고 재난이 많으면 제왕이 임하면 계모의 학대가 있고 식신이 있으면 길흉상 반이다

편인과 인수가있으면 두 가지 직업을 갖는다

겁재와 같이 있으면 혼인의 장애가 따르고 남으로 인해 항상 고생한다

여자는 편인이 많고 식신을 만나면 유산,산액등 자식의 해가있다

#년주 - 유산을 지키지 못하고 생활이 궁핍하다

장생이 있으면 무해하며 양에 임하면 계모에게 양육된다.

#월주 - 부모인연이 박하며 조모나 계모에게 양육된다

의사, 배우,이발사,역술가등 편업에 종사한다

#일주 - 어려서 병약으로 고생하며 결혼생활에 애로가 많으며 유달리 눈치가 빠르고 변덕이 심하다

#시주 - 자식과 아내인연이 박하고 여자는 산액이 있다

#성격 - 다방면의 재간이 많고 무슨 일에나 열중하다

금세 실증을내며 머리가 빨리 돌아가고 직감력이 뛰어나 다재다능의 빠른 직감력으로 예술가,작가등이 많은데 비뚤어진 성격이 있어서 엉뚱한곳에 재능을 발휘하기도해 변덕과 변태적인 생각을 하기도 한다

친구들에게도 즉흥적이라 일시적 감정으로 배신하여 종잡을수없는 사람이라 누구든지 상대하기 어렵다

여성은 성격이 매마르고 즉흥적이라 상대가 좋다고 느껴지면 당일 알게된 남성이라도 바로 몸을 맡기는 극단성이 다분하다

#직업 - 직장생활은 자주 옮기게되므로 맞지 않고 자유업,편업이라야 적성에 맞다
유행관계,미용,투기방면,예술인,유흥업,작가,종교,이발업 등에 투신하면 좋다
참을성이 없어 어느 정도 성공하면 변경하는 경솔함이 있어 스스로 기회도
놓치게 되고 실패를 거듭한다
회사원은 취미를 살린 부업을 가져보는 것이 좋다
비견이 있으면 본업이외에 손을 대다가 실패한다
사주에 편인,재성,관살이 있으면 부자로 산다
식신이 있으면 동업은 실패하고 정관은 본업이외에 능력을 발휘하고
인수성이 있으면 지점혹은 여러업종을 같이 하게되면 실패하거나 본업마져
잃어버린다

#사주에 [편인]이 공망된 사람

휴식할여유가 없을 정도로 분주히 돌아다니게 됩니다
사업의 실패를 거듭해서 주위사람에게 피해를 끼치게 되나 생명력이 강한 관계로
격심한 변화에도 충격을 느끼지않고 창조와 파괴를 거듭합니다.
어릴적부터 부모와 인연이 희박하여 부모와 동거하지 못하고 고생이 심합니다.
예능계에 대성하는 사람이 많고 화려한 생활을 즐기는 경향이 강하며 조직의
일원이나 틀에 박힌 생활은 오래 견디지 못하며 파란만장의 인생을 보내
확률이 많습니다

#대운에 (편인)이 왔을 때

개척정신에 불타기 때문에 한곳에 정착하지 못하고 직장과 주거를 여러번
바꾸게 되는 방랑과 이상을 추구하는 세월이 됩니다

#초년기 - 낳은 부모보다 기른 부모의 인연이 깊어집니다.
사춘기나 결혼기에 있는 남성은 연상의 여성과
여성은 연하나 10세 이상의 연상과 인연이 있어집니다.
남성은 어리광을 부릴 시기로 손위의 이성의 뒷바라지가 필요한시기이므로
행복한 생활을 위해서 그렇게 하는 것 이 마음이 편안할 것 입니다
#중년기 - 가정에 안주하지 못하게 되고 친구나 친척집에 돌아다니며 모험정신이
발동하는 생활 방식이 바뀝니다.
주부는 외국을 나가거나 부부동반의 여행을 하게되며 남성은 지방전근
해외 출장등 집에 있지 못하고 출타할 일이 많아집니다

#노년기 - 단신 여행과 산책을 하던지 하는 것이 큰 기쁨을 느끼며 화조 등을
사랑하는 풍류객이 됩니다

#년운에 [편인]이 왔을 때

본인운 - 행동력이 떨어지고 적극성이 없어지고 신경질만 남아 대외적인 힘을 잃고
테두리 안에서만 생활 할려는 마음이 농후합니다.
정신계의 장애와 두통이 잦으며 휴면기이므로 슬럼프에 빠진다
본인위주로 생각하고 행동하므로 주위의 협력이 없어 계획만 세우고
실행은 안된다
사회운 - 종교,예술,사회성이 없는 곳에 귀의하고 싶어지고 모든일이 의미가 없어지며
하기싫어지나 자리고수에 신경써야한다
여성은 임신이 어렵고 되더라도 태아의 건강이 문제된다
직업운 - 직장에 오래 근무하던 사람도 싫증이 나서 다니기 싫어지고
능력이 저하되고 실수가 많아져 적당할 구실로 전직을 도모해 보지만
뜻대로 되지 않는 다
금전운 - 모든 일에 열의가 식어져 수입은 없고 차라리 지출이 많음이 액땜을 한다

애정운 - 인간상대가 싫어지므로 이제까지 사귀던 사람도 귀찮은 생각이 들고

정렬적인 열정이 식어서 이별하는 이도 있다

관계까지 맺은 경우에는 의혹,불만,무관심등으로

약혼중이면 트러블이나 연기가 발생된다

기혼자는 상대가 귀찮아서나 무관심으로 이혼문제가 생길수도 있다.

건강운 - 신경쇠약,초조감,히스테리,신경통,두통이 발생한다

가정운 - 모친의 질병,부부 불화로 냉전 상태가 되나 부동산의 매입은 좋으나

주거의 이전등은 참고 기다려야하며 실행하면 영구성이 없다

#년운에 [편인]이 공망일때

주위의 복잡한 영향으로 장래에 대한 불안감 마음허전동으로 종교에 투신하는등

심할경우 자살도 기획한다

염쇠주의에 빠져 모든 일이 싫증나고 그만두고 싶어진다

사업가는 확장하지 말고 축소 시켜야 한다

여성은 자식의 병으로 근심하게 된다

손위사람 부모의질병,혈육의 파산,형제의 이혼등 뒷처리를 감당하게 되어

자신을 돌볼 겨를이 없어 본인은 큰부상이나 질병에 고생하며 난치병으로

목숨을 잃는경우도 있고 노이로제로 정신과를 찾기도 한다

부동산의 구입,남의 보증등은 하지 말아야 하며 반듯이 문제가 발생합니다

나쁜것이 자식에게 이전되어 진학,취직,승진시험에 실수로 낭패를 보기도 합니다.

10]인수 - 지혜,학문,지성,이론가의 성

학문과 지성을 겸비한 인텔리형의 학자가 많으며 사회적으로

신망이 두텁고 재산운도 길하다

인수가 너무 많으면 독선적이고 처자궁이 불리하다

인수는 학문과 공업방면의 발전을 하며 인수가 있고 정재가 많으며

어머니를 일찍 이별하고 재인극되여 재물을 탐하다가 명예를 손상하며
형벌도 받을수 있다
인수와 상관이 있으면 모자가 불화하고 정재 가 있으면 아내와 모친
사이가 나빠지며 편인과 있으면 결단성이 없고 양인과 같이 있으면
심신이 피로하다
인수가 관대에 임하면 명문가의 자손이고 목욕에 임하면 관직에 있을때
남의 모함으로 실직하며 인수가 왕하면 주색을 탐한다
여자는 인수가있고 정재가 왕하면 음난하고 화류계 진출하거나 업을갖는다

#년주 - 명문가의 자손이며 타주에 또 있으면 양자갈 우려성이 많으며
인수가 쇠병사에 임하고 월간에 겁재가 있으면 장남이라도 상속권을
동생에게 빼앗기기 쉽다.

#월주 - 형충파해 되지않으며 인품이 고상하고 총명하여 문장으로 이름 떨치며
관살도 있으면 부귀한다

#일주 - 똑똑하고 인품이 고상하나 자존심이 강하다
신약이면 여자의 도움이 있다

#시주 - 자식의 영화로 혜택을 본다
사주에 인수만 있고 관살이 없으면 똑똑하기는 하지만 관직에 나갈수 없으나
의사,예술방면으로 진출하면 성공한다

#성격 - 타고난 머리가 있어 공부를 잘하나 모친의 지나친 과보호로 응석받이가 되는
경우가 있으며 오만성과 자기중심적으로 행동하므로 남이 싫어한다
온순해 보이지만 자존심이 강하여 남에게 지기싫어하는 강인성으로 연구심
계획성이 치밀하여 사회의 좋은 환경에서 재능을 충분히 발휘하여
존경받는 인물이 된다

#직업운 - 공무원,정계,교육계, 예술계,작가,종교가로서 실력을 발휘하고
명성도 얻는다
서비스,상업등 힘드는 일은 맞지 않고, 수입이 작아도 항상 이상적인 것을
갈구하고 오래 견디지 못한다
인수성이 있고 식신이 있으면 사회적으로 신용과 주위의 도움을 받아
사업면에서도 성공할수있다
상관성이 있으면 예술방면 편제성이 있으면 중개업 부업으로 재미를 보고
편인이 있으면 두 가지 직업을 가지다 모두 잃을 우려가 많고
자만심에 빠져 직장에 오래 근무하지 못하고 자주 옮기게된다

#사주에 [인수]가 공망된 사람

엉뚱한 착상과 실수를 저질러 파국을 초래하지는 않지만 타고 난 재능을 살려보지도
못한채 일생을 마치는 경우가 많습니다.
특히 사업운과 부동산운이 좋치 못합니다
친어머니와 헤어지거나 동거해도 희생만 강요당하기 때문에 떠나는 것이 좋으며
효성을 다해 모셔도 배신당하게 되고 부모의 재앙에 휘말리거나 뒷치닥 거리만

맡아 궁지에 몰리게 됩니다
배우자와 자녀들과 틈이 생겨 끊임없는 가정불화로 인해 가정이 안식처가 되지 못해
여기저기 떠돌아 다니게 됩니다.

#대운에 (인수)가 왔을 때

학문의 연구심이 왕성해져 고전에 관심이 깊어지며 상당한 습득능력을 보이어
남의 위에서 일하면 성공하게 됩니다

유년기 - 어머니의 과잉보호에 빠져 아버지의 말은 잘 듣지 않습니다.

사춘기 - 남성일 경우 연상의 여성과 여성은 연하의 남성과 인연이 깊어집니다
여성은 모성 본능이 강하게 나타나 연하의 남성과 결혼해도 무방합니다
30-40대 - 타인이나 친척까지 보살펴 주어야 할 일이 많이 생겨 자기가정은 제대로
못 지키고 소홀히해 파탄이 일어날 우려가 많습니다
40 -60대 -30대에 나타났던 경향이 한층 더 강조 되 일어나며 사업가는 고용인의
분쟁 해결에 매달립니다
노년기 - 하고 싶은 공부나 하면서 복된 나날을 보냅니다

#년운에 [인수년]이 왔을 때

본인운 - 자기의 행동이나 삶에 대해 반성하고 장래의 계획을 세우는 반면 자신감을
잃고 비관을 살 우려도 있다
지금까지의 시행 착오를 정리하여 재출발을 준비하는 단계라 할수 있다
학생은 공부가 집중이 되고 성적도 올라간다
대운과 연령에 따라 다르나 년 월일에 모두 인수가 (묘)나 (절)이 되면
본인이 사망 하는 경우도 있다

사회운 - 휴면기이므로 계획만 세우고 자금난이나 다른 여건이 맞지 않아 실행이
불가능해 다음 비견 년에 실행하는 것이 좋다

직업운 - 전직과 취직은 희망되로 안되고 대인관계의 신용을 잃거나 미움을 받는다
시험운은 좋으나 발령은 미뤄진다

금전운 - 슬럼프와 자금난으로 사업의 신장도 어렵고 개인적으로 이것저것
지출만 생긴다

애정운 - 고독하고 사람이 그리워지므로 유혹이 잘 넘어가며 삼각관계가 생기게 되고
연애중인경우 상대방 마음을 종 잡을 수 없어 고민한다
남녀 다 연상과 교재가 바람직하며 혼담이 성립되기 어렵고 연기되거나
파혼 된다
건강운 - 병을 얻게 되면 오래 끌고 입원도 하게된다
가정운 - 나이에 관계되지만 (제왕)(관대)(건록) 월 중에 모친과 생사별하기 쉽다
대운에(인수)를 만나면 주거가 불안정하며 증,개축 이전도 잘 안되고
뜻대로 안된다

#년운에 (인수) 공망 운이 왔을 때

대인관계가 고립되며 능력부족으로 모든 일이 계획만 세우고 실행이 안되며
반사회적 행동으로 형사사건에 연류되기도 하고 정신 계통의 질환이 나타날수도있다
모든일이 실현 가능성이 없으므로 시기를 기다려야하며 기술,예술,종교분야의
성취해야 좋다
부모님과 별거하거나 병간호 부모님이 진빚등으로 시간을 빼앗기게되어 괴롭지만
뒷처리를 해야 합니다
반대로 당신이 저지른 금전문제나 애정분쟁에 부모가 끌려들수도 있습니다
이경우는 그리 심각하지는 않습니다

穹 通 四 柱

七] 12 운성의 특성요약과 활용법

七]12 운성의 특성요약과 활용법

1] 12 운성

1] 장생 - 갓태어남
2] 목욕 - 태어나서 목욕하며 시달림을 받을때
3] 관대 - 성장해서 의관을 씀
4] 건록 - 관록에 진출해 녹을 받는시기
5] 제왕 - 최고의 전성기
6] 쇠 - 쇠약하며 휴식하는 시기
7] 병 - 늙고 병이생김
8] 사 - 활동이 정지되고 죽은시기
9] 묘 - 묘에 들어감
10] 절 - 모든것이 끈어진 상태
11] 태 - 어미니 뱃속에 잉태
12] 양 - 태속에서 자라는 상태로 비유하여 참고하면 이해하기쉽다

가] 장생 - 아직 힘이 약하고 보호가 필요하나 무한한 가능성과 잠재력과 재능을
함유하고 있으므로 발전,은혜,복록이 넘치는 좋은 성이다
청렴결백하나 유약하여 상대의 입장에서 꼼꼼히 일을 처리함으로
통솔력있게 대담성있게 일을 처리하지는 못하지만 얌전하다는
좋은인상을 받으므로 남의 보좌역이나 예술,기술방면으로 성공한다

#각주에 장생이 있을 경우

넌주 - 부모의 은덕으로 만년까지 행운을 누린다
월주 - 장남,장녀가 많고 차남이라도 부모 봉양한다
일주 - 작용은 월지와 비슷하나 본인 및 아내 어느 한쪽이 바람을 피운다
중년까지는 부부사이가 원만하고 안정된다
장생이 일,시에 같이 있으면 고귀하게 발전한다
시주 - 자식으로 인해 노후가 영화롭다
월일에 있어도 당대에 크게 발전하여 자녀의 덕을 입는다
년월일시에 모두 장생이 있으면 4 장생이라하여 귀명이다

#주성에 장생이 임할 때

비견 - 형제 우애 있고 양자 갈 경우도 있으나 어릴 때 호강한다
겁재 - 형충파해가 있으면 형제간 우애가 없고 가정풍파 다단하고
부친이 후처얻을 암시가 있다
식신 - 일생 먹을것이 떨어지지않고 타인의 호감이 따른다
상관 - 조부나 타인에게 양육되어 예술분야에 투신하며 안정을 얻는다
여성은 자식의 덕이 많다
편재 - 부모나 처의 도움이 많고 일생 풍족하다
정재 - 어릴적부터 부귀가정에 태어나며 결혼금전운 모두좋다
편관 - 좋은직장,훌륭한상사,처자식의 운이 좋다
여성은 초혼 불리하나 재혼하면 훌륭한 남편을 만난다
정관 - 좋은가문의 핏줄정신 유업을 계승발전 시킨다
편인 - 여성은 훌륭한 남편을 만난다
인수 - 상류사회의 사람과 친분을 갖는다.여성은 현모양처형이다

#사주에 장생이 공망된 사람

양친과 인연이 희박하여 자력으로 살아가야한다
특별한 이유가 없을수도 있고 집안의 운세가 하락하는 경우도 있고 양친의 이혼별거
빚등의 원인이 있으나 성인이 되면 별로 나타나지 않는다
타인에게 양육되거나 양자로 갈수도 있습니다
결혼은 일찍한다

나] 목욕 - 낭만 우아 자유로운 생활 타향살이 색정을 뜻하며 불안정 실패의 성이다
외교적 수단이 비상하며 일생을 통하여 두각을 나타내기 어렵고 일관성의
결여로 정욕에 잘빠져 색난을 일으킨다
학술면에 재능도 있지만 오래지속하지 못하고 자주 바꾼다
취미를 살리는 일이 좋고 야무지고 꼼꼼한 일은 맞지 않는다
간혹 너무 경우가 바르고 완벽한 경우도 있다

#각주의 목욕이 있을때

년주 - 부부 일찍 이별 재혼수가 있으며 말년에 경제적 타격이 심하고 고독하다

월주 - 부모 배우자 인연이 박하고 사치 호색으로 부부불화 잦으며 부모의 직업유산 계승 못하며 타향살이로 자수성가하며 여자는 남편에게 불만이 많고 이별수 따르며 활동하면 무난해진다

시주 - 형충파가 있으면 자식과 인연이 박하고 만년에 바람으로 파란이 많다

#주성에 목욕이 있을 때

비견 - 형제의 인연이 박하고 주거자주 옮기며 고생이 많다

겁재 - 형제의 바람,병등으로 속썩이고 주거의 안정이 안된다

식신 - 남에게 양육됨,태어날 때 재산,가문이 있었으나 성장과 함께 파산하여 집안이 기운다

상관 - 반항심이 강하여 대인관계 불화하여 고독하다 여성은 산액이 따른다

편제 - 부모가 어려운 시기에 출생하여 고생하며 여자로 인해 걱정거리가 많다 아버지가 바람 많이 피운다

정제 - 어릴적 불운으로 고생하며 처의 부정으로 파란이 많다

편관 - 사업직장의 변동이 심하고 풍파가 심해 고생한다 여성은 남편의 바람과 불만으로 고민이 많다

정관 - 상속문제로 다툼이 생기고 여자는 혼담이 잘깨어지며 남편의 바람기로 속썩이며 독신생활도 가능하다

편인 - 어머니 부모와 인연이 없고 애로가 많아 궁핍하다

인수 - 직장실직,사업실패 다단으로 고생많고 과부후처신분의 어머니 섬기는 일이많다

#사주에 목욕이 공망된 사함

입학,취직,사회생활의 출발점에서 친구나 동년배보다 한걸음 뒤쳐진 인생을 걷게 된다
낙오된 초조함에 자꾸 전직을 하지만 그렇게 하면 할수록 뜨내기 인생이 됩니다
어릴적부터 이성에 깊은 관심을 보이는 조숙함이 있으며 성인이 되어서도 변하지 않아 이성에 대해 지조 없는 사람으로 취급 당하기 쉽다
10대 진로 잘못 들기 쉽고 빈번한 가출이나 선생님의 괴롭힘 등으로 주위의 평판이 좋지 못하다.성인되면 성실 해지며 모든 사물의 가치를 금전적으로 판단한다

다] 관대 - 자존심이 강하여 모든 것을 자기위주로 생각하며 타인에 대해 항상
비판적이고 자기를 정당화하므로 적이 많으면 독립심 활동성은 왕성하나
중후함이 없다.아무리 노력해도 중년이후 발전하여 관대가 월일에 있으며
좋은집안에 태어나 기회를 잡게된다
사주에 길성이 있으며 유능하여 집안친척도 도우며 살지만 강한성격과
자기 마음대로 하려는 성격 때문에 화를 자초한다
월주에 관대가 있고 형충,편인,겁재가 같이 만나면 주거와 배우자가 자주
바뀌게되고 사기사건등 형사문제가 잦다

#각주에 관대가 있을 때

년주 - 어릴때 머리가 좋아 천재소리를 들을수도 있고 부친의 사업관계로 이사를
자주하게된다.부부궁이 불리하다
월주 - 중년이후 크게 발전하며 여성은 장녀가 많고 부부의 풍파가 심하다
일주 - 지혜가 뛰어나고 용모도 아름답고 부부궁도 좋아 상류사회에서 존경받고
명예도 얻는다.사주에 식신,상관이 있으면 주거불안과 부부풍파있다
시주 - 자식이 발전하여 명성을 펼치고 본인도 혜택을 본다
여자는 자궁병으로 고생한다

#주성에 관대가 있을 때

비견 - 초년 남의 집 의탁,양자 갈 경우 있으니 양육 되는 곳의 혜택이 많다
겁재 - 중년부터 형제간 풍파 있고 삶의 굴곡이 많다
식신 - 가문과 환경이 좋아 고생이 없고 처자의 덕이 많다
상관 - 여자는 남편 복이 없고 재혼의 암시도 있다
편제 - 번창중인 집에 출생하여 가업계승 발전시킨다
여자덕이 많고 남녀다 좋은 배우자 만난다
정제 - 명문가에 태어나 호강하며 중년부터 가업을 이어받아 더욱 발전시킨다
타주에 겁재를 만나면 부부궁이 불길하다
편관 - 명문가정에 태어나 자존심,자만심이 강하며 부모의 권세등지고 남을
무시하는 성격이 있다.여자는 남편문제로 걱정이 많다
정관 - 사회에서 명예와 지위가 높아져 발전한다
여성은 어질고 좋은남편 만나 행복하다

편인 - 사업/직장생활은 파란이 많으나 예술관계,편업,자유업에 종사하면 안정된다
양간은 일생이 파란만장하다
인수 - 가문이 좋은곳에 태어나 상류사회에서 명예를 얻는다

#사주에 관대가 공망된 사람
인생의 변혁기를 맞으면 좌절하여 불안정하게 출발한다
10~20 대 일찍 결혼 했을경우 파국으로 끝나기 쉽다
주체성이 없으며 일관성마저 없어 타인의 제의나 충고를 받아드리지 않고
묵살하여 정반대의 실수를 잘저지른다
급출세,급하락등 갑자기 명예가 실추됨.
사후에 생전의 업적이 짓밟히는등 비난을 당하게 된다

라] 건록
관찰력,비판력,조심성,안정성의 길성이다
평온한 발전이 있고 실력에 부합되는 위치를 얻는다
양일간은 노력형 실력자이고 음간일은 지혜가 많으므로 무일푼으로 시작해
성공한다.만혼이 무방하며 고향떠나 생활하고 사교성이 없으며 남의 간섭을
싫어하며 전문직이나 예술관계에 이름을 떨친다
여성은 사회활동을 해야하며 남편의 능력이 없거나 다른일에 몰두해 가정에
소홀하다

#각주에 건록이 있을 때
년주 - 부모가 사업가이며 은혜도 많아 말년까지 행운을 누리며
간혹 양자로 가서 행운을 누린다
월주 - 월주에 있는 것이 가장 힘을 발휘한다
장남이라도 타향에 나가 자수성가하며 중년기에 발전하나 자기 멋대로
전업,주거변동을 자주해 손해를 본다
일주 - 사회적 명망과 인덕이 많고 예술분야에 능력을 발휘하여 형제를 능가하는
위치에 선다
초반이 나쁘면 중년후 성공하고 초반이 좋았으면 중반부터 쇠락한다
처의 내조를 받는 것이 좋다
시주 - 주색을 좋아하고 자녀걱정으로 인해 노후가 불안해지는 경우가 있다
여자는 남편을 극한다

#주성의 건록이 임할경우

비견 – 타향에서 성공하며 양자도 간혹 있고 사회적으로 신망을 얻고
성공하여 안락하다
겁재 – 부모유산과 덕이 없으며 인생 풍파가 많으며 남에게 속박되는 것을 싫어하며
여성은 재혼의 가능성이 있다
식신 – 부자집 출생하여 편히 지낸다
딸만 있어도 훌륭한 사위를 맞이하여 사위덕을본다
상관 – 일찍 고향떠나 자수성가하며 아버지의 재산은 없고 조부모나 숙부의 재산이다
편제 – 부모의 덕이 많고 이로써 사업도 발전한다
갑,병 일생이 편제건록이면 재산가의 사위가 된다
정재 – 부유한 가정에 태생하여 내조의 덕으로 발전한다
편관 – 유복한 가문에 출생하여 사회의 지도자적 위치에 선다
정관 – 명문가문에 태어나 큰일을 할 인물이긴 하나 일생동안 파란과
풍파를 많이 격는다
인수 – 부모 덕이 많으나 자신은 부모에게 근심 걱정만 끼친다

#사주에 건록이 공망된 사람

본인에게 아무잘못이 없어도 분쟁에 말려들거나 중상모략으로 운세가 몰락하는
음지에 든사람이다.타인에게 사기 당하거나 저질물건을 고가로 매입하거나
보증을 섰다가 재산을 날리기도 한다
원인은 본인의 눈앞의 것만 생각하고 먼 앞날을 관찰하는 능력이 결여되어있기
때문이며 냉철한 판단력부족으로 업무상 실수가 많고 현실성과 협조심이 없으며
본인도 모르게 잔소리가 많아져 실언을 합니다
초년에 고생하면 후반에 운세가 상승합니다
집단이나 공동체에서 힘이 발휘되므로 공동사업을 하면좋다
여성일경우 결혼운이 좋지않아 의견충돌과 싸움이 잦지만 헤어지지는 않고
냉전상태가 계속됩니다
성격은 호인이고 거짓말을 하거나 남을 속일줄 모르지만 운세가 상승하면
할수록 타인과 언쟁과 싸움이 잦아집니다

마] 제왕

지배력,군주,옹고집,제멋대로,낭비의성

자존심이 무척 강하고 고개숙이거나 아부하지 않는다

정직하나 자만심이 강한 성격으로 남과잘다투게되고 엄살/위세/낭비가 심해

재산이 남아나지 않으나 의리와 체면을 중시한다

부모덕이 없고 조실부모하며 자존심이 강하고 통솔력도 있어 두령적 기질은

있으나 남의밑에 있지 못하고 기술개통이나 자격증을 구비하여야 발전한다

남,여 둘다 가정운은 불리하고 고독하며 여성은 결혼후에도 직업을 가지게된다

남의 지배를 받는 업은 오래 근무 할수없고 자유업이나 전문직,기술직으로

발전하고 생활력도 강하다

#각주에 제왕이 있을 때

년주 - 부모님의 운이 왕성활때 출생해 부모의 덕이 많다

월주 - 부모 유산 없애고 타향에서 자수성가로 가운을 세운다

일주 - 장남이라도 양자가거나 조업과 인연이 없으며 타향으로 떠난다

남의밑에 오래있지 못하는 성격으로 자주 직장을 옮긴다

여성은 부궁이 나빠 활동해야하나 이혼후 독신으로 지내는 경우가 많다

시주 - 자식이 훌륭히되며 그덕으로 노후가 편안하다

#주성에 제왕이 임할 때

비견 - 풍파는 많으나 독립심과 실천력이 있어 기회잡아 발전한다

형제,친구의 협조가 많다

겁재 - 가정과 인연이 멀고 배우자가 변동된다

여자는 재혼하는 경우가 많다

식신 - 주위의 도움이 많고 일생 편안히 지낸다

상관 - 한차례 풍파는 있으나 노후는 안정되고 안락하다

여성은 남편자식 이별하고 재혼한다

편재 - 부친의 많은 사랑을 받으나 유산의 덕은 없다

여성은 남편 자식,금전운이 좋다

정재 - 부자집에 태어나 남자는 연상의 여인에게 공처가 생활하면서

처가살이 가능성이 많다

편관 - 편협된 성격으로 실력있으나 기회 못잡는다

여성은 이혼하거나 독신녀가 많다

정관 - 공무원 회사원으로 지위가 높고 명예도 얻는다
자석덕도 있고 노후가 편안하다

편인 - 부부궁이 좋지않아 재혼한 모친 따라 의부 섬기거나 이별하고
친척에게 의탁 할 수도 있다

인수 - 양자로간 부모밑에 출생 지도자적 위치에 선다

#사주에 제왕이 공망된 사람

별것 아닌일로 배우자 자식들과의 사이가 나빠져 다투게되고 가정이 안식처가
못되고 고립된다.자녀운이 좋지 못하나 자녀가 어릴땐 신동이란 소리까지 들으나
커서는 보통사람 이하도 된다
생활목표가 자주 바뀌게 되며 사업을 하면 남의말과 행동에 잘 끌려들어 속기쉽다
가끔 수십만 사람을 지배하는 리더자로 부각되는 수도있습니다

바] 쇠

고독,보수,온유,담백,불안정의 성
고독을 좋아하며 무슨일이나 무리하지않게 조용히하며 활동력도 약해서 부모의
재산을 겨우 지키는 상태이나 차츰 줄어든다
기술,연구방면엔 조심성과 현실성으로 무난하다
겉보기는 온순하게 보이나 내심은 자기 멋대로 합니다
인생을 살얼음 딛듯너무 신중해 걱정하지 않아도 될일까지 너무 걱정해 기회를
놓치고 노이로제에 걸릴수도있다
여성은 시어머니 때문에 고생하고 편제에 쇠가 임하면 재혼한다

#각주의 쇠가 있을경우

년주 - 기울어져가는 집안의 출생,양친 이별등 초년의 불운으로 풍파가 많으면
내향적 성격으로 남앞에 서기를 꺼린다

월주 - 중년의 금전거래,빚보증등으로 어려움을 격는다

일주 - 부모인연 희박하고 첫결혼 실패하기쉽다

시주 - 자식이 발육부진이나 능력이 없는 아이로 태어나 걱정하기도한다

#주성에 쇠가 임할 때

비견 - 형제의 인연과 도움이 없다
겁재 - 남의집 양육되거나 편친의 운,중년후 모두행복
식신 - 부모 우환으로 근심,출생시 부자나 차츰 기울어짐
상관 - 부모 인연이 적어 우환이 많고 외부모 양육된다
편재 - 부자집 출생하나 가운이 쇠하여 불운하게 지낸다
정재 - 부유하였으나 차츰 기울어져 본인이 가운을 중흥시킨다
재혼의 여성과 결혼할경우가 많다
편관- 일찍 고향떠나 자수성가,여자는 남편이 무능하다
정관 - 명예나 출세의 인연이 박하나 굴곡없이 지낸다
여성은 남편의 운이 나쁘고 남편을 극한다
편인 - 어릴적 편친과 이별 고독하다,여성은 자식과 인연이 없다
인수 - 부모의 은덕은 없으나 온순하고 재능이 많아 재능을 발휘하여
안정된 생활을 누린다

#사주에 쇠가 공망된 사람

불안과 초조로 마음이 안정이 안되며 신경이 날카로워져 친구의 별것아닌 말한마디가
마음에 걸려 전혀 일이 손에 잡히지 않기도 합니다
그러나 신경쇠약증엔 걸리지 않는다
일관성이 없어 말의 책임을 지지 못하고 정열이 부족하고 불안정한 상태로 친구나
가족,직장에서 대화하거나 웃는일이없이 고독하게 살아갑니다
조심성이 강해져 타인을 불신하고 철저하게 불신의 장막을 치고서 금전만능의 위력을
믿고 살아갑니다

사] 병

꿈,공상,환자,예술,직감력,신비성을 좋아한다
온화하고 침착하며 동정심이 많고 재주가 여러방면에 있고 취미도 다양해 남에게
호감과 인기가 있는 풍류의 기질이 있다
의지가 약하고 공상력만 발달하여 실행에 옮기지 못하며 신경질적이고 결단력이
없어 항상 손해본다

인품이 좋고 신용도 얻어 남의일 주선도 잘하나 까다로운 성격도 있어 대사업을 이끌만한 두령적 타입은 못된다

양일간은 극단적 행동이 많고 음간일은 신경질,비관,체념을 잘한다

재산덕이 없고 재산상속하면 부부이별한다

#각주에 병이 있을경우

년주 - 부모님이 쇠약할 때 출생하여 병약하며 가정문제로 곤고가 많으며 본인의 건강문제로 고생한다

월주 - 중년까지 안정되거나 쇠락한다
신경질적이고 일관성이 없어서 실행력이없다

일주 - 병약하다 양친이별 처덕도 없다,재혼일 경우 행복하다
여성은 온화하고 다재다능하나 남에게 잘속는다

시주 - 노후에 본인,자식 건강문제로 고생이 많다

#주성에 병이 임할 때

비견 - 고향과 부모의 인연이 없고 가정분란이 많아 걱정한다

겁재 - 부모형제의 병으로 고생이 많다.본인도 발전성이 없다

식신 - 부자집 태생이나 집안의 분란이 많아 편할날이 없다
자녀의 덕이 있어 노후엔 자녀의 덕을 본다

상관 - 부모와 일찍 이별하고 친척들과 멀어지고 질투심이 강하며 남을 깔보므로 고독하다

편재 - 부자집 태생이나 성장과 함께 파산하므로 유산의 혜택이 없다
여성은 결혼후에 건강문제로 고민한다

정재 - 부자집 출생하나 성패가 빈번하다
병일생은 양자운이다

편관 - 일생 풍파많고 박복하다
여자는 초혼실패나 재혼은 행복하다

정관 - 부친에게 금전도움없고 어릴적 자주 이사한다
자식 덕도 없다

편인 - 편친 슬하에 자라며 유산 받아도 없엔다

인수 - 변동과 전업이 많아 신용을 잃고 재기불능이다

#사주에 병이 공망된 사람

눈치가 빠르고 날카로운 영감이 뛰어난 사람이다
사람에 따라서 선별적인 능력이 발휘됩니다
예를들면 다른 예감 능력은 뛰어난데 남편의 바람은 눈치채지 못하는 것 등입니다
정신력을 집중시켜 도출한 예언이 그대로 실현이 됩니다
실패 하였더라도 체념을 딛고 일어서 새로운길을 걷는데는 이상하게 배짱이 좋고
대범한 교재를 하기도 하고 친척이나 상사에게 도에 넘치는 발언을하여 반감을 사며
행동이나 말이 버릇이 없고 멋대로인걸로 오해됩니다

아] 사

정지,꼼꼼함,야무짐,망서림의 성
성질은 담백하나 무슨일에나 확실한 결정이 난뒤에 행동하여 건실하긴 하지만
기회를 놓치며 결단력이 없다
부모의 유산을 상속하게되면 부모와 원수지고 부부 이별한다
어떨땐 엉뚱하게 성급한 면이 있고 겉은 좋으나 속으론 고약하고 까다로운 성격을
감추고 있어 누구도 취급하기 곤란하고 다루기도 어렵다
학자나 예술방면에 성공한다,상관이면 기술로 성공한다

#각주에 사가 있을경우

년주 - 부모형제 친구등 대인관계에 도움이 없다

월주 - 형제의 사별 중년기 운세하락,건강고통이 따른다
여성은 남편문제로 고통이 심하다

일주 - 어릴적 병으로 죽을 고비 넘기고 배우자가 불구인 경우가 많고
여성은 자식두기 어렵고 가정문제로 근심 많으며 형,충,파가 있으면
도리어 길흉화복이 되어 근심이 없다
여성은 애인이나 배우자의 덕이없어 바꾸면 바꿀수록 더욱더
나쁜사람만 만나게 된다
시주 - 자식이 귀하여 있드래도 도움이 없다
양자를 얻으면 덕이 있고 좋다

#주성에 사가 임할때

비견 - 초년 부모,형제덕이 없으나 중년후부터 운이 열린다
겁재 - 형제자매 사별할수도 있고 인정도 없고 냉정한 성격이라 잘못되면
뒷골목의 그늘진 인생이 되기 쉽다
식신 - 부모복은 없으나 자수성가하는 노력형으로 큰부자는 못되나
생활은 궁핍하지 않다,여성은 자식복이 없다
상관 - 양친 일찍이별,열등의식이 강하여 질투심으로 나타나 대인관계가 삐뚤어져
고립되고 고독하다
편재 - 부친이 재산이 있어도 구두쇠라서 가족은 궁핍으로 고생한다
정재 - 부자집 태생이나 가세가 차츰 기울어진다
편관 - 일생굴곡이 심하며 변화하지않는 것이 안정된다
여성은 남편과 일찍 사별하고 재혼한다
정관 - 명예손상으로 소송문제 일으킨다,매사 진전이 더디다
편인 - 건강면에 장애가 따라 박력있게 일 처리하지 않는다
인수 - 모친과 생사별 직업변동이 많고 인색하다

#사주에 사가 공망된 사람

순수한 사람이 많으며 극단적인 결벽증으로 사회를 등지고
종교가 같은 삶을 사는 사람이 많다
순수하고 호인이긴하나 남의 부추김에 잘넘어가 실수와 사기를 잘당하므로
학자나 종교가 예술가가 적합하다
현실적인 흥미가 없어서 금전욕,명예욕이 적은 편이다
여성은 집안일이나 부엌일은 잘처리하나 대인관계는 서툽니다
타력적인 영감이 뛰어나며 어떤소리가 귀에 들리거나 환영을 본다든디 하는경우입니다

자] 묘
끈질김,옹고집,저축,고독,인생의 성
보수의 성으로 시기심이 강하고 도량이 좁은 결점이 있고 계획성을 갖고 재산을
축척하는 사업가적기질이 있으나 인색하여 인덕이 없으며 구두쇠란 소릴듣는다
초년 가난하게 태어났으면 중년이후 발전하고 초년부자였으면 중년부터 고생한다
장남이나 막내로 태어나며 여성은 장남과 결혼하고 살림을 절약해서 잘한다

월일주가 묘이면 중년이후 성공하여 고향으로 돌아온다
간혹 사람에 따라 남의말 잘옮기고 이간질 잘하는 사람이 있다
특히 묘가 충이나 공망된 사람은 아주 경계해야한다

#각주에 묘가 있을때

년주 – 가운을 일으켜 부모님을 모신다
막내라도 조상 묘 돌본다
월주 – 형제,배우자 덕이없고 타인의 일 관여하다 손실한다
월주와 일주가 충되면 부자집 출생하여 걱정없이 지내거나
자수성가하여 부를 이룬다
일주 – 일찍 고향떠나 풍상이 많아 주거나 사업의 안정이 되지않아
낙오자가 되어 고생이 심하다
처음이 나쁘면 끝이좋고 처음이 좋으면 끝이 나쁨
양면성이 있다.특히 일주가 묘인 사람은 대체로 입이 무겁긴하나 간혹 일주가
공망이거나 충이되면 사람이 아주 간사하고 말을 잘 옮기고 이간질해서 모든
사람의 사이를 갈라 놓으니 입을 조심할 것
시주 – 초년부터 병약하고 가난하여 고생한다
자녀궁이 나쁘거나 실패한다

#주성에 묘가 임할 때

비견 – 형제 생사별,고독,성패 빈번하며 극단적이다
겁제 – 부모형제의 우애가 없어 가정 불화가 잦아 성격 파탄자가 우려된다
식신 – 유산받아 잘내다가 중년기 운이 막혀 재산없앤다.여성은 자식과 사별한다
상관 – 부모와 인연이 없고 평범하고 안정된 생활이 어렵다
편제 – 부친과 일찍떠나 풍상겪어 중년 성공하나 말년 다시 하락한다
사주에 편제가 묘이고 충이되면 부자이나 인색하다
정재 – 부자집 출생하여 걱정없이 지낸다
갑일생은 배우자로 성공하며 을정기일생은 배우자와 사별한다
편관 – 성격이 급하고 속이 좁으며 남의 말을 잘옮기고 이간질 잘함으로인해
인생항로에 굴곡이 많고 불운이 따라다니며 처자와 이별한다
종교를 가져 수양을 많이해야 무난하다
정관 – 가문의 명예를 더럽힐 법적문제 일으키고 가정내 근심 걱정이 많다

편인 - 의지가 박약하고 개을러서 끝까지 밀고 나가지 못한다
여성은 가정적으로 불행이 많고 고생이 끊이지 않는다
인수 - 모친과 인연이 희박,모친의 병으로 고생한다
절약을 중시해 경제적으로는 안정된다

#사주에 묘가 공망된 사람

비밀의 폭로의 의미가 있어 부처님이 될수없다고 합니다
남의 말을 옮기지 않고는 못배기는 성격이라 자신에게 아무런 이득도 없으면서
사람을 이간시킨다

죽음도 무서워하지않는 대담 무쌍한 인생을 걷게되므로 과격파의 주동이나
대중앞에서 폭언,길에서 난투극등을 벌이기도합니다

허무주의의 일면이 있어 부모의 존재까지 부정하여 불효하는 예가 많으나
부모님에게 돈을 강요하거나 폭력을 행사하지는 않습니다

부모의 입장에서 볼 때 매우걱정스러운 아이로 봅니다
늙어서도 젊은이 못지않게 모험심이 강해서 가족을 걱정시키며 장구한 세월
장남의 병간호로 보내게 될수도 있으며 다른 자식에게는 나타나지 않습니다

차] 절
분주함,수다스러움,충동의 성
집중력이 없고 찰나적인 충동에 잘말려들고 개방적이나 말이많아 오해를 하나
비밀과 약속은 잘지킨다

인내심 부족으로 중도 포기가 많아 바쁘기만하고 틀에 박힌 생활을 하기 어렵고
남의 어려움을 보고 재물을 아끼지 않고 잘돌보나 배신당하며 감언이설에 잘넘어감
여성은 애정감각이 풍부하고 개방적이라 이성교제 즉시 깊은관계를 가지는
경향이 많다

여성은 초혼에 성공하기 어려우며 연하의 남성에게 호감 갖는다
초년 부귀가 출생은 중년부터 쇠운이고 초년 가난하며 중년에 대발전한다

#각주에 절이 있을 때

년주 - 고향,부모 일찍떠나 자수성가해서 안락하다
월주 - 사회에 적응을 못해 고독하고 풍파 굴곡많다
일주 - 부모의 인연이 없어 장남이라도 타향에 나가 인기 적업으로 성공은 하지만
색정으로 부부풍파있고 생활리듬이 무너진다
모든일 독선적,자기중심적이므로 부부싸움잦다
시주 - 자식이 풍류와 주색으로 재산소모 시킨다

#주성에 절이 임할 때

비견 - 형제흩어지며 양자가도 그집의 가통을 이어받지 못한다
겁재 - 독선적 고집으로 선조의 가업,가문을 욕되게한다
식신 - 부자집 태어났어도 재액이 생겨 기울어진다
상관 - 부모와 일찍 사별하며 가까운 사람 일 도와주다 자신이 말려들어 곤경에 처함
편재 - 부친과 인연이 없고 일생 성패가 빈번하여 가정운이 나빠
적막하고 고독하게 생활한다
정재 - 부자집 태생이나 차츰 기울어져 중년이후 고생한다
을,정 일생은 처의흉사,갑,병 일생은 이혼을 암시한다
편관 - 금전고통.주거불안,자녀의 실패의 경향이 있다
정관 - 본인 잘못으로 유산탕진하고 가문을 욕되게함
편인 - 부모,형제 도움없이 자수성가해야한다
인수 - 집안이 기울 때 출생,노력해서 기반은 잡으나 풍파가 많이 따른다

#사주에 절이 공망된 사람

창의성이 뛰어나 특허권획득하는등으로 대재벌이되는등 무에서 유를 창조한다
무한한 상상과 풍부한 창의력이 광대한 우주를 초월해 갑니다

사람에 따라 아깝게 개발하지 못하고 썩히는 경우도 많습니다
체력을 필요로 하지않는 선전광고 판매,과학자가 되면 실력을 발휘하고 인정받게됨
여성은 융통성이 있어 적은돈으로 가정을 잘꾸려 나갑니다

카] 태

다재다능,태아,변화무쌍,이상주의의 성

누구에게나 속박되는 것을 아주 싫어하고 자주성 적극성이 결핍되어

환경의 영향을 많이 받습니다

부드럽고 유머감각도 있는 성격이나 인내를 요구하는 직업은 적성에 맞지않고

자유업/기술업으로 생활하면 안정된다

장남,장녀가 아니면 막내로 태어나나 생가와 인연이 박하다

결혼도 한번으로 해로하기 어려우며 여자는 더욱 그렇다

부모의 유업에 관심이 없으며 똑똑하게 보이나 현실성이 없이 이상을 추구하여

한가지일을 고수하지 않으면 아무것도 성취하기 어렵다

#각주에 태가 있을 때

년주 - 부친의 변동기에 출생하여 고생이 심하며 가족과 인연이 적어 친척에게
신세질 우려가 있다

월주 - 중년기의 불운으로 축척한 부가 없어지나 밑바닥까지 운세가 떨어지진않음

일주 - 초년기 병약,질병 따르나 커가면서 건강해진다
부모,형제 인연이 없고 도량과 신념이 약하여 직업의 변동이 심하며
중년에 안정된다
부부의 의견이 맞지않고 시어머니와 사이도 나빠 이혼해서 재혼이 많다
성격 자체가 순수하고 밝으나 말을 함부로 한다

시주 - 자식이 가업을 돌보지 않고 다른일을 한다
아들이면 아들 딸이면 딸만 계속 낳는다
대체로 딸만 놓고 아들은 귀하다

#주성에 태가 임할 때

비견 - 장남이라도 친부모 인연이 없어 양자갈 경우도 있다

겁재 - 가정불화많고 의부나 이복형제 있을수도있다

식신 - 부모의 은덕많아 고생없이 자라나며 인덕도 많다

상관 - 변화가 많으며 조부나 숙부모 처가에 의탁하기 쉽다

편제 - 부모의 금전혜택은 없으나 자력으로 금운은 좋다

정재 - 부자집 부모 은혜받고 자란다,처의 병으로 걱정많다

편관 - 부족함 없는 가정에서 고생없이 자란다

정관 - 명문가문이고 재능도 뛰어나고 주위도움도 많아 발전한다

편인 - 생모와 인연없고 불운하고 고독하게 지낸다
인수 - 안정된 좋은 가정에 태어나 걱정없이 지낸다

#사주에 태가 공망된 사람
좋은일이건 나쁜일이건 자신의 시비에 아무런 도움도 없으면서 주변사람을 끌고 들어가 대인관계가 나빠집니다
어릴적부터 뛰어난 기억력이 직장에서 귀중한 존재가 됩니다
뛰어난 설득력등 한가지는 꼭 비상한 재주가 있습니다
어릴적부터 피아노,고전무용등 예능방면에 비상한 재능이 있으나
무에서 유를 창조했다가 결국 무로 만들어버립니다
큰회사를 설립했으나 결국 도산하여 타인의손에 넘어가는 모래위에 사상 누각을 만들고 마는격입니다
태어날때부터 간접적인 영감을 가지고 태어남
예를들면 거울의 깨어짐,빗의 부러짐으로 영감을 깨닫는 것입니다

타]양
양자,분가,색정,발전의성
어리광을 부리듯 자기위주로 행동하며 자기뜻대로 안되면 짜증을 부리며
인내가 없고 모든일을 가볍게 취급하는 경솔한점이 있으나 모진면이 없고
원만하고 무난한 사람이다
장남의 신분이 많고 차자라도 형을 잃거나 능력이 없거나 타가에 입양하거나하여
장자 역할을 한다
남,여 호색하여 재혼하는 경우가 많으며 중년부터 운이 열린다
부모의 가풍과 재산을 이어받아 은덕이 많아 안정된다

#각주에 양이 임할 때

년주 - 부친,본인 양자갈경우 많고 부모와 떨어져 산다
월주 - 중년에 색정으로 가정풍파 재산손실한다
일주 - 남,여 호색하여 일부일처로 마치지 못하고 애인이나 재혼수 있다
분가또는 양자되어 부는 누린다
시주 - 자식이 효도한다.양자상속이나 타성의 이복자식 있을수 있다

#주성에 양이 임할 때

비견 - 이복형제 있을수도 있고 형제 헤어지나 노후에 만난다

겁재 - 남에게 양육될수도 있으며 아내 구박하고 딴여자와 살림 차린다

식신 - 부자집 태생으로 부모의 재산 지키며 부족함 없이 지낸다

상관 - 초년 조부모나 숙모에게 양육될수 있으나 큰고생은 없다

편제 - 본인 아니면 부친이 양자 가거나 남의손에 자란다

정제 - 부자집 출생하여 부족함없이 지내며 명문가의 딸을 아내로 맞이한다

편관 - 부자집 귀한 자손으로 사랑받고 호강하며 자영업으로 성공 발전한다

정관 - 착실한 성격으로 모든일 재능있어 남의 윗자리선다

편인 - 초년부모 생사별하고 편친 섬긴다
편업에 종사하면 재물은 풍족하다

인수 - 가업과 전통을 이어받아 더욱 발전시킨다

#사주에 양이 공망된 사람

감기한번 걸리지않고 건강한 사람도 있으나 대체로 병약한 사람이 많다
두쌍이상의 부모를 섬기게 되며 경제적으로 부족함이 없으나 정신적으로 괴롭고
힘들것이다.
정신적으로 조숙한면이 있어 이성에도 빨리 눈뜨게되고 어릴때부터
나이많은 사람과 사귀게 됨,가정이 부유하고 좋은 환경인데도 부모의 할일을
대신할경우가 있으며 삶이 불안정하여 직업과 이사를 여러 번하게되나 공직에
후사하면 무난하며 다른사람보다 돈에 대해서는 노력의 대가가 적은편이다

2]12 운성의 초,중,말년운

1]장생이 년지에 있는 사람의 초년운

본인 위주로 인생을 살아감.이제까지 그렇게 살아왔을것입니다
그래서 주위의 친구나 이웃들이 건방지고 자존심이 강하다는 생각을 할것임
본인은 장남이나 장녀 아니면 막내로 태어나는 경우가 많으며 일생을 통해 부모를
모셔야할 숙명을 지니고 태어났으며 여성이고 막내일경우라도 당신의 결혼 대상은
반듯이 장남이 아니며 막내로 태어났을것입니다
결혼을 하여도 일생동안 친정 부모에게도 장녀의 노릇을 하여야만 할것입니다
사주에 장생이 두개 이상 있으면 일생을 통해 주위의 도움이 많을것입니다

남성의 경우 박력있게 일을 추진하거나 처리하진 못하는 결점이 있긴 하지만
남녀 모두 얌전하며 인정스러우며 일생 무난하게 살아갈것입니다

2]장생이 월지에 있는 사람의 중년운
활기찬 중년을 살아갈것입니다
그러나 정신적으로 단련되지 못한 유약성이 나타날수가 있습니다
중년기에 좌절하면 재기하기 어려운 나약성을 가지고 있습니다
중년기에 직업에 실패하게되면 가정에까지 그영향이 파급되어 가정적으로 불화가
많아지며 잘못하면 부모와 동거하거나 생가나 친정의 힘을 빌려 경제생활을
지탱하여야 할수도 있으나 좌절하지말고 마음 크게먹고 다시 재기해야합니다

3]일지가 장생인 사람의 말년운
몸이 잘 따라주지 않아도 마음만은 젊은이와같이 이상을 불태우며 육체와 정신을
단련하는 노익장을 과시하기도하나 몸이 움직여 주지않아 마음만 초조하고 짜증만
나기도하며 혈압에 이상이 생겨도 의사 만날생각은 하지않고 여기저기서 건강법에
관한 책을사보며 새벽일찍일어나 마라톤을하는 억척스러운 사람이 됩니다
깊은밤중에 문득일어나서 무엇에 몰두한다던지하여 자기자신을 감당하지 못하는
경우도 있습니다
그러나 지식,지혜,슬기와 같은 인생체험의 산교훈을 젊은이들에게 심어주는
존경받는 사람입니다

4]년지가 욕지인 사람의 초년운

당신은 20 세전후에 고향을 떠나게 될것입니다
그렇게 되었다면 숙명대로 무난히 성장합니다
외아들,외동딸로 태어나 고향을 떠날수 없게 된다면 불만스런 초년이 되어버리며
이런영향이 초년,중년,말년까지 좋치않은 영향을 미치게된다
타향에서의 생활은 많은 고생이 따르긴 하지만 반면에 발전이 기대되며 수단이
좋고 다정 다감한 성격으로 인해 직장에서나 사랑에서나 젊을을 구가하게된다
사주에 욕지가 두개이상 있을경우 남녀를 막론하고 애정문제가 항상 떨어지지 않아
낭비가 심하다.여성의 경우는 일반적인 결혼보다는 국제결혼이라든지 남이 하지않는
특별한 결혼이 더 행복해질수도 있습니다

5]월지가 욕지인 사람의 중년운

방랑하는 생활이 계속될것입니다
가정을 버리고 떠돌아 다닌다는 방랑이 아니라 외국여행동으로 그것도 장기체류를
한다든지하여 가정을 떠나서 생활하는것이다
일이나 가정에 속박되지않고 개방적인 생활의 삶이 될것입니다
명절이나 크리스마스등을 혼자 보내는 경우가 많아도 본인은 이러한 생활이
외로움을 별로 안타고 어렵다고 생각하지 않는다
오히려 화려한 생활에 고독이 묻혀버리며 이러한 원인으로 인해 이성관계의 불화나
가정에서의 파란이 초래될수도 있으니 주의하는 것이 좋다

6]일지가 욕지인 사람의 말년운

대단히 우아하고 화려한 노후생활을 할것입니다
시대에 뒤떨어진다거나 세대차이가 난다는 것은 대단히 거부합니다
12 운성의 욕지는 무관의 선비라하여 명예나 명성과는 동떨이진 정신적인 만족감을
무엇보다 추구하는 사람입니다
나이많은 고령이 되어도 20 대나 30 대의 청춘을 지속할 수 있는 두드러진 기력을
소유한 것이 특징이며 아침저녁으로 기운만을 믿고 냉수마찰등으로 피부를
단련한다던지 하는데 나이를 망각한채 무리 할수도 있다
나이들면 잔소리나 군소리 간섭이 많아지는 것이 일반적 현상이나 본인에겐 해당되지
않습니다.우아하고 화려하게 삶을 영위한다든지 오솔길의 산보를 즐긴다든지 명승지나
온천등지를 순례하면서 유유자적한 생활을 하게될것입니다

7]년지가 관대인 사람의 초년운

본인의 부모님의 운세가 강한시기에 태어나 부모의 넘치는 사랑을 받으며 어린시절을
보낼것입니다.부모님이 본인이 하고싶은 것을 다해주다보니 이런 버릇이 청춘기에까지
영향을 가져와 친구나 동료들과의 사이에 말썽을 빚기도한다
그렇다고 대단한 것은 아니고 하고싶은것을 다할수 있는 화려한 초년운이라 할수있다
사주에 관대가 두개이상있으면 자존심과 과시하는 성격으로 인해 한평생 말뿐인
사람이 될수있어 신용을 잃어버릴수 있습니다
그러나 비평가나 평론가의 직업은 대성공이 기대됩니다

8]월지가 관대인 사람의 중년운

개인적으로나 사회적으로 힘을 발휘할수있습니다
남성의 경우는 엘리트코스를 순탄하게 걷게됩니다
창조적인 사고력이 나타나고 모든정력을 일에다가 쏫아붓는 정력넘치는 활동을 하게됨
날카로운 언동을 자재하지 못하면 인간관계가 파괴되어 결국 독불장군이 되어비립니다
강한운세를 충분히 받아 성공할수있으며 당신이 여성일경우 자존심이 강하긴하나
아내로서 어머니로서 더 이상 바랄것이 없을정도의 생활을 누릴것입니다
학교의 학부모회 임직원이나 지역사회의 부인단체 같은곳의 임원 같은 자리를
떠맏게되어 훌륭히 수행해 나갑니다

9]일지가 관대인 사람의 말년운

나이가 들면 누구나 몸과 정신이 조금씩은 쇠락을 보이는 법입니다만 본인은
여러가지 의미에서 나이든 것을 의식하지않고 자각하지 않습니다
발이넓고 손도크며 입심과 배짱도 좋은 감초영감이될 우려가 많습니다
자신의 걱정보다 이웃이나 친구들을 불러모아놓고 요즘 젊은아이들은 말이야하고
젊은이를 비난하거나 정치나 시국에 관해서 비판하거나 하는 것을 좋아하는
유형에 속합니다
잔소리도 잘하지만 젊은이를 잘보살펴 주기도 합니다
나이들었다고 사랑하지 말라는법은 없지만 늦바람이 날가능성이 많으며 너무
지나치면 비난은 받습니다
또한 대단한 독설가로서 독설이 지나치면 가족과 젊은이들이 싫어합니다
나이들어서도 하체가 튼튼한 것이 특징이라 젊은사람과 마라톤할정도로 건강합니다

10]년지가 건록인 사람의 초년운

양친의 대단한 관심과 애정속에 어린시절을 보냅니다
그러나 멋대로 버릇없이 자라지 않았으며 외면으론 태평스러워 보이나 대단히 끈질긴
기질의 내면이 있어 고난을 참고 이겨내는 인내와 투지가 있어 빗나가는 일없이
순조롭게 자라왔습니다
시험운도 좋고 사주에 건록이 또 있으면 약학,화학등의 분야에서 대단한 능력을
발휘하나 이러한 분야에 진출이 불가능하면 일생 불만을 갖고 살아가게 됩니다

11]월지가 건록인 사람의 중년운

가족모두가 잘화합하고 화기애애하여 주위사람의 부러움을 사는 화목한 중년기가 될것입니다.
물질이나 정신적으로 풍족하고 안정된 생활이 영위됩니다
재산이 늘어나 자금문제에 봉착하는 일은 없을것입니다
자녀도 속썩이는 일없이 공부잘하며 모든일이 순조롭게 진행되어지는 것이 특징이다
이것은 평소에 열심히 살아온 노력의 덕택이며 중년에도 열심히 노력하여 주위의 신망을 얻고 노후를 대비하는 여유도 생기게되며 보통 중년기에 풍파가 따르는편이나 본인은 풍파가 따르지않고 조금씩이나마 상승하면 했지 내리막길은 없는 중년이 됩니다

12]일지가 건록인 사람의 말년운

자기 자신을 내세우지 않는 범위에서 충고나 조언을 하더라도 그 이상은 아랫사람에게 사양하고 손자와 더불어 놀이에 몰두하는 평안한 생활이됩니다
열심히 애정을 기울여 키운 자식들도 나름대로 성공하여 자리를 잡으므로 이제는 조용히 자기의 지나온 인생을 회고하며 여유롭게 살아갑니다
사주에 사절이 있으면 오른발이 탈이 잘나며 치료또한 오래걸립니다
월지가 건록이면 하체가 남달리 튼튼합니다

13]년지가 제왕인 사람의 초년운

제왕은 장수하는 성이지만 10세 이전에는 몸이건강하지않아 치료비등으로 부모님의 상당한 부담과 걱정을 끼치게 됩니다
약한 몸이지만 굉장한 개구쟁이 노릇이 사춘기까지 이어져 지나친 장난으로 생명을 위협할만한 사고도 따르니 주의하여야합니다
제왕의 특징은 부모의 운세에 강력한 영향을 받는데 있습니다
이 영향에따라 중년이나 말년의 운세가 변하게됩니다
초년기에 부모님의 운세가 좋아서 부족함이 없는 시절을 보냈다면 30세전후에 인간관계나 직장문제가 발생하고 어려운 국면을 맞게되지만 빈곤한 가정에 태어나 초년기를 고생스럽게 보냈다면 중년이후에는 반듯이 고생한 것이 밑거름이되어 안정되는 보람을 찾게될것입니다
사주에 어디든 제왕이 또 있으면 종교가로서 사상가로서 대성할 소지가 많습니다

14]월지가 제왕인 사람의 중년운

파란곡절이 많은 중년기 입니다.
더구나 어릴적 고생없이 지내온 경우는 가정이 안정될 형편은 아니며 직업상으로도 만족감을 기대하길 어렵습니다
남성은 가정과 직장모두 마음붙이지 못하고 안정되지않아
모든일이 동요되는 생활을 영위합니다
다만 젊어서 고생한 사람은 제왕의 강한운세를 잘살려 안정을 이루게됩니다
이러한 안정도 주위의 희생위에 달성되는 것이니 안정된다음 주위의 배려를 각별히 유념하기바랍니다 .
여성의 경우 남편과 자식에 대한 불만으로 노이로제 걸릴 확률이 많습니다
기분전환겸 직업을 가지면 안정된 생활이 됩니다

15]일지가 제왕인 사람의 말년운

나이가 들어 80 이든 90 이든 에너지를 계속불태우는 노익장이 계속됩니다
집안의 모든일이나 사업에 있어서도 주도권을 젊은이에게나 후계자에게 넘겨주지 않으며 자기주위의 사람들을 복종시켜야 직성이 풀리고 만족을 느끼게됩니다
사람에 따라서는 안락한 노후가 되지 못합니다
정상에 오른 사람은 고독의 벌을 받는다고 합니다
성공하면 할수록 더욱 외로움에 빠져들고 고독해지는 것이 숙명이라 하겠습니다
남들로부터 당신의 힘을 의존받는 사람이 많으므로 은둔생활도 어렵게 됩니다

16]년지가 쇠인 사람의 초년운

어릴적부터 삶의 진리를 터득한듯한 어른스러움을 보이게됩니다
조용히 살아가므로 큰풍파는 없으나 활동성/박력/용맹성이 없는 것이 결점입니다
실제모습은 말없이 묵묵히 실천하면서 살아가는 알찬 삶을 살아가나 가까운 사람에게도 속을 내보이지못해 흉금을 털어 놓는일이 없어 주위사람에게 박력없는 사람으로 보입니다
모든일이 소극적이며 조심성과 망서림으로 인해 대화가 적은편입니다
어릴적 동년배보다 말을 늦게 배우게됩니다
사주에 어디에든 두개이상 쇠가 있으면 남성은 일생동안 가정에 충실한 사람이며
여성은 결혼하면 현모양처형이 됩니다

17]월지가 쇠인 사람의 중년운

좋은것도 없고 나쁜것도 없는 큰운세 변화가 없는 지극히 평범하고 안정된
성장의 운세입니다
그러나 모든면에서 조금 느슨한 일상이 나타납니다
자녀의 교육문제등에 다분히 보수적인 잔소리를하게되어 자식들로부터 시대에
뒤떨어진 부모라는 반발과 불만을 일으킬 우려가 다분합니다
성격적으로 조심성,행동성이 떨어져 결단성 있는 행동은 하지않으므로 직업적으로나
사업적으로 발전은 어려울것입니다
그러나 이제까지 쌓아올린 지위와 재산,신용등은 쉽게 없어지지는 않습니다
발전은 어렵지만 현상유지하며 복대로 운명대로 살아야하니 무리하게 일확천금을
노려 풍파를 일으키지 말아야한다

18]일지가 쇠인 사람의 말년운

가족이나 제자등 친인들에 둘러싸여 부족함없는 노인다운 노년을 보냅니다
편안한 여생을 즐기며 정신적인 안정을 얻을것입니다
쇠는 천수가 다할때까지 조용히 기다리며 모든 것을 젊은이에게 넘겨주고
손자와함께 혹은 꽃이나 새들과 벗삼아 여생을 즐기는 생활로 변합니다
인생을 터득하고 진리를 깨달아 무리하게 자기분수이상의 일에는 관여하지 않는
생활로 변합니다
사주에 쇠가 또있으면 멋에 대한 감각이 뛰어나 액세서리 선택등에
뛰어난 감각을 발휘하게됩니다

19]년지가 병인 사람의 초년운

출생시부터 부모님의 운세가 내리막길이 시작되었기에 부모의 사랑과덕을 충분히
받지 못했을것입니다
어린시절부터 건강이 좋지못해 고생합니다
또한 어릴적부터 예리한 육감력을 발휘하여 주위사람을 놀라게하며 젊은시절
음악을 즐기고 명곡감상도하고 기타를치는등 우주의 취미를 갖고 은하계를 동경하는
꿈많은 어린시절을 보냅니다
이성이 두개이상 있다면
남성의 경우 집안에 정착하지 못하고 겉모양에 치중한 하루살이 인생이 되기쉬우며
여성의 경우 일생동안 정신적으로 안락한 삶을살것이며 모든행복을 누리며살게된다

20]월지가 병인 사람의 중년운

잦은병에 신경을 쓰게되며 과도한 흡연으로 인해 협심증이나 혈압의 이상이 생기니
주의하여야하며 여러가지로 굴곡과 파란이 많은 중년기가 될것입니다
꿈을 쫓는 성격으로 공적으로나 사적으로 의무와 책임이 수반되는 중년기에
이런 영향이 나타납니다
건실한 생활과 다소 거리가 생기는 생활이 됩니다
그러나 음악문학 같은 창작활동이나 예술분야등의 직장근무의 경우에는 기획업무등
무에서 유를 창조하는 분야에 종사하면 발전하고 불만없는 안정된 중년이될것입니다
일반적인 업무나 경리관계의 업무로는 힘을 발휘하지도 못하고 오래 견디지못합니다
실현 불가능하다고 판단된것도 아이디어를 창출하거나 기획을 세우는일에 매달려
가정생활은 뒷전으로 밀려나 가정의 파란이 생길수도 있습니다

21]일지가 병인 사람의 말년운

나이가 들어도 변함없는 공상가의 기질이 변하지 않아 담소하는것보다 골동품등을
다루는데 더욱 흥미를 가지는등 애장하는 물건들을 감상하면서 느긋이 눈을 감는
생활을하며 주위사람들에게 인생의 낭만을 예기하나 주위사람들에게는
그런 예기들이 금솥에 밥지어 먹었다는 겨드름으로 비춰질것입니다
외관상 그렇게 비칠지라도 본인은 과거에 집착하여 있진 않습니다
본인 나름대로는 나이가 들어도 원기가 왕성하다고 생각하고 있기 때문에 젊은시절
산을 타본경험이 있는사람은 80~90 이 되어도 갑자기 산에 올라갔다고 우기기도해
주위사람을 놀라게 만듭니다
여성은 사주에 병이 두개 이상있으면 나이가 많이 들어도 복스러움을 그대로 간직한
최고의 행복을 누리면서 일생 살아갈것입니다

22]년지가 사인 사람의 초년운

출생시부터 부모의 운세가 약해져 가고있습니다
부모나 본인이 번갈아가며 어느한쪽의 건강이 나쁘며 부모와 생이별 사별하거나
혹은 사고로 인해 한쪽이 불구가 될수도 있습니다
사주에 사가 두개이상있으면 일평생 지병으로 고생하게되며 괴로워할것입니다
여성의경우 분만시 산액이 따라 수명에 지장이 있는 경우도 있으므로 건강에
각별히 신경쓰십시요

23]월지가 사인 사람의 중년운

가정의 파란이 많으며 액년의 영향을 많이 받습니다
여성은 33세 남성은 42세까지 나쁜시기인데 월지가 사인사람이 영향을 많이받고
다른곳에 있는사람은 영향을 받지 않습니다
남녀를 막론하고 중년기에 내림세의 영향을 받습니다
그러나 내림세의 영향이나 속력이나 폭이 크면 클수록 그여파로 운세는
다시상승합니다
가정적인 불화와 직업상의 미스가 겹쳐서 나타나 생활전반의 모든계획의 차질이
생기며 가정불화가 심해 종교를 가지게 되기도합니다

24]일지가 사인 사람의 말년운

안정되고 애교있는 생활이 계속되고 자녀들이 서로 자기집에서 부모님을
모시겠다고 다툴정도입니다
손자와 손녀들과 뜻이 제일 잘통하거나 나름대로 인생을 살아왔다고 생각하기에
설령 양로원에 살아도 불만없는 여생을 보내게 됩니다
월지에 제왕이나 건록이 있으면 일생을 통해 왼발을 다치기 쉬우며 병이나기도 쉬워
치료에 시간이 걸리니 주의하시기 바랍니다

25]년지가 묘인 사람의 초년운

초년의 부모의 은덕이 많았으며 어릴적엔 부모의 상당한짐이됩니다
어릴적부터 집념이 강해 본인이 하고싶은 일이나 취미있는일에 전심전력을
다하였을것이므로 내실있게 살아왔을것입니다
잘하는것과 못하는 것이 확연히 구별되어 차이가 많이 남으로 학업에도 잘하는
과목은 선생님도 놀랄만큼 잘하게되나 못하는 과목은 성적이 엉망입니다
이러한것이 학문에만 국한된 것이 아니고 모든분야에서 한쪽으로만 치우친 재능을
발휘하여 어릴적엔 부모님이나 선생님의 걱정을 많이 끼치게 되며 여러모로
애를먹입니다
어릴적부터 집중력이 강해 학업이나 취미에 전력투구하게되면 장래의 인생이나
직업에 도움이 많습니다

26]월지가 묘인 사람의 중년운

초년기의 생활형태에따라 중년기의 운이 달라집니다
자기자신의 희망과 다른인생을 걸어오신분은 이제까지 불만이 중년기에 폭발합니다
현제까지 착실히 잘하던 직장과 가정을 망각한채 자기하고싶은대로 처리해버립니다

그러나 젊어서 고생하며 착실히 살아온 사람은 더욱더 착실해져 경제적으로 안정된 생활이 되며 부모형제를 보살피게됨으로 부모와 동거하거나 조카나 친척의 자녀를 양육하기도 합니다

사주에 묘가 2개 이상이면 47~48세를 고비로 인생이 이제까지 살아왔던것과 다른급변하는 특수한 운명을 지녔습니다

여성은 남편과의 이별등으로 다른환경에서 생활하게됩니다

27]일지가 묘인 사람의 말년운

무슨일이든 한가지 일에 몰두하는 인생을 걷게됩니다

예술분야나 종교,철학등의 중요한 무형문화재 같은 인생을 살아갑니다

장구한 세월에 걸쳐 연구한 경험,지식,기술등이 풍부하여 사회에 공헌한다고 할수있습니다

나이가 들수록 봉건적이고 완고한 성격이 더욱 심해져 가족이나 자녀들과 불화가 심해집니다

나이가 들어도 아랫목을 차지하고 쓸데없이 허송 세월을 보내지않고 무슨일이든 열심히 할려하는 조용히 있지 못하는 생활을 합니다

28]년지가 절인 사람의 초년운

초년은 본인과 부모의 운세나 건강이 시소게임을 하게됩니다

본인이 건강하면 부모중 한분의 건강이 악화되어 생이별이나 사별할수도 있습니다

학업과 놀기에도 바쁘고 취미의 폭도 넓어 항상 바쁜 소년기를 보내며 여러가지 변화를 많아집니다

사주에 절이 2개있으면 본인의 건강과 재산운이 시소게임을 합니다

3개가 있으면 이경향이 뚜렸하며 금전이 쪼들리면 건강은 좋아지며 여유가 생기면 병으로 고생합니다

29]월지가 절인 사람의 중년운

파란이 많은 중년을 보내게 됩니다

여성은 33세 남자는 42세에 나쁜일이 겹치게됩니다

남보기엔 평범한 생활로 보이나 가정적으로 뒤숭숭하고 정신적으로 불안한 생활이 됩니다

중년기에 하락하게되는데 하락의 폭이 크면 클수록 하락의 속도와 범위가 심할수록

그영향으로 운세는 상승합니다
나쁜일은 반듯이 도약하는 발판으로 삼아 성공하고야마는 성격입니다
약하지만 강함으로 반전시키는 힘이있어 역경의 제기에 대단히 힘을 발휘하여
후반기는 안정됩니다

30]일지가 절인 사람의 말년운
배우자와의 사이에 애정문제의 불화가 나타나며 가족과 자식들과의 사이에도
나타나며 유산상속등의 과정에서도 파란이 잦아지며 사소한 걱정이 많아집니다
이러한 고비를 넘기고나면 명예나 돈같은것에 구애를 받지않고 정신적으로 안정된
인생을 터득한 경지의 조용한 삶의 노후생활이 됩니다

31]년지가 태인 사람의 초년운
어릴적 부모님의 운세의 변화가 많을 때 태어납니다
사업의 잦은 변동으로 주거의 이동이 많은등의 변화가 많으나 박복하다거나
불행한것은 아닙니다
본인도 한가지 일에 만족하지 않는 성격으로 취미생활.대인관계등에서도 한가지
일에 몰두하지 못해 모든 것이 넓고 얕게 되어버립니다
20~30 세 이전에 일정한 직업도 정하지 않아 부모형제에게 걱정을 끼치기도합니다
초년 고생은 사서도 한다는데 초년에 인내력을 갖고 땀흘려 일한 것이 중년이후
결실을 맺게되므로 한가지일을 꾸준히 하지않으면 아무것도 성취하지못합니다
사주에 2 개가 있으면 일생을 통해 변화무쌍하며 마지막까지 안정이 되지않고
결혼역시 한번으로 안되며 태가 2 개 있고 제왕이 1 개 있으면 말년운은 최고로
행복합니다

32]월지가 태인 사람의 중년운

변화가 많음을 나타내므로 방향의 설정이 되지않아 일정한 직업도 없이
서성되는등의 시행착오를 반복하는 시기가 얼마동안 있을수도 있습니다
변화가 잦다고해서 반듯이 나쁜방향으로만 전개 되진않고 장사를해서 예상외로
큰돈을 벌일때도 있는데 그럴땐 그일에 전념하십시오
그렇지 않으면 운세는 다시 급진적으로 악화됩니다
다재다능 때문에 30 세이전은 일정한 직업이 없습니다

33]일주가 태인 사람의 말년운

사업과 주거의 잦은변동과 이전으로 파란이 많은 말년의 인생을 살아갑니다
나이들고 늙게되면 마음이 약해지는 법인데 반대로 이제까지 삶이 달리기를 해왔던
인생이란 이름의 전쟁터를 차분히 돌아보는 노후는 좀처럼 기대할수없어 나이가
들어도 은퇴하지않고 꿈이여 다시한번하면서 버틸것입니다
체력과 기력도 따르며 다재다능도 그대로입니다
사주에 태가 2개 이상있으면 죽을때까지 쉴곳이 없어 일평생 가정생활이
파란만장합니다

34]년지가 양인 사람의 초년운

어린이다운 어린이로써 학반의 인기를 독차지하는등 우상이나 동경의 성이므로
만인의 주목을 끌고 사랑받는 초년시절이며 풍부한 사교성이 발휘되며 폭넓은
교제를하며 어린시절을 마음껏 즐길것입니다
사주에 2개가 있으면 남녀를 불문하고 자식이 귀하며 자식이 있더라도 힘이되지
않으며 특히 남자아이는 재산을 물려주면 재산을 다없애고 맙니다

35]월지가 양인 사람의 중년운

직장에 벗이있고 가정에 손님이 있는 부드러운 인간관계를 지속하여 무엇하나
부러울것이 없는 웃음꽃이 만발한 풍족한 생활이 청춘시절부터 계속이어집니다
주택문제 역시 안정되며 다른사람과같이 한푼두푼 모아서 내집을 마련하는 것이
아니라 부모님의 도움이나 남의 도움으로 집을 물려 받는다거나하여 가지게됩니다
남녀교제도 부드러워 직업이나 애정관계에 있어서 예상밖의 경쟁자가 나타나더라도
대항하지 않아도 기다리고 있으면 좋은방향으로 해결됩니다

36]일지가 양인 사람의 말년운

젊은인들에게 둘려싸여 하고싶은 말과 하고싶은 일을 다할 수 있는 대단히 행복한
노후가 됩니다
뒷바라지 하는사람의 처지에서는 다소 고생이지만 부담스럽지도 밉지도 않고
존경스러워 합니다
주위 사람들에게 어린애 같은 애교로 좋은 인상을 풍기게 되므로 인덕이 많은
노후가 됩니다
사주에 양이 2개 있으면 자식이 귀하여 생기더라고 큰기대를 갖기는 어렵습니다

八] 년운,달운을 쉽게 찾는법

1. 대운의 육신에서
   년운의 육신을 대조한다
   ->년운

2. 년운 육신에서
   달운을 대조한다 ->
   달운

八] 년운,달운을 쉽게 찾는법

1. 대운의 육신에서 년운의 육신을 대조한다->년운
2. 년운 육신에서 달운을 대조한다 -> 달운

[예] 대운이 비견이고 년운이 편제일 때

1번 비견에서 편재를 보면 -> 부친흉,금전 여자길 돌발손실

[예] 년운이 비견이고 달운이 식신일 때

1번 비견에서 식신을 보면 - 사업길하고 이익,진급

1. 비견 - 결혼,동업,확장,분가,가정불화 새로운일 시작
   겁재 - 부부나 형제간 구설잦음,사람과의 원한주의
   식신 - 사업길운,이익발생,직장진급등의 길운발생
   상관 - 금전문제로 가정풍파,건강불리하여 병원신세
   편제 - 부친흉,금전이나 여자길운,돌발손실주의
   정제 - 금전 길운이나 너무 좋으면 오히려 손실생김
   편관 - 형제,친구간 불화생김,도난주의,여자는 남편 금심거리 생김
   정관 - 직장인은 진급,양자생김,부동산 권리다툼
   편인 - 직업변동,손실,구설다툼,이사하게됨
   인수 - 부업으로 이득생김,사업시작 길운

   비견 - 생가쇠운,결혼관계 말썽생김,여자는 남편 근심거리 생김
2. 겁재 - 부부 생사별,금전손재,사기주의,질별발생
   식신 - 직장인 진급,생각지 않은 횡재수
   상관 - 남의 불행으로 이득,형 충되면 횡재 있슴
   편제 - 금전 출입빈번,애인생김,여자는 몸허락
   정재 - 재산손실,부부싸움 잦음,생사별도 가능
   편관 - 모든일 되풀이됨,재혼,도난 손실주의
   정관 - 사업실패,관재구설,사별,암 근심,건강주의
   편인 - 직업변동,실패,부부언쟁 잦음,화재주의
   인수 - 공부,시험길운,말주의,여자는 이혼재혼 암시

비견 - 길운,지출많음이 오히려 복이됨
겁재 - 유산이나 불행한일로 횡재하나 사기주의
3.식신 - 합작경영이나 동업유리함,여자는 남편 무시하게됨
상관 - 모든일 급하면 실패,부부사이 금이감,이혼의 원인제공이나 시초가됨
편재 - 금전길,확장투자길하나 여자주의 손실,여자는 자식의 기쁨
정재 - 후원자 많이 나타남,신용획득으로 금전융통원활
편관 - 불평 불만이 많아짐,고생이 심함,실패할 우려많음 주의
정관 - 사업발전,확장,직장인은 진급가능,모든일이 안정됨
편인 - 도난,사기,돌발사태 발생,여자는 유산주의
인수 - 손위사람의 도움많음,문서계약,시험운 길함

비견 - 가정에서 분쟁 자주 일어남,사업부진으로 신경쓸일 많음
겁재 - 처자 이별주의,질병이나 사기등으로 손해보기 쉬움
식신 - 손위 사람과 의견출돌,오히려 의견충돌이 득이됨
4.상관 - 실직,면직주의,교통관재,구설,질병발생
편재 - 횡재운이나 색정주의,여자는 안정됨,과부는 재혼
정재 - 재물 혜택이 많음,처의 내조가 많아 금전길운
편관 - 괴로움이 많음,부하의 걱정거리 여자는 색정주의
정관 - 재산문제나 사업문제로 분쟁 일어남,여자는 남편의 사고나 질병발생
편인 - 변동하면 손해 보게됨,우연히 실직이됨
인수 - 손재수가 생김,의견충돌 잦음,가문이 쇠퇴해짐

비견 - 아내 병 생김,색정등으로 지출이 많음.유산싸움
겁재 - 가정불화 잦음,구설많음,여자 재혼암시
식신 - 길운이므로 모든일이 유리하게 진행됨
상관 - 모친이나 여자,처의 문제로 고민이 많이 생기게됨
5'편재 - 금전 길운이나 명조에 따라 변화됨
정재 - 두가지 일이나 사업으로 성공하나 여자로 인해 재액발생
편관 - 사업은 흥왕하는 운이나 질병으로 고생,여자는 이성고민
정관 - 진급하게되나 부하의 실수로 실직주의,소송문제 발생
편인 - 손실과 지출이 많음,상속 암시도 있슴
인수 - 모든일이 발전되며 가정도 원만하고 안락해짐

비견 – 물질의 혜택이 많음,경쟁자 나타남,처의내조필요
겁재 – 금전손실,사기주의,가정불화 잦음.질병주의
식신 – 길운이며 많은사람의 신임을 얻어 발전,여자는 행복해짐
상관 – 직장이나 직업변동,부정적인일로 횡재가 따름
편재 – 발전,시설투자,출입변동으로 바쁨,색정주의
6.정재 – 사업운 길하나 가정운은 불행이 잦아 불길함
편관 – 길함과 흉함이 상반되는 운,여자는 남자의 도움많음
정관 – 사회,경제면으로 모두 길함,여자는 인연,행운이 따름
편인 – 모든일 태만해짐,변동하면 실패나 불리하게됨
인수 – 발전하게되나 마지막엔 실수하므로 신중히 할것

비견 – 형제나 친구로 인해 금전손실,여자는 남자문제로 고민
겁재 – 사업실패나 손실이 생김,여자는 혼인,재혼
식신 – 자녀의 교육문제로 노고 많음,여자는 혼인문제 걱정거리 생김
상관 – 친인이나 손위 사람으로 재액발생하게됨
편재 – 금전거래주의 손실함,여자는 시누이로 인해 고생이 심함
정재 – 사업길,시설투자길,여자는 이성운 길함
7.편관 – 사업부진,변동불리,여자는 남편 자식 걱정거리
정관 – 외면은 화려하나 실속없슴,여자는 밀통주의
편인 – 흉운이므로 근신할것,좋은 인연없슴,여자는 유산주의
인수 – 경제적 고민은 따르나 인연은 길운이다

비견 – 형제간 상속분쟁으로 싸움많음,여자는 좋은 인연 나타남
겁재 – 타인의 금전문제로 고민,금전거래하면 손해
식신 – 모든일 순조롭게 진행됨,여자는 임신,바람주의
상관 – 실직면직,수술 질병 구설잦음,여자는 질병,사별
정재 – 금전,여자운 길운이나 여자사귐 주의,금전나감
편관 – 사업실패,신용하락됨,여자는 간부만남주의
8.정관 – 명예는 올라가나 경제적으로 곤란이 따름
편인 – 직업직장 변동하면 실패,시험운은 길운
인수 – 성공하는 길운이나 명조에 따라 달라짐

비견 - 인간관계의 불화가 잦아 고독하게됨
겁재 - 금전 손실이 많으며 이별 사별주의
식신 - 가문이 쇠퇴 해져감,여자는 자식과 생사별
상관 - 하극상,직장면직,여자는 자식본인 건강신경
편재 - 금전출납빈번,이성문제고민,부모와 생리사별
정재 - 직장인은 자유업,부업으로 성공이득,여자문제발생
편관 - 경제적곤란,지출이 많음,타인의 싸움에 말려듬
정관 - 실력부족이 모든분야에 나타남,여자는 남자운 파극
9.편인 - 경제적 궁핍으로 불안과 가정불화 많아짐
인수 - 경제적 장애따름,부모문제로 근심걱정 생김

비견 - 길운,분가,분리,시작 개업 새로운일 추진
겁재 - 노력은 많이하나 대가가 적으나 실패는 없다
식신 - 주위의 도움 많음,경제적으로 안정이됨
상관 - 금전 불안정,부도등으로 가정불화 잦음
편재 - 사업발전으로 금전원활하나 색정문제발생
정재 - 금전곤란,처나 여자로 인해 금전지출많음,불화발생
편관 - 사업발전,변동,여자문제로 금전손실
정관 - 발전,진급등 길운,여자는 행복해짐
편인 - 변동분리,가정불화,자녀문제로 근심걱정
10.인수 - 경제적 노고가 많으며 자녀문제로 고생

穹通四柱

九] 길흉성

九]길흉성

- 본인사주의 연지,일간,일지를 중심으로 천간지지중에 어디있는지 살펴보고 참고로만 활용하기 바란다

◆ 연지로 길흉성 보기 ◆											et
길흉 연지	자	축	인	묘	진	사	오	미	신	유	술	해
태백	사	축	유	사	축	유	사	축	유	사	축	유
오귀	진	사	오	미	신	유	술	해	자	축	인	묘
상문	인	묘	진	사	오	미	신	유	술	해	자	축
고신	인	인	사	사	사	신	신	신	해	해	해	인
과숙	술	술	축	축	축	진	진	진	미	미	미	술
조객	술	해	자	축	인	묘	진	사	오	미	신	유
도화	유	오	묘	자	유	오	묘	자	유	오	묘	자
수옥	오	묘	자	유	오	묘	자	유	오	묘	자	유
귀문	유	오	미	신	해	술	축	인	묘	자	사	진
단명	사	인	진	미	사	인	진	미	사	인	진	미
천모	신	술	자	인	진	오	신	술	자	인	진	오
지모	사	미	유	해	축	묘	사	미	유	해	축	묘
대모	오	미	신	유	술	해	자	축	인	묘	진	사
소모	사	오	미	신	유	술	해	자	축	인	묘	진
격각	인	묘	진	사	오	미	신	유	술	해	자	축
파군	신	사	인	해	신	사	인	해	신	사	인	해
구신	묘	진	사	오	미	신	유	술	해	자	축	인
교신	유	술	해	자	축	인	묘	진	사	오	미	신
반음	자	축	인	묘	진	사	오	미	신	유	술	해
복음	오	미	신	유	술	해	자	축	인	묘	진	사
병부	해	자	축	인	묘	진	사	오	미	신	유	술
사부	사	오	미	신	유	술	해	자	축	인	묘	진
관부	진	사	오	미	신	유	술	해	자	축	인	묘
태음	해	자	축	인	묘	진	사	오	미	신	유	술
세파	유	진	해	오	축	신	묘	술	사	자	미	인
천구	술	해	자	축	인	묘	진	사	오	미	신	유
비염	신	유	술	해	자	축	인	묘	진	사	오	미
매아	축	묘	신	축	묘	신	축	묘	신	축	묘	신
탕화	오	미	인	오	미	인	오	미	인	오	미	인
삼재	인	해	신	사	인	해	신	사	인	해	신	사

◆ 월지로 길흉성 보기 ◆

월지 길흉	인	묘	진	사	오	미	신	유	술	해	자	축
천덕귀인	정	申	임	辛	해	갑	계	인	병	을	사	경
월덕귀인	병	갑	임	경	병	갑	임	경	병	갑	임	경
혈지	술	해	자	축	인	묘	진	사	오	미	신	유
금쇄	신	유	술	해	자	축	신	유	술	해	자	축
천사	무 인	무 인	무 인	갑 오	갑 오	갑 오	무 신	무 신	무 신	갑 자	갑 자	갑 자
급각살	해 자	해 자	해 자	묘 미	묘 미	묘 미	인 술	인 술	인 술	축 진	축 진	축 진
단교관살	인	묘	신	축	술	유	진	사	오	미	해	자
천진살	을 묘	을 묘	을 묘	병 오	병 오	병 오	신 유	신 유	신 유	임 자	임 자	임 자
지전살	신 묘	신 묘	신 묘	무 오	무 오	무 오	계 유	계 유	계 유	병 자	병 자	병 자
부벽살	유	사	축	유	사	축	유	사	축	유	사	축
진신	갑 자	갑 자	갑 자	갑 오	갑 오	갑 오	무 신	무 신	무 신	갑 자	갑 자	갑 자
천의성	축	인	묘	진	사	오	미	신	유	술	해	자
천희신	미	오	사	진	묘	인	축	자	해	술	유	신
황은대사	술	축	인	사	유	묘	자	오	해	진	신	미
홍란성	축	자	해	술	유	신	미	오	사	진	묘	인
장수성	해	술	유	신	미	오	사	진	묘	인	축	자
육분관살	진	진	진	미	미	미	술	술	술	축	축	축
사주관살	사 해	진 술	묘 유	인 신	축 미	자 오	사 해	진 술	묘 유	인 신	축 미	자 오

◆ 일간으로 길흉성 보기 ◆										
길흉 \ 일간	갑	을	병	정	무	기	경	신	임	계
태극귀인	자오	자	묘	묘	진술	축미	인해	인해	사신	사신
천을귀인	축미	자신	해유	해유	축미	자신	축미	인오	사묘	사묘
복성귀인	인	축해	자술	유	신	미	오	사	진	묘
천주귀인	사	오	사	오	신	유	해	자	인	묘
천관귀인	유	신	자	해	묘	인	오	사	축미	진술
천복귀인	미	진	사	유	술	묘	해	신	인	오
문창귀인	사	오	신	유	신	유	해	자	인	묘
암록	해	술	신	미	신	미	사	진	인	축
금여성	진	사	미	신	미	신	술	해	축	인
홍염	신	오	인	미	진	진	술	유	자	신
유하	유	술	미	신	사	오	진	묘	해	인
협록	축묘	인진	진오	사미	진오	사미	미유	신술	술자	해축
관귀학관	사	사	신	신	해	해	인	인	신	신
문곡귀인	해	자	인	묘	인	묘	사	오	신	유
학당귀인	해	오	인	유	인	유	사	자	신	묘
낙정관살	사	자	신	술	묘	사	자	신	술	묘
효신살	자	해	인	묘	오	사	진술	축미	신	유
고란살	인	사		사	신			해		
비인살	유	술	자	축	자	축	묘	진	오	미
음착살				축미				묘유		사해
양착살			자오		인신				진술	
재고귀인	진	진	축	축	축	축	미	미	술	술
자암살	묘	진	오	미	오	미	유	술	자	축
건록	인	묘	사	오	사	오	신	유	해	자
양인살	묘	진	오	미	오	미	유	술	자	축
괴강살							진술		진술	
백호대살	진	미	술	축	진				술	축

1) 년지로 보는 길흉성

태백

월지에만 해당하는 것으로, 이 살이 있으면 고독하고 허무한 인생을 보내게 된다고 하며 가난하게 산다고 한다. 또한 명이 짧고 잔병치레를 많이 한다고 보는데, 월지에 어떤 육신이 해당하느냐 따라 그 육신의 상태를 알아보는 데도 쓰인다.

오귀

일지에만 해당하는 것으로, 구성학의 방위 중 한가운데를 상징하기 때문에 이 살이 있으면 부부의 인연이 좋지 않아 고독하게 지낸다고 한다.

상문

주로 세운[1년 동안의 운세를 보는 것을 말한다]볼 때 활용을 하는 것으로, 그 해의 연지가 상문살에 해당할 경우에는 상복을 입기 된다는 것을 뜻하는 것이므로 가족이나 친척 중에서 죽는 사람이 발생할 수 있다고 본다. 또한 환자가 발생하거나 다른 악재가 일어날 수 있기 때문에 일지가 상문에 해당하는 날에는 택일을 하지 않는다.

고신

주로 월지에만 해당하는 실이며 남자의 사주에 활용되는데, 이 살이 있으면 아내와의 사가 좋지 않다고 보며, 궁합을 볼 때도 여자의 띠가 고신살에 해당된다면 결혼을 아예 피하는 것이 좋다고 하겠다. 또한 세운이 고신살로 오는 해에는아내의 몸에 좋지 않은 일이 발생할 수가 있으니 특히 조심해야 한다.

과숙,

주로 일지(日支)에만 해당하는 살이며 여자의 사주에 활용되는데, 이 살이 있으면 남편과의 사이가 좋지 않다고 보며 세운에서 과숙살이 오면 남편의 몸에 재액이 일어난다고 한다.

조객,

상문과 마찬가지로 주로 세운을 볼 때 활용하는데, 그 해의 연지가 조객에 해당하면 집안에 장례를 치를 일이 생기거나 질병이 생기며 집안 친척이 아니더라도 문상을 갈 일이 생긴다고 본다.

도화

도화는 십이신살 중의 연살에 해당하는 것으로, 사주에 화살이 있으면 사치와 허영을 좋아하고 음란하다고 보는데 일지와 시지에 해당할 경우에는 그 작용이 더 강하다.
부모에 해당하는 월지에 도화살이 있으면 어머니가 후처일 가능성이 높고, 남자의 경우 도화가 정관이나 편관과 함께 있으면 여자 덕에 출세한다고 보며, 정재와함께 있으면 아내덕을 보게 된다고 한다.
여자인 경우에 도화가 편관과 함께 있으면 기생팔자로 본다.
그리고 도화와 목욕이 함께 있으면 뛰어난 미모에 음란하기 짝이 없다고 보며, 도화와 역마 또는 도화와 지살이 함께 있으면 남편을 버리고 다른 남자와 도망갈 여자로 본다

수옥

수옥살은 십이신살 중의 재살(災)과 같은 것으로, 사주에 이살이 있으면 사방이 막힌 곳에 갇히게 될 운세로 보니 감옥이나 유치장을 의미하는 흉살이다.
군인이나 경찰, 수사관등의 직업에 종사한다면 오히려 수옥살이 있는 것을 좋다고 해석.

귀문

귀문살은 귀문관살이라고도 부르는데, 일지나 또는 시지에 있을 때 그 작용이 더욱 강하다.육신중의 어느 별이 귀문살에 해당하느냐에 따라서 그 육신이 신경성질환을 앓게 되거나 혹은 정신병을 앓게될 우려가 있다고 본다.

단명

단명살은 단명관살 이라고도 하며 시지에만 해당하는 것으로, 이 살이 있으면 10세 이전에 목숨을 잃기 쉽다는 흉살이다.

천모

사주에 천보살이 있으면 윗사람의 모함에 걸리거나 거짓말에 속아서 재물을 날리거나 명예가 실추당할 우려가 있다. 세운에서도 활용한다.

지모

사주에 지모살이 있으면 아랫사람의 모함에 걸리거나 거짓말에 속아서 재물을 날리거나 명예가 실추당할 우려가 있다. 역시 세운에서도 활용한다.

대모

대모살과 소모살은 아무리 열심히 노력을 해서 재물을 모아도 그것이 저축이 되지 않고 빈 독에 물 새듯이 허무하게 사라져버리며 무슨 일을 해도 실패수가 많다는 흉살이다. 세운에서도 활용한다.

격각

격각살은 형벌을 의미하며, 사주에 이 살이 있으면 강제적인 구속을 당할 우려가 있다고 보는 흉살이다.세운에서도 활용한다

파군

파군살은 관재수와 구설수에 휘말리기 쉽다는 뜻을 가지고있으며, 사주에 이 살이 있으면 부모의 유산을 물려받아도 모조리 탕진한다고 보며 여러 개가 있을수록 흉한 의미는 더욱 커진다. 세운에서도 활용한다.

구신

구신살은 형살과 같이 있는 것을 가장 꺼리며, 사주에 구신살과 형살이 갖추어져 있는 사람은 사고와 갑작스런 질병에 매우 조심해야 한다. 세운에서도 활용한다.

교신

교신살은 주로 세운 세운에서 보게 되며, 이 교신살에 해당하는 세운이 오면 질병을 앓게 되고 명예가 실추된다고 한다.

반음

주로 세운에서 보며, 반음살에 해당하는 세운이 오면 남자인 경우에는 아내와 자식에게 해가 있고 여자인 경우에는 독수공방에 눈물이 마르지 않는다고 한다.

복음

주로 세운에서 보며, 복음살에 해당하는 세운이 오면 집안이 시끄럽고 눈물을 흘릴 일이 많으며 재산이 흩어지고 명예가 실추된다는 흉살이다.

병부

사주에 병부살이 있으면 해당하는 육신이 질병을 앓기 쉬우며 병원 출입이 잦다고 한다. 세운에서 병부살이 오면 미리 건강검진을 받아 두는 것이 좋다.

사부

사주에 사부살이 있으면 시비와 질병으로 인하여 목숨이 위태로워진다고 하며, 세운에서 사부살이 오면 싸움을 삼가고 질병을 조심해야 한다.

관부

사주에 관부살이 있으면 경찰서나 이곳저곳 관공서에 출입할 일이 많으며 구설수에 휘말리기 쉽다고 한다. 세운에서도 활용한다.

태음

사주에 태음살이 있으면 용기가 없으며 색정(色情)에 빠지기 쉽고 재물을 날리기 쉽다는 흉살이다.

세파

세파살이 있으면 무슨 일이든 시작은 좋은데 마무리가 좋지 않아 용두사미 격이 되며 직장도 안정되지 않고 친척과의 인연도 없다는 흉살이다.

천구

천구살은 재물을 빼앗아 가는 흉살이며, 잔병치리가 많고 특별한 병도 없는데 몸이 아프지 않은 날이 없다고 하는 질병을 의미하는 흉살이다.

비염

비염살도 천구살과 같은 의미이지만 질병의 종류가 정신적으로 오기 때문에 간질이나 정신병 등을 앓게 될 우려가 크다고 본다.

매아

사주에 매아살이 있으면 자식운이 없다고 보며, 특히 어린아이였을 때 사별하기 쉬워서 자손이 귀하다는 흉살이다.

탕화

탕화살은 일지를 기준하여 보기도 하는데, 예를 들면 인일생의 사주에 사신이 있거나 축일생의 사주에 오술미가 있거나, 오일생의 사주에 오축진이 있는 경우에는 탕화살이라고 본다. 탕과 화는 끓는 물과 타는 불을 상징하는 것으로 이 살이 있으면 끓는 물에 데거나 화상이나 부상을 당하게 되고 김한 경우에는 스스로 목숨을 끊기 위해서 자살을 시도하는 일까지 있다고 한다.

삼재

삼재란 화,수,,풍 즉 자연재해를 뜻하는데, 넓은 의미에서 자연스럽게 발생되는 재해라고 해석한다. 삼재는 3년동안 이어지는데 삼재가 들어오는 해를 들삼재, 2년째 되는 해를 눌삼재, 삼재가 나가는 해를 날삼재라고 한다.

신(申)・자(子)・진(辰)년에 태어난 사람은 인(寅)년부터 진(辰)년까지 3년
인(寅)・ 오(午)・술(戌)년에 태어난 사람은 신(申)년부터 술(戌)년까지 3년
해(亥) 묘(卯)・미(未)년에 태어난 사람은 사(巳)년부터 미(未)년까지 3년
사(巳)・ 유(酉)・ 축(丑)년에 태어난 사람은 해(亥)년부터 축(丑)년까지 3년
이 기간 동안이 삼재에 해당하며 삼재가 들어오면 갖가지 악사(惡事)가 발생한다고 함.

2) 월지로 보는 길흉성

천덕귀인

천덕귀인은 말 그대로 하늘의 덕이 있다는 뜻으로, 사주에 이별이 있으면 어떤 어려움에 처하더라도 빠져나갈 구멍이 생기며 재액을 막아 주고 흉살을 제거해 준다는 길성이다 이 별이 있는 사람은 관직에 나가면 높은 지위까지 오를수 있고 부모의 유산을 물려받게 되며 의식주에 어려움이 없다고본다.
단, 형・ 충・파・해를 매우 꺼린다.
만약 천덕귀인에 해당되는 별이 형・충・파・ 해가 되면 좋은 의미는 사라지고 오히려 흉살로 작용하게 된다.

월덕귀인

월덕귀인도 천덕귀인과 마찬가지로 매우 좋은 뜻을 내포하고있는 길성인데 다른 점은 하늘의 덕을 상징하는 천덕귀인에 비해 월덕귀인은 땅의 덕을 상징한다는 것이다.

사주에 이별이 있으면 넉넉한 부동산을 소유하게 되고 물질이 풍요로우며 부귀한 인생을 보낼 수 있다.

천덕합

천덕합은 하늘의 덕과 내가 합이 된다는 뜻으로, 사주에 이별이 있으면 모든 흉살이 제거되며 재액이 침범하지 못하고, 성품이 너그러우며 관성과 함께 있으면 관직에서 높은 지위에 오르게 되고 재성과 함께 있으면 부귀하게 되며 시주에 있으면 귀한 자식을 두게 된다고 한다.

월덕합

월덕합의 의미는 천덕합과 거의 같은 것으로, 천덕합과 월덕합은 택일을 할 때 많이 활용이 되며 세운에서 이 별들이 오면 뜻하지 않았던 재물이 들어오거나 명예가 오른다고 해석을 한다.

혈지

혈지는 피를 흘리는 것을 뜻하는 흉살로, 사주에 이 살이 있으면 교통사고라든지 천재지변 같은 뜻밖의 사고에 항상 조심해야 하고 특히 내과 계통의 질병에 미리미리 대비하는 것이 좋다.

금쇄

금쇄는 연과 일에만 해당하며 혈지와 마찬가지로 사고를 조심해야 하는 흉살이다. 금쇄란 쇠사슬을 의미하는 것으로 그것에 몸이 묶인다는 것을 뜻하고 있으니 불구가 되거나 마비성 질환을 앓기 쉽다고 본다.

천사

천사란 하늘이 사면해 준다는 뜻으로, 사주에 이 별이 있으면 재난이나 질병이 감해지고 설혹 큰 죄를 지어서 형무소에 들어간다고 해도 특별사면 이로 나오게 되는 등 재액을 막아주고 복을 안겨다 주는 길성이다.
주로 일지를 보게 되는데 경우에 따라서 사주 전체에 적용하여 해석하는 경우도 있다.

급각살

급각이란 갑작스럽게 다리에 이상이 생긴다는 뜻으로, 하체불구가 되거나 신경통, 류머티즘등으로 인하여 다리에 이상이 생기는 것을 의미하며, 사주에 이 살이 있으면 해당하는 육신이 그런 화를 당하게 된다고 본다.

단교관살

단교관살은 말 그대로 다리가 끊어져 추락한다는 뜻으로, 높은 곳에서 떨어지거나 넘어져 팔다리를 다치게 된다는 살로 급각살처럼 해당하는 육신의 운세를 판단하는데도 사용된다.

천전살 · 지전살

천전살은 직업을 전전하기 쉬우며 이리저리 떠돌아다니게 되고 하는 일마다 막힘이 많은 살이며 흉살이다. 천전은 하늘이 돈다는 뜻이고 지전은 땅이 돈다는 뜻이니 그만큼 세상이 돌아가는 이치를 따라가기 어렵다는 의미로, 생활에 굴곡이 많게 된다.

부벽살

부벽이란 도끼에 쪼개진다는 뜻으로, 재물도 흩어지고 가정도 깨어진다는 흉살이다.

진신

일주에 진신이 들어 있으면 하는 일마다 매번 순조롭게 풀리고 뜻대로 펼쳐진다는 뜻의 길성이며, 부부 사이의 인연 또한 남달리 좋은 터라서 잘 어울리는 배필을 만나게 된다고 한다.

천의성

천의성은 하늘이 의술을 베풀어준다는 길성으로, 사람의 목숨을 구하는 직업인 의사·약사·간호사 등의 직종에 종사하면 좋다고 본다.

천화신

천희신은 말 그대로 하늘이 기쁨을 내려준다는 길성이다. 일주나 시주에 이 별이 들어 있으면 설사 흉한 일이 일어난다고 해도 그것이 오히려 전화위복이 되어 기쁨을 안겨준다는 의미를 가지고 있다.

황은대사

황은대사도 천사성과 마찬가지로 무거운 죄를 지어 형벌을 받을지경에 이르렀다 해도 특별사면 등의 형식으로 구원을 받을 수 있다는 길성이다.

홍란성

사주에 홍란성이 있으면 흉살은 사라지고 기쁜일만 생긴다는 길성이다.

장수성

장수성은 말그대로 수명이 길다는 길성으로, 사주에 이별이 있으면 장수하게 된다.

욕분관살

사주에 욕분관살이 있는 사람은 지나치게 의협심을 앞세워 쓸데없는 일에 참견하기 좋아하고 나서기를 좋아해서 시비 와 분쟁을 자주 일으킨다.

사주관살

사주에 사주관살이 있으면 수명이 짧고 불행한 일이 많으며 잔병치레를 많이 한다고 해석한다.

3) 일간으로 보는 길흉성

태극귀인

사주에 태극귀인이 있으면 조상 덕이 있고 흉살이 제거되며 부와 명예를 모두 얻을수 있다는 길성이다. 단, 형 · 충 · 파 · 해가 있을 경우에는 그 의미가 흉살로 변한다.

천을귀인

사주에 천을귀인이 있으면 머리가 좋고 총명하며 모든 흉살이 길성으로 변하게 된다. 단, 형 · 충 · 파 · 해가 없어야 하며 방위나 택일을 할 때도 천을귀인에 해당하는 날을 많이 선택한다.

복성귀인

복성귀인은 평생 복록이 따라다닌다는 길성으로, 시주에 있는 것을 가장 좋게 해석하며 천을귀인과 함께 있을 경우에는 부귀하게 된다고 본다.

천주귀인

주로 월지를 대상으로 보며 연해자평과 <명리정종>에서 다루는 방법이 다른데, 여기에서는 <연해자평>의 의견을따르기로 하였다. 사주에 이 별이 들어 있으면 명예를 얻고 재물을 모은다는 길성이다.

천관귀인

천관귀인은 사주에서 해당하는 육신과의 관계가 강해서 이 별이 있는 주의 육신은 관직에 오를 수 있다 했으니 공직자로 나서면 크게 출세한다.
특히 시주에 있는 것을 가장 귀하게 여기며 다른 길성과 함께 있으면 그 복이 더욱 커지지만 흉살과 함께 있으면 나쁜 의미로 바뀌게 된다.

천복귀인

천복귀인도 천관귀인과 마찬가지로 복과 덕을 상징하는 길성으로 다른 길성과 함께 있으면 그 의미가 더욱 좋아진다.

문창귀인

문창귀인은 글재주가 뛰어나고 머리가 총명하다는 길성으로, 이 별과 함께 있는 육신은 학문에 뛰어난 사람으로 해석하며 복록도 갖추었다고 본다.

암록

사주에 암록이 있으면 평생 의식주 걱정이 없고 어려운 일이 있을 때마다 귀인이 나타나 도와준다는 길성이다.

금여록

금여라는 말은 금으로 만든 가마를 뜻하는 것으로, 사주에 이 별이 있으면 배우자의 덕이 좋다고 해석하며 일주나 시주에 있으면 그 의미가 더욱 강해진다.
단, 형 · 충 파. 해가 되면 의미가 쇠약해진다.

홍염

홍염살도 도화살과 같아서 주색을 즐기며 유흥을 가까이 한다는 살이다.
사주에 길성과 함께 있다면 예술 · 예능 계통에서 대성할 수 있지만 흉살과 함께 있으면 주색에 탐닉하여 패가망신한다고 본다.
여자인 경우에는 기생이 되거나 간통사건에 연루될 가능성이 높다.

유하

사주에 이 살이 있으면 중풍이나 반신불수, 손발 저림 등의 질병을 앓을 수 있다.
특히 여자인 경우에는 유산이나 난산의 위험이 있다는 흉살이다.

협록

협록은, 일간과 시간이 같고 지지에는 건록을 중심으로 앞뒤에 해당하는 지지가 갖추어져 있는 것을 말하며, 이 별이 있으면 재산이 넉넉하고 인덕이 좋아서 평생 의식주 걱정이 없는 생활을 하게 된다는 길성이다.

관귀학관

사주에 이 별이 있으면 공직이나 관직에서 크게 출세를 하게 된다고 본다.

문곡귀인 · 학당귀인

문곡귀인과 학당귀인은 모두 학문에서의 출세를 뜻하며, 사주에 이 별들이 있으면 머리가 총명하고 글재주가 있어서 이름을 떨친다는 길성이다.

낙정관살

우물에 떨어져 다친다는 뜻이니 사주에 이 살이 있는 사람은 특히 물을 조심할 것이다. 강이나 바다에 떨어지거나 빠지는 것을 경계해야 할 필요가 있다.

효신살

효신살은 부모에게 해가 되는 흉성으로, 사주에 이 살이 있는 사람은 생모가 아닌 계모나 서모를 섬기게 되며 남자인 경우에는 결혼운이 좋지 않고 여자인 경우에는 아이를 낳을 때 고생을 하게 된다.

고란살

고란살은 고독하고 외로운 신세 때문에 한숨만 내쉰다는 살로 남자보다는 여자를 대상으로 보는데, 사주에 이 살이 있는 여자는 부부의 인연이 좋지 않으며 남편이 밖으로만 나돌거나 다른 여자를 가까이 하기 때문에 독수공방으로 지내는 날이 많다고 한다. 남자의 사주에 고란살이 있으면 아내를 함부로 대한다고 한다.

비인살

비인살은 칼이 날아다닌다는 뜻을 내포하고 있는 것으로, 무슨 일을 하든 서두르기만 하고 일을 벌여놓고 끝을 보지 못하며 쓸데없이 여기저기 나서서 시비 투쟁만 일삼는 흉살이다. 사주에 이 살이 있으면 사람됨이 간교하고 판단력이 뒤떨어진다고 본다.

음착살・양착살

음・양착살은 부부의 인연이 좋지 않다는 것을 뜻하며, 사주에 이 살이 있으면 남자는 아내를 의심하며 돈벌이를 게을리하게 되고 여자는 남편이 속을 썩여 한숨이 그칠 날이 없다는 흉살이다.

재고인

재고귀인이 사주에 있으면 곳간에 재물이 가득하다는 뜻으로, 부자가 된다는 길성이다.

자암살

자암살이 사주에 있으면 칼이나 무기에 상처를 입을 수 있다는 흉살이다.

건록

건록은 십이운성의 건록에 해당하는 것으로 십간록이라고도 하며 천간과 지지의 음양오행이 같은 것을 말하는데, 건록에 해당하는 지지가 월지)에 있으면 건록격이라 하고, 일지에 있으면 일록격이라 하며, 시지(時支)에 있으면 귀록격이라해서 특별히 좋은 사주로 다룰 정도로 그 길한 의미가 강한 별이다.
사주에 건록이 있으면 모든 일이 뜻대로 잘 풀려나가며 복과 명예를 모두 갖출 수 있다고 하는데 형 ・ 충・ 파해가 있으면 그 의미가 모두 사라진다.

양인살

양인은 십이운성의 겁재와 비슷한 성격을 가지고 있는 흉살로 건록이 길성의
최고봉이라면 양인은 흉살의 최고봉이라 할 수 있을 정도로 흉한 의미가 강하다.

사주의 연지에 양인살이 있으면 부모에게 물려받은 재산을 모두 탕진해버리고 마음이
교만해서 은혜를 원수로 갚는 일이 있으며, 월지에 양인살이 있으면 부모와의 인연이
좋지 않고 평생 가난을 면하기 어려우며 부부운이 좋지 않다고 본다.
또한 일기에 양인살이 있으면 부부의 인연이 바뀔 운세이며 시지에 양인살이 있으면
자녀와의 인연이 좋지 않아서 말년에 고독하게 지내게 된다.
양인살이 두 개 이상인 경우 남자는 아내와 이별하거나 사별하고 고독하게 지내며,
여자는 질병을 앓기쉽고 수치를 모르며 육체적인 쾌락에 빠지기 쉽다.
양인살이 육신과의 조화도 중요하게 여기는데, 어떤 육신과 함께 있는지 또는
십이운성의 어느 별과 함께 있는지에 따라 좋게 해석되는 경우도 있다.

괴강살

괴강살은 원래 경진일, 경일, 임진일, 임술일만을 취급하는데 역술인에 따라서는
무진일이나 무술일도 괴강살로 다루는 경우가 있다.
또한 일주에서만 보는 것이 원칙이지만 일간을 중심으로 연, 월, 시지에 있을 경우에도
암괴강이라 하여 사주 추명에 적용하는 예가 있다.
진과 술은 십이지 중에서 기세가 가장 강력하며 진을 천강이라 하고 술을 하괴라고
부르는데, 이것들이 천간의 경이나 임과 만나게 되면 그 힘이 더욱 막강해져서 앞뒤를
가리지 않는 흉살로 변하게 된다.
그러나 반드시 흉살의 작용만 하는 것은 아니고 길성으로 작용할 때도 있으며 길흉의
작용은 사주의 구성에 따라 달라지지만 일반적으로 2 : 8정도의 비율이라고 볼 수 있다.
남자의 사주에 괴강살이 두 개 이상 있고 신강이며 길성이 많으면 크게 부귀하게 되거나

엄청난 권세를 누리게 되지만 신약사주이거나 형 · 충 · 파 · 해가 있으면 납치를 당하거나 구속, 감금, 단명 등의 매우 안 좋은 운세로 달리게 된다. 여자의 사주에 괴강살이 있으면 남편을 우습게 여기고 자기 고집만 내세워 이혼하게 될 팔자로 보며 만약 두 개 이상의 괴강살이 있다면 그 해가 남편에게 이르러 남편이 납치 구금되거나 비명횡사하는 흉액이 있다.

또한 다른 남자와 눈이 맞아 도망을 가는 예가 많으며, 시집을 가서 시댁을 몰락시킨다하여 매우 안 좋게 본다.
일반적으로 사주에 괴강살이 있으면 이론과 토론을 좋아하는데 그것이 객관성을 띠지 못하고 자신의 주관만을 내세우는 격이라 사주가 강할 경우에는 큰일을 해낼 수 있지만 약할 경우에는 대인관계가 좋지 않고 단명하게 된다고 본다.
또한 사주에 괴강살이 있는 사람은 몸에 큰 흉터를 지니게 되며, 여자인 경우에는 중년에 이르러 부인과 계통의 질병에 매우 신경을 써야 한다.

백호대살

수많은 신살들 중에서 가장 널리 취급되고 가장 중하게 다루어지는 것이 양인살, 괴강살 백호대살이라 할 수 있을 정도로 그 흉한 의미가 크다.
사주에 백호대살이 있으면 함께 있는 육신이 비명횡사하게 되며, 부모 · 친척은 물론 부부인연도 박하다고 보며 자식과의 인연 또한 좋지 않아 매우 중요하게 다루고 있다.
특히 여자의 사주에서 관살이 백호대살에 해당하면 남편이 비명횡사한다고 해서 매우 꺼린다.
궁합을 볼 때도 여자의 사주에서 가장 중점적으로 보는 것이남편궁에 해당하는 관살이 양인살이나 백호대살에 해당되지 않는지를 확인하는 것이니 그 의미가 얼마나 큰지 알 수 있을 것이다.

3) 경험으로 보는 일진과 사주에 해당될때

★ 갑진 · 을미일생은 아버지가 비명횡사한다고 본다.

★ 계사 · 계축 계미일생의 시주가 갑인일 경우에는 교통사고를 조심해야 한다.

★ 임일이나 계일생의 사주에 수(水)가 3개 이상 있는 여자는 매춘을 한다고 본다.

★ 임신일 임자일 임진일 경신일,경자일 경진일생은 음식점을 운영하면 큰돈을 벌수있다.

★ 임일 · 계일 · 무자일 · 병신일 · 경술일생의 여자는 재취로 가거나 나이가 많은 남자에게 시집을 간다.

★ 경진일 · 경술일 · 임진일 · 임술일생의 여자는 포악한 남편을 만나거나 무책임한 남편을 만나 스스로 돈을 벌어야 한다.

★ 묘일 유시나 유일 묘시인 여자는 자식을 두기 어렵다.

★ 병술일성의 여자는 자식을 두기 어렵고 부인과 계통의 질병으로 고생하기 쉽다.

★ 갑일을 일생은 무뚝뚝한 성격이지만 끝맺음이 좋다.

★ 병일 · 정일생은 예의가 바르고 언변이 뛰어나지만 감정의 변화가 심하다.

★ 무일,기일생은 몸이 허약하고 하는 일마다 허술한 구석이 많으며 겉치레를 좋아한다.

★ 경일 · 신일생은 과감하고 냉정한 성격을 가지고 있다.

★ 식신이 3개 이상이면 음란하기 짝이 없다.

★ 연주와 월주에 상관이 있으면 부부 사이에 파란이 많다.

★ 연주와 월주에 상관이 있으면 자식을 갖기 힘들다.

★ 대운이 상관, 세운이 정관으로 오면 부부사이에 구설수가 일어난다.

★ 일주에 상관과 양인이 함께 있으면 남편이 횡액으로 죽는다.

★ 재성이 3개 이상이면 오히려 가난하게 사는 경우가 많다.

★ 편재나 정재가 합이 되고 길성에 앉아 있다면 부귀를 누릴 운세다.

★ 편재가 3개 이상이면 돈은 많이 만져도 재산을 모으기는 어렵다.

★ 대운이 정재, 세운이 정관으로 오면 배필을 만나게 된다.

★ 정재와 인수가 지나치게 많으면 음란하며 천한 상이다.

★ 여자의 사주에서 편관은 새서방이나 정부로 보는데,그것이 3개 이상 있을 경우에는 여러 남자를 거치게 되며 단명할 상으로 본다.

★ 정관 · 편관이 여러 개 있고 삼합을 이루면 음란하고 수치를 모르는 철면피다.

★ 편인이 여러 개 있으면 남편과 사별하거나 힘든 생활을 하게 된다.

★ 편인이 두 개 이상이고 과숙살까지 있으면 독수공방의 운세라고 할 수 있다.

★ 임일 · 계일생은 사치와 낭비가 심하고 성격이 명랑하다.

★ 신축일 · 신묘일 · 신미일은 자존심이 강해서 사귀기 어렵다.

★ 정미일 · 무오일생의 남자는 성욕이 강해서 여자를 지나치게 쫓아다닌다.

★ 병일 경일생이 일과 시가 인신으로 상충되면 아내가 유산을 하게 된다.

★ 신축일 · 신묘시의 남자는 소실이나 재취를 얻어 자식을 두게 된다.

★을일 신시, 병일 묘시인 사람은 많은 자식을 두며 자식운이 좋다.

★ 임신일 · 임자일 · 임진일생은 무역업이나 여관업을 하면 큰돈을 만진다.

★ 무자일생의 여자는 무슨 일에든 겁이 없고 대범하며 나서기를 좋아한다.

★ 신해일 · 신묘일 , 신미일생의 여자는 냉정하며 매몰찬 구석이 많다.

★ 병자일 · 무자일 · 갑신일생의 여자는 첩이 될 팔자다.

★ 을사일 · 신사일 · 계사일 · 정해일 · 기해일생의 여자 사주에 편관이나 정관이 두 개 이상 나타나 있으면 정부와 눈이 맞아 도망간다.

★ 임인일 · 계묘일생의 여자는 한숨과 한탄이 섞인 인생을 보내게 된다.

★ 임자일 · 임신일 · 계유일 · 계해일생의 여자가 신유해 자축월에 출생하면 성욕이 기승을 부려 한 남자로 만족하며 살지 못한다.

★ 갑오일,갑인일,을미일,정미일,병오일,무신일,경신일,기유일,신유일,경자일,신해일, 정사일생의 여자는 남편이 밖으로 나돌고 자식과 부모의 인연도 없어 눈물로 지내는 날이 많다.

★ 진일 술시나 술일 진시생인 여자는 남편에게 사랑을 받기 어렵다.

★ 병자일·병오일 · 정축일 · 정미일·무인일 · 무신일 · 신묘일 ·신유일 임진일 임술일 · 계사일·계해일생의 여자는 유흥을 좋아하는 남편을 만나게 된다.

★ 임술일 · 계축일생인 여자의 사주에 편관이나 정관이 백호대살에 해당하면 남편이 비명횡사한다.

★ 일지가 편재나 정재인 여자는 남편을 우습게 여기며 짓누르고 산다.

★ 기해일 · 기묘일 · 기유일생의 여자 사주가 신약일 경우에는 신기가 있어서 무당이 되기 쉽다.

★ 인일 신시 · 신일 인시·묘일 유시 · 유일 묘시의 여자는 자식을 두기 어렵다.

★ 경신일 · 경자일 · 경진일 · 신해일 · 신사일생의 남자 사주에 편관이나 정관이 두 개 이상 있으면 의처증이 있다.

★ 갑술일 · 을축일 · 병진일 · 임진일 · 계미일생은 학식이 높은 배우자를 만나게 되며 인품이 수려하다.

4]전해내려오는 비법응용

여기에서는 지금까지는 취급했던 각 신살들을 활용하여 사주를 판단하는 데 있어서 자주 대할 수 있는 것들을 남자와 여자의 경우로 나누어 각각 50가지씩 응용해 보기로 한다. 자신의 사주에 해당되는 것이 있으면 차근차근 비교해 보기 바란다.

★ 일과 월이 충되거나 형이 있는 사람 또는 원진살이 있는 사람은 일찍부터 부모곁을 떠나 자수성가를 하게 된다.

★ 월주에 도화살이나 망신살이 있는 사람의 어머니는 소실이거나 후처일 가능성이 높다.

★ 일지의 비견이나 겁재가 다른 비견 겁재와 합이 되었든가 일간이 합을 이루어 비견이나 겁재로 바뀐 사람은 이복형제가 있다고 본다.

★ 재성이 3개 이상이고 인성이 없든지 인성이 3개, 이상이고 재성이 없는 남자는 어머니와 아내 사이에서 고부간의 갈등으로 고민이 많다.

★ 역마나 지살이 일지와 형을 이루면 교통사고를 조심해야 한다.

★ 일지,월지 또는 일지와 시지가 형을 이룬 사람은 어딘가에 감금되는 경험을 하게 된다.

★ 진년,유월 또는 유년,진월,무오일생은 손이나 발에 이상이 생긴다.

★ 임일이나 계일생의 사주에 화와 토가 4개 이상이면 성병을 앓기 쉽다.

★ 시주에 상관이 있거나 일과 시가 충이나 형된 사람은 본처와 해로하기 어렵다.

★ 관성은 힘이 없는데 식신 상관이 3개 이상 되거나 식신 상관은 미약한데 관성이 3개 이상 되는 여자는 결혼에 실패하기 쉽다.

★ 년에 정재이고, 일에 정관, 또는 년에 정관이고 월에 정재인 사람은 좋은 집안의 출신이다.

★ 편인과 인수의 합계가 3개 이상이면 어머니가 둘 이상이라고 본다.

★ 인수가 형이 되면 어머니를 일찍 여의거나 어머니의 신체에 이상이 있다.

★ 인수가 편재나 정재와 합을 이루거나 암합이 되면 어머니가 재가한다.

★ 인수가 공망이 되면 어머니를 일찍 여의게 된다.

★ 신약사주에 재성이 많으면 구두쇠가 되기 쉽다.

★ 시에 상관이나 편재가 있거나 일과 시가 충이나 공망된 사람은 평생 고독하게 지낸다.

★ 일과 시에 망신살이나 육해 · 겁재가 있으면 아내가 도망갈 운세다.

★ 일지에 편재가 있으면 결혼을 두 번 하게 된다.

★ 무일이나 기일생이 임년,계월에 출생하거나 계년,임월에 출생하면 본처와 해로하기힘들다.

★ 신강사주인데 시주에 편재가 있으면 아내를 학대하기 쉽다.

★ 일이나 시에 도화살이 있으면 아내가 아닌 다른 여자와 살림을 꾸리기 쉬운데 특히 시에 도화살이 있는 남자는 유흥업계의 여성과 놀아난다.

★ 정관과 도화살이 같은 주에 있는 남자는 아내 덕을 보게 되지만 편관과 도화살이 같은 주에 있는 남자는 간통으로 인해 망신을 당하게 된다.

★ 재살이 미약하고 관살이 강한 사주를 가진 남자는 자식을얻으면 아내를 잃기 쉽다.

★ 일과 시가 형이 되면 부부간에 이별수가 있다.

★ 임자일,병오일,무오일의 남자는 아내가 먼저 죽는 예가 많다.

★ 병오일에 정유시이거나 임인일에 계묘시인 남자는 두번 장가가게 된다.

★ 사주에 수옥살이나 형이 있는 사람은 감금이나 납치 또는 감옥에 들어갈 확률이 높다.

★ 경진일에 경진시 출생인 남자는 자녀가 익사하기 쉬우니 조심해야 한다.

★ 병일이나 경일생의 남자가 일과 시에 인과 신이 놓여 충·형을 이루게 되면 자식이 여자의 몸 안에서 죽는일이 있다.

★ 편인 · 인수가 많으면 외국어에 뛰어난 소질을 보인다.

★ 비겁이 지나치게 많으면 아내 덕이 없고 아버지를 일찍 여의며 정신병을 앓기 쉽다.

★ 겁재가 두 개 이상 있으면 재혼하기 쉽다.

★ 대운이 겁재로 오고 세운이 정재로 오면 부부 사이에 큰문제가 발생한다.

★ 식신이 3개 이상 되면 아들을 두기 어렵거나 아들과의 인연이 좋지 않아 늙어서 고생하게 된다.

★ 연주와 시주에 상관이 있으면 자식을 가지기 힘들다.

★ 상관과 겁재가 여러 개 있으면 아내와 자식 덕이 없다고 본다.

★편재가 십이운성의 사나 절에 앉아 있고 관살에 혼잡스러우면 어릴 때 어머니를 잃는다.

★ 편재가 건록에 앉아 있으면 그 사람이 태어나면서부터 아버지의 사업이 잘되었다고 본다.

★ 일과 시에 정관과 정재가 있고 그것들이 십이운성의길성 위에 앉아 있으며
다른 곳에는 전혀 없다면 부귀하게 될 운세다.

★ 대운이 정재, 세운이 정관으로 오면 혼담이 잘 이루어진다.

★ 월주에 정관이 있고 재성이 왕성하면 길상이고, 일주에 정관이 있고 연주나
시주에 편관이 있으면 흉상이다.

★ 정관이 합이 되면 제 힘을 발휘하지 못해서 나쁘다고본다.

★ 정관이나 편관이 십이운성의 사에 앉아 있으면 자식을 얻기가 힘들다.

★ 정관과 편관이 같은 주에 있으면 횡액을 당하거나 한으로 세월을 보낼 운세다.

★ 연간이나 월간에 정관이 있으면 부모의 유산을 물려받게된다.

★ 인수는 있는데 정관이 없으면 출세가 늦고, 정관은 있는데 인수가 없으면
축재하기 어렵다.

★ 신강사주에 인수가 뚜렷이 돌출되어 있으면 말술을 마다하지 않는다.

★ 사주에 비견·겁재가 3개 이상이기나 인성이 3개 이상이면, 시어머니와 갈등이
심함.

★ 시주에 상관이 있고 다른 곳에 관성이 없는 여자는 유흥업계로 진출하기 쉽다.

★ 신약사주인 여자는 어른을 잘 공경하지만 신강사주인 여자는 어른에게 대드는
일이 많다.

★ 사주에 재성이 3개 이상 있고 그것이 형 · 충 · 파. 해가 되면 성격이 괴팍한
시어머니를 모시게 되거나 두 시어머니를 모시게 된다.

★ 사주에 인성이 많으면 시어머니나 다른 시댁식구와 다툼이 많다.

★ 사주에 음양착살이 있으면 남편의 집안이 되는 일이 없다.

★ 재성과 관성이 합을 이루면 친정부모를 모시게 된다.

★ 비견 · 겁재가 많으면 고집이 세다.

★ 기일생이 신약사주이면 남의 말에 잘 넘어가 재산을 날리거나 망신을 당하기 쉽다.

★ 사주에 관성이 없는 여자는 결혼하기 어렵다. 나이 차이가 많은 남자나 연하의
남자와 사귀어야 결혼이 가능하다고 본다.

★ 편 · 정관이 3개 이상인 여자는 재가할 확률이 높다.

★ 무자일, 임일, 계일생의 여자는 경찰, 군인 등의 직업을 가진 남편을 만나게 되거나 깡패와 인연을 맺는다.

★ 신강사주에 관살이 없는 여자는 남자가 그리워 한숨으로 세월을 보낸다.

★ 식신과 상관이 3개 이상 있으면서 관살에 힘이 없으면 과부가 되기 쉽다.

★ 관살이 3개 이상인데 식신이나 상관이 한 개도 없으면 유흥업계로 나갈 운세다.

★ 사주에 수가 4개 이상이면 유흥업계에서 이름을 날릴 운세다.

★ 관성이 십이운성의 사 · 절 · 묘에 앉아 있으면 남편이 횡액을 당하거나 일찍 죽는다.

★ 사주에 진술축미가 모두 갖추어져 있으면 일부종사는 못할 운세다.

★ 사주에 자 · 오 · 묘 · 유가 모두 갖추어져 있으면 남편을 버리고 도망가기 쉽다.

★ 사주에 인 · 사 · 신 · 해가 모두 갖추어져 있으면 음란하기 짝이 없어서 남자만 보면 꼬리를 친다.

★ 사주에 합이 두 개 이상이고 형 · 충이 있으면 정이 많아 남자는 잘 사귀지만 거짓사랑에 눈물만 흘릴 팔자다.

★ 일간이 일지를 극하면 남편을 억누르고 살 팔자다.

★ 사주에 관성과 식신 · 상관이 여러 개 있으면 부부 사이에 다툼이 많다.

★ 겁재가 두 개 이상이면 남편으로 인한 구설수에 시달린다.

★ 인수가 여러 개 있으면 남편운이 없고 자식과의 인연도 좋지않아 눈물로 지새는 날이 많다.

★ 인수· 상관 · 양인이 모두 갖추어져 있으면 종교에 귀의하기 쉽고 고독한 운세다.

★ 인수와 정재가 뒤섞여 있으면 심신이 고달프다. 또한 음하고 빈천한 상으로 본다.

★ 정관이 형 · 충 · 파 · 해가 되면 남편과 이별을 하게 되든 남편의 몸에 고질병이 있다.

★ 정관이 백호대살이나 괴강살에 앉아 있으면 남편이 횡액을 당하기 쉽다.

★ 정관이 십이운성의 사 · 묘 · 절에 앉아 있으면 남편과 이별하게 되거나 내가 생활전선으로 뛰어들어야 한다.

★ 비견과 정재가 여러 개 있으면 어른이 많은 집안으로 시집가게 된다.

★ 일주가 을사인데 연간이나 월간에 경이 나타나 있는 여자는 남편을 버리고 도망가기 쉽다.

★정해일에 임이 있든지, 기해일에 갑이 있든지, 신사일에 병이 있든지, 계사일에 무가 있는 여자는 자식과 남편을 버리고 다른 남자를 따라 도망간다고 본다.

★ 무일이나 계일 출생자는 동거생활을 해보게 된다.

★편관이 많으면 시누이와의 분쟁으로 심신이 고달프다.

★ 정관보다 편관이 더 두드러지는 여자는 남편보다 다른 자에게 더 정을 쏟는다.

5] 단어 해설

여기에서는 사주추명학에서 자주 사용되는 단어들을 해설해서 독자 여러분의 이해를 돕기로 한다.

예)

연주	월주	일주	시주
연간 → 을	월간 → 경	일간 → 계	시간 → 계
연지 → 축	월지 → 진	일지 → 미	시지 → 해

#비겁 : 비견 과 겁재

#식상 : 식신 과 상관

#관성 : 편관 과 정관

#재성 : 편재 와 정재

#인성 : 편인 와 인수

도식 : 편인 을 가리킴(식신을 극한다는 뜻에서).

#같은 주에 있다 : 동주한다고도 함.연월일시 중 어느 한 주(기둥)에 함께 있다는 뜻
예를 들어 위의 사주에서 축은 편관에 해당하며 십이운성의 관대에 해당한다.
이럴 경우 편관과 관대가 같은 주에 있다든가 편관과 관대가 동주한다고
말하는 것이다.

6]12운성 일주 보는법

장생일주 - 얌전해 보이나 바람기 있음.
배우자 덕있음.화목함 장수함 통이 크지 못함
귀한자식,덕있음.효도받음.
회사생활 힘든 일 잘못함 여자 - 공주병있음 착함

목욕일주 - 부부 어느 한쪽 바람둥이.
멋쟁이 색란 타향 살이 아주 경우가 밝거나 아주 얼렁뚱땅 수단 좋게함

관대일주 - 자존심강 보수적 융통성 없음.경우밝아 잘따짐.
고집 불통 가정불화 잦음.공직 진출 하면 성공함

건록일주 - 합리적 자존심강함 일처리 능력 탁월.

중년이후 발전 부부 서로 주장 강함 자주다툼.인덕있음 도움많음

제왕일주 - 자존심 강함 남 무시.수단

좋으나 일확 천금,요행부부 대인관계 좋지않음.맞벌이 해야 부부 원만

쇠일주 - 봉건적 보수적 마음 유약 결단력 없어 기회 놓침

부모덕없음.자수성가 모든일 너무 신중히 처리함

걱정 안해도 될일 너무걱정 노이로제 노쇠 병약

병일주 - 잔병 치레 잦음. 초년 죽을 고비 넘김 부부운 좋음

두루 잘하나 전문이 없음.유산 받으면 부부원수 사이

사일주 - 깐깐하고 까다롭다.가정적막 부부 덕없음.

기술직길 내보다 못한 사람의 배우자[여-활동해야함 자식귀함

묘일주 - 봉건적 부지런하나 인색한 구두쇠

장남,장녀,골동품 나름 인생관이 투철해서 남의 말 안들음.배우자 사별

절일주 - 남의 말 잘 끌림. 성격 단순하고 마음 여려서 이성문제로 부부 싸움 잦음

주관이 뚜렸치 않음.간혹 아주 뚜렸함

태일주 - 발전이 늦다.장남,장녀 부지런하고 성실함 아들귀함

세상물정 어두우면서 똑똑한체함 구속 싫어함 대기만성

양일주 –장남,장녀 추진력 풍부.좋은 배필이나 만족못함

색란 양자 양녀 가는 성 맞벌이 하면 부동산 많은 부자로 삼

7]일주로 성격 보는법

비견일주 - 부부 대등한 위치 서로 주장 강함 부부 불화 잦음

남-배우자 같이 활동해야 함.늦게 결혼해야 길 함

겁재일주 - 남 무시 교만함.배우자 인연 좋지 않아 별거 이별수 자주 바뀜.인덕없음

재산 잘 안모이고 흩어짐

식신일주 - 알뜰히 일하지 않는 낙천적 성격 예의 밝음.미식가

상대 기분 상하지않게 말잘함.처세술능함.유흥즐김

남자 - 순하고 여성스럽다 부엌 잘 들어감 / 여 - 남성스럽다

상관일주 - 바른말 잘함.예술적 소질 있음

남자 - 여자복 미인이고 활동하는 여자 배필

여자 - 남자 복 없어 나보다 못한 배필.평생 활동해야 함

나를 믿고 따르면 간도 다 빼 줌

편제일주 - 남자 활동하는 여자선호 돈,여자 욕심 많음.주색 즐김

두번 결혼 처가와 사이 안 좋아짐

신약 - 돈 안모임

여자 남자복 없어 평생돈 벌어야 함.씀씀이 큼.돈놀이

정재일주- 아내 덕 있으나 공처가 부지런하고 성실함

돈 알뜰히 씀.자수성가 늦게 부귀

여- 살림 알뜰함 인색 고부간갈등 융통성 없음

안 쓰고 열심히 벌어서 들어오는 돈

편관일주 – 머리회전 빠름 남의 속 꿰뚫어봄.경우 밝아 잘 따짐

공직 아니면 직업자주 바뀜.형제,친척사이 나쁨

속전 속결 보스기질.변태성 성적 성향 있음

정관일주 – 부부 덕 있음 현모양처 어진부부 맞벌이 금술좋음.인덕있음

자수성가 공무원–신망얻음.상류생활

편인일주 – 배우자 선택 눈 높음.머리 좋으나 잔머리 눈치빠 름 변덕심함 싫증잘냄

돈이 마디마디 끈어짐.이별 쉽게함

인수일주 – 머리 좋음 많이 배운 배우자 재물보다 명예 중시함

너무 예의가 바름 원칙주의자 재미없음 늦게 자식봄

8]생 년 보는 법 (띠)

- 쥐띠

마음이 착하고 모질지하고 총명하고 유순하리라

말의 앞뒤가 분명하고 경우가 밝으나 고집은 조금 있으나 남에게 지나친 고집은

행사하지 않으리라.

공부를 열심히 하였으면 관직에 일찍 높이 되여 많은사람을 이끌고 존경 받으며

귀한 대우받을 팔자이나 공부를 게을리하여 관직,공직생활을 못하여 여러가지로

고통이 따르며 고생을 면하기 어려울 것입니다

초년기에는 부모의 문제로 근심하지 않으면 본인의 신병으로 고생하게

될 일이 생길 것입니다

배우자는 소,용,원숭이띠 만나면 무난하고 다복할 것이다
삼재,팔난은 범띠 해에 들어와 토끼해에 묵어서 용띠해에 나간다

- 소 띠

어릴적에 즉 초년기에는 여러 가지 고통과 괴로움이 많이 따르며 몸의 질병의
액운도 있어 여러차례 질병으로 모든 일에 애로가 많고 그 영향이 가정사에까지
영향이 있으리라.일찍부터 부모,형제와 고향을 떠나 생활 하는 것이 서로를 위해
좋은 일이며 부모와 인연이 희박하여 부모유산이 없을 수 도 있고 받아도
모두 뜬구름 같이 흩어져 버리고 타향에서 초년은 고생이 심하다
이같은 액이 없으면 부모와 일찍 사별하리라
마음이 조급해 항상 시비와 관재가 따르므로 각별히 주의할 것
배우궁은 뱀,닭,쥐띠가 서로 잘 통하고 내조도 잘해 큰 무리없이 살고
중년후에는 부자로 살것이다
삼재 팔난은 돼지해에 들어와 쥐띠해를 눌러 앉았다가 소띠해에 나간다

-범 띠

일찍부터 바쁘게 인생을 살아 갈 것입니다.
학업을 끝까지 하였으면(대학)관록을 먹어 크게 출세하여 만인이의 윗사람이 되어
이끌고 통솔하게 되어 많은사람의 존경을 받아 이름이 전국이 널리 퍼진 것이나
한때 비명의 액이 있으니 모든일 너무 서둘지 말고 신중히 처신해야 화를 면한다
만일 그러지 않으면 개인 사업을 해 사장이 되어 재산과 명성얻고 여러사람을
거느리게 되나 파란,곡절이 많을 것이다
고향과 부모,형제와의 인연이 희박하여 고향에 오래살면 성공이 늦어지게 되니
일찍 고생이 되더라도 타향에 나가야 입신양면을 빨리 이루게 된다
양부모 모시는 팔자라 수양부모 정해도 좋고 주인없는 재사,봉사하는 모든 일이

막힘없이 잘 풀리고 빨리 성공 한다
배필은 말,개,돼지띠가 종고 평단하나 서로의 고집으로 인해 금술궁이 원만하지 못할때가 자주 있다
삼재팔난은 원숭이해에 들어와서 닭띠해에 묵어서 개띠 해에 나간다

-토끼띠

초년은 모든일이 성취되기 어려우며 부지런히 열심히 하긴 하지만 시작은 있으나 끝이 없으니 결실을 거두기 어려우며 한곳에 정착하지 못하고 여러곳을 전전하며 변동이 잦고 도화살이 끼어서 주색잡기로 색정에 소일타가 비록 유산을 받아도 다 없애고 심신의 고통이 심하니 이성을 멀리하는 것이 모든면에서 길하리라
또한 귀가 얕아 남의 말 잘듣고 잘믿고 따르다가 실패 손재수가 많으니 남의말 믿지말고 독단으로 처리함이 이롭다
배우자궁은 돼지,양,개띠가 무난하고 적합하나 처음 만난 인연은 헤어지기 쉬워며
삼재팔난은 뱀띠해에 들어와 말띠해에 묵어서 양띠해에 나간다

-용띠
지모가 뛰어나고 융통성과 수단이 능수능란 해서 일찍부터 여러 사람 사귀고 변화가 많은 인생을 살게 되지만 재주가 많아 재산은 그런대로 이루고 없에고를 자주 하지만 중년 이후는 큰 성공을해 명성이 자자하다
두뇌가 명석하고 재주 많다고 너무 오기부리며 성급하게 투기에 손되면 손해보기 쉬우니 지나친 욕심은 내지 말고 계획을 세워 착실히 쌓아가면 실패없이 일찍 재산모아 부자의 소리를 듣는다
항상 술과 여자가 떠나지않므로 색정으로 인해 관재구설이 잦아지므로 항상 여자를 멀리 해야 한다
배우자궁은 쥐,원숭이,닭띠가 무난하나 금술궁이 불화하여 처첩을 알게 될 것 이므로

많은 자제가 필요하다
삼재팔난은 범띠해에 들어와 토끼해에 묵어서 용띠해에 나간다.

- 뱀띠

용모가 깨끗하고 단정하여 청순한 이미지가 주위 사람의 호감과 귀여움을 받고
자랄 것이다
천성이 재주 있고 영특하여 일찍부터 학문에 전념하면 일찍 출세하여 부귀 영화를
누리나 공부를 게을리하면 평생동안 노력으로 심신이 고달프고 애로사항을 수없이
겪게되므로 후회가 막심하나 이미 때가 늦게되니 명심하여야 한다
고향과 부모,형제와는 일찍 떨어져 살아가라는 운이니 일찍 타향에 나가 분주하게
활동해야 성공이 빨리 찾아온다
배우궁은 닭,소, 원숭이띠가 대길하나 부부의 정의는 좋다하나 일찍 결혼하면
부부궁의 살이 있어 이별수가 있음을 걱정해 늦게 결혼 해야 해로 할 것이며
심성은 모질지 못하고 착하고 정에 약해 항상 정에 손해보고 좋은 일만 시키면서도
좋은소리 듣지 못하니 특히 이성관계에는 정이 약하면 지조없는 사람으로 비춰
실패하기 쉽다
삼재팔난은 돼지해에 들어와 쥐띠해를 묵어서 소띠해에 나간다

-말띠

일찍 재물과 복록이 사방 팔방에 있고 부귀명성을 타고나서 재물이 따라 일찍 부를
이룰 것이다
신의 있고 총명하고 재주도 많아 부귀를 일찍 이루나 각박한 세상에
세상의 많은사람을 위해 좋은일로 적선과 자비를 베풀어야 부귀가 속히 이루어지고
오래지속되며 사람마다 칭송하여 귀인이 우연히 도와 더욱 부귀명성이 자자 하리라
재물을 너무 탐하거나 욕심내면 오히려 손재가 따른다.
부모,형제와 멀리 떨어져 있어도 서로 우애는 돈독 하나 경제적인 도움은 되지않고

오히려 도와주어야 한다
일찍 공직에 나가는 것이 좋으나 여의치 않아 개인사업해도 무방하나 목적달성이 늦어진다
배우궁은 범,양,개띠가 좋은 인연이나 일찍 은 인연은 금술이 불리하니 조금 늦게 결혼하면 좋은 배필을 만난다
삼재팔난은 원숭이해에 들어와 닭띠해에 눌러앉아 개띠해에 나간다

-양띠

관록을 먹든 자기사업을 하든 역마성이 들어 일찍 고향을 떠나 객지나 외지에서 동분서주하나 초년은 일만 많고 먹을 것이 적다
이사와 변동이 잦으며 계속 한곳에 뿌리박아 눌러 앉아 생활하 것이 체질상 맞지않아 동서남북,전국,세계 각지를 돌아 다녀야 재물이 얻어지니 심중의 근고가 심하고 뜬 구름같은 인생살이로 초년은 이룬 것이 없으니 허망할뿐이 다
뜬구름 같이 다니드래도 고향에 꼭 거처를 확보해두고 재산은 고향에 투자해 두고 다시 객지로 돌아다녀야 굴곡과 성패가 잦은 파란많은 인생을 노후에 편히 쉴수 있다
배우자궁은 말,돼지,토끼띠가 좋으나 한번 상처주면 하기 어려우니 이별하게 되든지 늦게 결혼하면 무방하리라
삼재팔난은 뱀띠해에 들어와 말띠에 눌러 있다 양띠해에 나간다

-원숭이 띠

원래 고독하게 태어난 운명이라 일찍 부모,형제와 고향을 떠나고 고생을 많이하고 고독하게 살아야 몸의 질병이 없어지리라
겉보기는 평범해 보이나 남 모르는 숨은 근심과 고통이 많아 심중의 곤고가 심하며 심성이 착하고, 어질고 양순하긴 하나 자존심과 고집만 강하고 의지력은 없어 직업이나 직장을 자주 바꾸고 옮겨 다니는 결점으로 성취가 늦어진다
기술과 재주가 다방면으로 많으나 재주가 많으면 못산다는 옛말이 있듯이 한가지만

개발 하든지 예술방면으로 나가면 몸은 고되나 재물은 따른다
신앙심을 갖고 부처님을 지극정성으로 공경해야 모든 액난이 없어지고 부귀명평과
안정이 속히 이루어진다
배우자궁은 쥐,용,뱀띠가 좋으나 가정이 항상 고독,적막함이 흠이나
부부금술은 무해무덕하다.
삼재팔난은 범띠해에 들어와 토끼해 묵어서 용띠해에 나간다

-닭띠

성품이 곧고 고집이 많으며 어려서 질병으로 고생하지 않으면 몸이나 수족에
흉터가 생길 것이다
항상 초년은 적게 벌어 많이 쓰니 재물이 모이질 않는다
일찍부터 관록을 먹어야 빨리 부귀공명을 이루게 되고 공직생활 하지않고
개인사업 하게 되면 영특하고 재주많아 잘 할 것 같으나 좋은기회와 여건을 자주
만나도 너무 망서리다가 번번히 기회를 놓치게 되고 인내심이 없어 자주 직업이나
직장을 바꾸게 되므로 몸만 고달프고 소득은 적을 수밖에 없다
평생 남모르는 고민이 많다 부모와 같이 동거하면 서로가 해가 되니 일찍 고향을
떠나 살아야 성공과 출세가 빨라지고 목적달성이 쉬워진다
특히 종교를 깊이갖고 신봉하여야 모든 액이 소멸되어 성취가 빠르다
배우자궁은 뱀,소,용띠가 좋고 가끔 짜증 내고 싸우는 일이 잦아며 살아가면서
몇차례 어렵고 힘든 고비를 지나든지 신병으로 고통이 있어야 부부궁이 화락하고
해로하며 수명연장 된다
삼재팔난은 돼지해에 들어와 쥐띠해에 묵어서 소띠해에 나간다

- 개띠

지모가 뛰어나고 영리하고 활달하며 눈이 정교하여 예술분야에 재능을 발회하게되고
손재주가 있어 식이 풍부하고 명예가 상승해 재물도 쌓이게 되나 변화와 굴곡이 많은

인생을 살게 되리라
학업을 끝까지 하면(대학) 사회의 지도층이 되어 명예가 높게 되나 중단수 가있어
학업을 중도에 포기하는 난관이 생기나 끝까지 신경써서 학업에 매진하여야 나중에
후회없는 인생이 될 것이다
본인은 남을 위해 성심전력을 다해 보살펴주나 인덕이 없어 믿는도끼에 발등찍히는
격으로 인간관계에 항상 예상밖의 손실과 재산의 낭패로 실속 있는 때가 없으니
항상 남을 믿지말고 속마음을 다 내다 보이지 않아야 손해보는 일이 적어지리라
부모의 덕과 유산의 인연이 희박하여 타향에서 자수성가가 해야 한다
배우자궁은 범,말,토끼띠가 좋으나 백년금술이 고르지 못함을 한탄마라
금술이 화락하면 이른 자식은 기르기 어렵고 실패수가 따른다
삼재팔난은 원숭이해에 들어와 닭띠해에 눌러앉아 개띠해에 나간다

- 돼지 띠

심성이 유순하고 거짓이 없으나 자존심이 강하고 고집이 세어 안으로 심중에
남모르는 고통이 많으며 집안의 근심걱정이 많아 자신에게도 영향이 미처 장애와
고난이 따르며 만일 독신이 아니면 풍상이 허다하리라

부모형제와 일찍 떨어져 적막함과 고독함을 수차례 겪고 풍상이 중중해야
30이후에는 재물이 풍족해지고 모든 하는 일이 막힘없이 일사천리로 발전한다.
대인관계에서 고집과 아집으로 융화 되기 어려우나 너무 흑백을 가리지말고
동글뭉실하게 살아가도록 하여야 한다

남의 부모 섬기는 운이 있어 수양부모로 정하든지 조상이나 부처님 공경해야
액난이 없어지고 수명도 연장 된다
배우자궁은 토끼,양,법띠가좋고 금술은 무난하나 자식(아들)이 귀하니 일찍
후사를 보도록 해야 한다.
삼재팔난은 뱀띠에 들어와 말띠해에 눌러서 양띠해에 나간다

초중년운

생년띠에서 월을 대조해본다[예]자(쥐) 3월이면 천권이 된다

월	겁귀	재액	천권	지파	년간	월문	망복	장역	반고	역인	육예	화수
자	1	2	3	4	5	6	7	8	9	10	11	12
축	12	1	2	3	4	5	6	7	8	9	10	11
인	11	12	1	2	3	4	5	6	7	8	9	10
묘	10	11	12	1	2	3	4	5	6	7	8	9
진	9	10	11	12	1	2	3	4	5	6	7	8
사	8	9	10	11	12	1	2	3	4	5	6	7
오	7	8	9	10	11	12	1	2	3	4	5	6
미	6	7	8	9	10	11	12	1	2	3	4	5
신	5	6	7	8	9	10	11	12	1	2	3	4
유	4	5	6	7	8	9	10	11	12	1	2	3
술	3	4	5	6	7	8	9	10	11	12	1	2
해	2	3	4	5	6	7	8	9	10	11	12	1

겁귀 - 중년영화,구변출중,도처생재 장사하면 큰 부자

42-5세 큰 이득 꽃자리 조심 손재수

재액 - 흉다,길소,고집 친한사람 멀어짐

세업 구름같고 자수성가 ,신액(아) 부부궁 화목치 못함,상술,의술,액면함

천권 - 이식풍족,군자,입신양면 이름 원근에 떨침,천금가산

영화무궁하나 공들이지 않으면 한때 비명 횡사액

지파 - 일신번사,신병(아)몸에 큰 흠집,관액 많음,경솔삼가

중년가산치패 산넘고 물건너 풍상이 중중함

년간 - 중년액 지모과인 남의 말 잘안믿음.학문(아)곤고함.

패살 없으나 천금 스스로 흩어짐(아) 부모근심걱정

월문 - 문필출중 세업 없으나 자수성가 관위 일품에 오름

관록(아) 의술 생애길

망복 - 중년 재물이 샘솟음,복록이 넘치어 빈궁한사람 구제

배우궁한탄마라(아)병이 많음,도처에 권세

장역 - 만사헛되이 집거불안 출타쾌락 시작은 있으나 끝이없슴

뜬구름같이 다님,즐거움 극-비운 한번성-패 몇 년곤고-길운

반고 - 일신곤고 오동추에 외로이 섰구나 몸이 부평과 같으니 사해로 집을삼음

주인없는 제사봉사길 망동불리함

역인 - 몸질병없으면 낙상수 불도목공종사 액면함 평생지사

용두사미격 옛것을 지킴이 길함

육예 - 지혜출중 손재주과인 이름얻음 세업없으나 자수성가

공명얻지 못하면 동서유리 예술생애하면 액면함

화수 - 동분서주 일신고단 운명인 것을 길흉상반

20후 곤고 30후운열림 친한사람이 항상적 해가됨

성격 및 회전운

예]쥐띠[자] 5월생->년용이 된다

월	겁서	재우	천호	지토	년용	월사	망마	장양	반후	역계	육구	화저
자	1	2	3	4	5	6	7	8	9	10	11	12
축	2	3	4	5	6	7	8	9	10	11	12	1
인	3	4	5	6	7	8	9	10	11	12	1	2
묘	4	5	6	7	8	9	10	11	12	1	2	3
진	5	6	7	8	9	10	11	12	1	2	3	4
사	6	7	8	9	10	11	12	1	2	3	4	5
오	7	8	9	10	11	12	1	2	3	4	5	6
미	8	9	10	11	12	1	2	3	4	5	6	7
신	9	10	11	12	1	2	3	4	5	6	7	8
유	10	11	12	1	2	3	4	5	6	7	8	9
술	11	12	1	2	3	4	5	6	7	8	9	10
해	12	1	2	3	4	5	6	7	8	9	10	11

겁서 - 영리하나 가볍고 조급함 비상 교묘히사람 달램

큰욕심 없음,평생지사,용두사미격,의식풍족,인정 손해봄

동서분주 도처에 벗,자력생애 안빈낙도

14-15세 길

17-18세 - 뜻얻음

25-26세 - 시기모함

28-29세 - 관액주의

31-32세 - 소원성취

37-38세 - 재수대통

47-48세 - 북방이사 큰 이득

재우 - 용모단정 심성한일 남의 말 안함.어릴적 생명위험

성품우둔 한척하나 후 중 근검절약 자수성가 선무공덕 정의파,옛터불리타향길

17~18세 - 화개에 이름

25~26세 - 결혼

28~29세 - 관액주의

41-42세 -영화

47-48세 - 북방사람조심,시기모함

51-52세 - 기쁜일

천호-천성강강, 엄숙 무리 거느림,부모 골육정이 없음.자수성가

초년 용두사미 여러 번 이사 학문 관록 얻음.화재구설 잦음

일생 반듯이 여난따름.남북 일많고 먹을것이 적다. 어렵게 재물 모아 타인구제

10세이전 부모근심

17~20 - 길

23~24 - 배우궁경사

27~28세 - 영화(아)액겹침

32-33세 - 집안길

37~38세 - 사방이름

40 - 고목햇빛

48 - 슬하영화

52 - 큰이득

59 - 실패수

지토 - 총명하나 경박 세업 없으니 항상 분주 초년 액 구설 분분함

머리회전빠름,기회포착능함,일신번잡,스님이 될 운명,주인 없는 재사,봉사 길

17~18세 - 기쁜일

22~23세 - 재물영화(아)부모근심

27~28세 - 대통

33~34세 - 영화(아)관액

42~43세 - 재수대통

50세 이후 자손근심

60세 - 횡액수 조심,불공 액면함

년용-자태수려 용모단정 까치가 비둘기집 거하니 인덕 있어 남의 덕으로 살아감
문학종사 삼품관록 변화무궁 총명영특 과거장원 세업없음
자수성가 주사청루 풍류즐김,학문(아)어물유리

13~14세 - 일신경사
21~22세 - 봄
23~24세 - 귀인도움
32~33세 - 흉
36~37세 - 길운(아)복제수
43~44세 - 소->대로 바꿈 대길

월사-용모단정,겸손,화목,사교술 능,매사능함,일찍 이성 눈뜸
음하고 간사함,학문(하)관록 남 의 일 간섭 많음,구설 잦음
재물이 노상에 있음,상업길,티끌모아태산 자수성가 물가살면 천금

11~12세 - 부모근심 / 15~16세 - 길
23~24세 - 영화 / 26 재수
36~37세 - 봄이옴
42~43세 - 영화(아)도둑 손재수
47~48세 - 의식 가득
58~59세 - 일신영귀 말년 - 걱정없이 태평함

망마-인후,정직,심지 높고 원대, 예가 아닌일 행하지 않음

지모 뛰어남,착한성품 수시변통 능함, 횡재운 따름,남 원망하지않음,성질 급,

봄 눈같이 녹음,댓가 바라지 않음,인정에 조금 실패 동서분주 금말타고 장안편답

17~18세 - 꽃피우는운

26~27세 - 분주다망함

23~24세 - 천재지변주의 이용당함

28~29세 - 영화(아)횡재운

36~37세 - 동서실패 손재수

39~40세 - 뜻과 같이

43~44세 - 큰이득얻음

장양-엄하고 사나우며 남에게 굴하지 않음,고집 많음,구설 따름,

적은 이익에 구애치 않음,덕 과 선행 쌓으면 = 부귀겸전함

겉은 평범해 보이나 바위 닫는 말 분주하고 한가한 때 없음

재간 있어 재물 모으나 뜬구름 같이 흩어짐 출가하면 액면함

17~18세 - 고기가용문에

23~24세 - 물불조심

26~27세 - 꽃피우는(아)흉

32~33세 - 재수 길운

36~37세 - 여의치 않음

37~38세 - 천금,구변 능함

심성유순하고 아량 넓으나 집념이 약함 마음의병 자주이사

봉후 - 봉 그리다 꿩이 되었음,용두사미 용모 특이함,변통술교묘함

손재주,자립정신투철,뜻 넓고 호협-상하잘지냄

초년 한번 실패 어렵게 재물 모아 타인 이익 줌 공문출입매사여의

10세이전 집안우환

13~14세 - 상액

16~17세 - 기쁜일

19~20세 - 벼슬운

32~33세 - 큰성공

37~38세 - 영화

39~40세 - 대통함

43~44세 - 천금희롱함

역계-총명,재주 많으나 경박함,봄 꿩이 스스로 우니 구설 말많음

남과 사귐에 뜻 높으나 욕심은 적음,학문(아)유리,방랑타관생애

초년매사 안 이루어짐

10세이전 질병

11~12세 - 집안 치패

19~28세 - 횡액수

31~32세 - 철이듬

33~36세 - 냇물마심

43~44세 - 영화(아)액 아는 것이 많으니 문장가

육구-성품곧고 아부 모르고 바른말 잘함,겉은 우둔한 듯 마음 급함

남과 협의치는 않음,마음 평평,몸에 큰흠집,

옛터 오래살면 -세업탕진 이사하면 길함 벼슬(아)풍류의사람 인내심 강함

초년 스스로 저지른 화근

10세이전 집안치패

5~8세 - 몸다침

11~12세 - 풍랑

22~23세 - 길

33~34세 - 몸과 재물왕성

39~40세 - 매사길운

43~44세 - 소에서 대로 바꿀 수

52~53세 - 천금이 자연히 들어와서 눈감고 있어도 봄 날이 옴

55~56세 - 가정경사

화저 - 성품 곧고 청백,의가 아닌 것 탐하지 않음,언변 출중,용모 빼어남

자존심강,수시 변통능함 천성 불같이 급함,친구와 사귐에 예를 지킴

육친무덕,형제간 정없어 고독함,인정많아 중인구제

원숭이 나무에 깃드니 의심 많아서 남 과 동업 잘 못함

공문에서 재물받음

16~17세 - 도화만발

21~23세 - 이성교재 이성 일찍 눈뜸

23~24세 - 결혼운

26~27세 - 생산

33~34세 - 재물왕성

35~36세 -화액

37~33 - 고목에 햇볕이듬

40세 이후 - 매사길 두 어머니 (아)양자수,후분태평 고독하나 고고함이 있다

중말년운

-띠에서 생일을 대조해서 본다

예]쥐띠[자]에 7일생이면 망복이된다

	자	축	인	묘	진	사	오	미	신	유	술	해
겁귀	1 13 25	12 24	11 23	10 22	9 21	8 20	7 19	6 18 30	5 17 29	4 16 28	3 15 27	2 14 26
재액	2 14 26	1 13 25	12 24	11 23	10 22	9 21	8 20	7 19	6 18 30	5 17 29	4 16 28	3 15 27
천권	3 15 27	2 14 26	1 13 25	12 24	11 23	10 22	9 21	8 20	7 19	6 18 30	5 17 29	4 16 28
지파	4 16 28	3 15 27	2 14 26	1 13 25	12 24	11 23	10 22	9 21	8 20	7 19	6 18 30	5 17 29
년간	5 17 29	4 16 28	3 15 27	2 14 26	1 13 25	12 24	11 23	10 22	9 21	8 20	7 19	6 18 30
월문	6 18 30	5 17 29	4 16 28	3 15 27	2 14 26	1 13 25	12 24	11 23	10 22	9 21	8 20	7 19
망복	7 19	6 18 30	5 17 29	4 16 28	3 15 27	2 14 26	1 13 25	12 24	11 23	10 22	9 21	8 20
장역	8 20	7 19	6 18 30	5 17 29	4 16 28	3 15 27	2 14 26	1 13 25	12 24	11 23	10 22	9 21
반고	9 21	8 20	7 19	6 18 30	5 17 29	4 16 28	3 15 27	2 14 26	1 13 25	12 24	11 23	10 22
역인	10 22	9 21	8 20	7 19	6 18 30	5 17 29	4 16 28	3 15 27	2 14 26	1 13 25	12 24	11 23
육예	11 23	10 22	9 21	8 20	7 19	6 18 30	5 17 29	4 16 28	3 15 27	2 14 26	1 13 25	12 24
화수	12 24	11 23	10 22	9 21	8 20	7 19	6 18 30	5 17 29	4 16 28	3 15 27	2 14 26	1 13 25

겁귀 - 말년영화,변화무궁,쥐가 가을곡간에 드는 격,의식풍족

소년시절 곤고함,주색 멀리해야 –손재수,몸상함

재액 - 동서분주 모든일에 장애 많음,고기가 얕은 물에 노니 조화를 못부림

평생 부지런 실속 없음,남 믿으면 발등찍힘

천권 - 위인준수,제주만인구제,사방권세 (아)상업흥재

승산없는 일 엔 참여하지 않음,속전속결주의

지파 - 총명부족,모래로 냇물 막음,힘만소비

40-50 주린 범,고기 만남

늙어서 부호 슬하영화 가진 것 버리고 새것을 찾는 운

하면 된다는 신념을 가질 것 남의 꼬임 항상주의-치패

년간 - 지혜출중하고 유머 능하나 한번성-한번패 하리라

집 있으면 유리-출타손재,관출입-관액,상업 사회 사업길

월문 - 호걸지인,출입하면 재물 모으니 의식풍족 학식풍부 화재주의

벼슬 못 하였으면 아내근심(아) 자식의 액

망복 - 부호의명,고루거각,금의옥식,입신양명일신영귀,명예는 있으나 한때 병액

말년자손영화

장역 - 남북분주,이역풍상 한때 곤고 마음의 액, 세상사 뜬구름 상처수

천하 두루 다니며 장사로 재물모음,성격호탕,사람 잘다룸

반고 - 말년 고독,고단,항상 그림자만 의지 도와주는 이없음

혈육 인연적음,수단좋고 부지런하나 성패빈번,은인이 원수가됨

고독하면 무병을 기약,수고하나 공이없슴

역인 - 한때 곤액,위인 준수하나 좋은때 못 만났음,강산편답

천지로 집삼음,출가하여 공덕 쌓으면 큰 명성으로 재물많음

육예 - 약한말이 짐이 무겁다

까치 - 비둘기 집거하니 자주 이사 다님

공문출입,예술성 있음,재주로 성공,육친무덕 변화=무궁

화수 - 백수에 한가함 의식풍족 만사 여의함,근심걱정 없음,수명80에이름

금슬 고르지 못함,처첩둠

말년운[띠에서 시를 대조해본다]

예]뱀띠 축시일경우 저화가 된다

시	서겁	우재	호천	토지	용년	사월	마망	양장	후반	계역	구육	저화
자	사	오	미	신	유	술	해	자	축	인	묘	진
축	인	묘	진	사	오	미	신	유	술	해	자	축
인	해	자	축	인	묘	진	사	오	미	신	유	술
묘	신	유	술	해	자	축	인	묘	진	사	오	미
진	사	오	미	신	유	술	해	자	축	인	묘	진
사	인	묘	진	사	오	미	신	유	술	해	자	축
오	해	자	축	인	묘	진	사	오	미	신	유	술
미	신	유	술	해	자	축	인	묘	진	사	오	미
신	사	오	미	신	유	술	해	자	축	인	묘	진
유	인	묘	진	사	오	미	신	유	술	해	자	축
술	해	자	축	인	묘	진	사	오	미	신	유	술
해	신	유	술	해	자	축	인	묘	진	사	오	미

서겁 - 조실부모,형제분리(아)타향의탁,성품불급,조업 지키기 어려움

여러 번 이사,백사불성,육해살 만나면 손실많음

초년 용두사미,자궁2영화 재성 충파살 있어 빈곤함

겁살 또 있으면 길에서 잠잘팔자 겁살이 관성을 띠어 상생하면

정보계통 암행어사 수명은75세 체병으로 누운지 5일만에 황천행열차

우재 - 부모 정 없으니 세업 지키기 어려움,가산치패(아)신병

몸에 고초 일마다 재앙,중년치패(아) 도적에 놀람,불전재자환생

형제2-3 자궁3자동영 1자등과 순용 부럽지 않음

태 만나면 공명 얻으나 재산은 불길 상충살 있으면 65 (없)80에 황천길

호천 - 자손병 다 낙상수,초년 좋은일에 마가 많음

집안살 심간의 병/친한 사람이 손해끼침

어렵게 재물모아 남좋게하리 + 중년이후 회춘 고독하게 독학하면 크게 성공

부명은 어려움형제3 여동기 있음,독신 자궁2결실 난궁불리,칠성기도득자

토지 - 매사이루어질 듯하면서 되지 않음,두 어머니(아)삼처 둘팔자

중년관액,농업,공장길 남으로 인해 성사,재백 근심없음,은인도움

형제3-4자궁4 산재하면 귀히됨 수명 77세3일만에

원진살 있으면 50살기 어려움 년살 있으면 눈병으로 고생

용년 - 도화살이 명에침노,좌우처첩(아)상처수,관재구설 다단 불연이면 스님이 될사주

30-40-횡액주의 재운은 길하나 모든살이 방해함

먹을 것 적고 일만 번잡,부모와 일찍 이별,술주독 귀인은 높이됨

수국제자환생 2형제 함께함

자궁3자 이른아들기르기 어려움 수명은 70세

사월 - 일찍 고독(아)자궁근심,골육정없음,관재구설,간간이 재난 허망한일

경영치말것,성패빈번 재-많으면 승려

절-풍병옴,개고기 먹지말 것

형제3중2만남음 이복4 수명67지나면 75세망

마망 - 괴이한일 많음 시비하면 관액 조상유업 광풍표락 여러 번이사 허송세월

부모처자이별 타향작객 형제간 의가 맞지 않음

2형제 만남음 천구살침노 자궁귀함 미리막으면 3자2열매 양인살 있으면

귀양살이 수명 75세

양장 - 권세 잡는사람,무예출중 병권잡음 명예는 있으나 흉중근심

대인은 녹,소인은 길 권세 아니면 천하게됨,천을귀인 있으면 소년등과 3-5형제

여형제있음, 2 자궁의 액,늦게 1 자두어 귀히됨,수명은 60지나면 80

세 누운지 5일만에

후반 - 문필출중,소년등과 천을귀인 있으면 처자손경사,성정순후,귀인지상

벼슬(아)평생탄식 40-50횡액주의

불전재자환생,어렵게 재물모아 남좋게 하리

형제3-4각기날음,천구살침노,이른아들실패 2아들영화 수명76세

계역 - 남북지간,일찍풍파,강산편답,상업득재

벼슬(아)허송세월 가는 곳 마다 왕운 말년운수 태평

역마 또 있으면 남자도망,여자 관 있으면 음란 행상(아)주색망

형제2 이별함자궁병궁불길,귀살침노 1자나무자 출행귀가후 75세

구육 - 조실부모 타향유리방랑(아)양자수, 골육정없음

형제이별 남으로 인한 해 많음,출가하지 않으면 곤액중중 세상일이 꿈만 같다

독신,이복이면 3-4명 산기도1자(아)외처에서 자식봄 냉담병으로 수명76세

저화 - 벼슬(아) 풍류의 사람,조상업 어디가고 자수성가,형제무덕 불화

곤고하게 재물 모아 가난구제 공망-승려

역마 양인 있으면 부자 공무원 미산신령 환생

3형제각기 자궁5자동영 1자등과 계수나무 3자종신 수명 80세

#집의 좌향[태어난 시로본다]

자시	북향은 의식이 충족해 진다
축시	서남향은 몸과 마음이 편안하다
인시	서남향은 집안의 식구가 번성한다
묘시	북향쪽은 일생 근심걱정이 없어진다
진시	남향은 처음은 흉하나 나중엔 복이된다
사시	서향의 집터는 모든살이 사라진다
오시	남향은 재수대길하여 부귀겸전한다
미시	서북향은 오복이 일어나는 길지이다
신시	서북향은 모든액이 사라지고 전답이 늘어난다
유시	동남향은 흉한일이 길한일로 변한다
술시	남북향 백사가 이루어져 부호가 된다
해시	동향,서향은 집안의 번성으로 수,복을 누린다

길복궁

년	복	귀	왕	합	식	인	거	무	관	산	시	재
시	관	예	극	을	증	문	부	고	인	하	행	고
갑	유	징	자	자	자	자	축	사	오	계	계	무
을	신	사	오	해	해	해	인	축	미	임	임	기
병	묘	미	유	묘	묘	묘	진	사	오	을	을	경
정	해	신	묘	인	인	인	사	미	축	갑	갑	신
무	묘	미	사	오	오	오	진	사	오	정	정	임
기	인	신	오	사	사	사	사	미	축	병	병	계
경	인	술	인	오	오	오	마	해	자	기	기	갑
신	오	해	해	사	사	사	신	축	미	무	무	을
임	사	축	사	유	유	유	술	해	자	신	신	병
계	오	인	신	인	인	인	해	자	해	경	경	정

복관 – 부호의명,초중년 평평,말년 큰 부자,사방에 녹 도처생재,노적창고,산과같음

귀예 – 사방 두루 다니며 유리하는 선비 횡재수 있음,

천금이 스스로 들어옴 처가덕(아),양가의 재산

왕극 – 귀록 관인 찾으니 부귀 일생태평 왕운 자연히 옴

도주 같은 부자,부귀,다남 행복한 일생 보냄

합을 – 귀인지상 일생영화 이름을 죽백에 드리우리 평생 즐기는 바는 공명에 있음

식증 – 높은 누각,큰집에 부부함께 앉아있음,이름 사방 떨침

평생 가난하지 않음,말년에 창고노적 즐비함

인문 – 홀로 높은 자리에 앉았으니 만인이 우러러봄

고관이 아니면 오히려 여난으로 실패,재앙따름

거부 – 음양화합 부부백년해로 장안큰길 홍진을 일으키며

부부함께 말을 달리도다 뜻 얻음이 이때로다

무고 – 몸에 장수인을 찾으니 백만의 원수로다

손에 병권잡고 군중호령 초년곤고 말년복

관인 - 몸에 관인찬영화 비단옷 애동자시립해있음

큰운은 말년에옴,관이[아]행액수 조심 근심

산하 - 무예출중 소년등과 장수인을 찾으니 위엄이 뇌정같음

말머리 금띠 두르고 금의환양 권세[아]강산편답

시행 - 횡재의 운 따름,밤중에도 귀록을 찾으니 치부할것임

부부해로하나 말년금[아]극자

재고 - 부와 명예기약 부부백년해로 앞뒤노적 전장도 넓게마련

너무욕심많아 간혹구설수 중인의 원망도있음

시	두	손	견	배	흉	음	귀	발
1,2,3	인	사해	진사	술	오	신	묘축	미유
4,5,6	사	신인	미묘	축	유	해	오진	술자
7,8,9	신	해사	술오	진	자	인	유미	축묘
10,11,12	해	인신	축유	미	묘	사	자술	진오

두 - 머리에 복이 들어있음

손 - 손에 복이 들어있음

견 - 어깨에 복이 들어있음

배 - 배에 복이 들어있음

흉 - 가슴에 복이 들어있음

음 - 음부에 복이 들어있음

귀 - 귀에 복이 들어있음

발 - 발에 복이 들어있음

#12살[자기띠 년간에 생월을 대조한다]

예]갑천간연 5월생이면 소랑이 된다

년간	고진	과숙	대패	적랑	팔패	천랑	소랑	파가	관재	육합	대모	사관
갑	1	4	9	5	6	7	5	1	11	8	10	1
을	4	10	12	11	12	12	3	6	8	5	10	3
병	4	4	12	12	6	9	1	6	10	7	9	4
정	7	4	12	5	6	12	7	2	3	10	8	5
무	7	10	3	5	3	6	5	2	11	9	11	6
기	10	1	3	11	9	11	10	6	5	12	6	7
경	9	7	3	2	9	6	1	5	12	10	4	8
신	10	7	6	8	2	6	8	10	4	3	4	9
임	1	4	6	3	3	6	6	1	1	2	3	10
계	1	1	9	2	6	12	9	11	3	6	5	11

고진 - 고독한상 달밤에 동이두드리며 신세한탄 동서분주
애처는 어디가고 몇 년 공방살이 옛매화에 봄이옴

대패 - 꽃지고 나비 날아감 금술부족(아)화액 가산 크게패함
역학 침술 동서분주 패수는 왜 이리도 많은지

적랑 - 옛터 지키면 재산치패함 홀로방황 타향옮겨다니며 봄이 돌아옴
과숙 - 독수공방 광대천지 의지할곳없음 점차서광
손으로 치패함 주색 멀리해야 길함
팔패 - 어린시절 이다지도 액많고 타향살이
남-다처,여-화류계 초년일 머리는 있으나 꼬리가없다
천랑 - 바람에 놀라고 범에 놀라니 눈썹 아래액(아)관액따름
여자는 무녀의팔자(아)벼락 호액 교통액
소랑 - 남-상처 여-상부 까마귀 날자 배떨어지니 횡액주의
시비 구설 모함 따름 성심기도 면함

파가 - 조상재산치패 옛터불리 타향길 노력의 댓가 잘없음
동에서 먹고 서에서자니 몸이 부평 같으니 누가 도와주리요
여 유흥업종사 부부 이별수
관재 - 삼형 마음착하나 하늘이 돌보지않음 신운이 비색 화액중중시비삼가 관재수잦음
근신 경계함이 길함 여자 - 간부 만남주의,남 - 여자 도망주의
육합 - 누구하고나 화합잘함 부부백년화락 태평상하화목태평
사방재물 천을성 말년부귀
대모 - 객수가 처연함 패가한 아들 유리하는사람 항상 마음불안 잘하고도 배반당함
부부 이별수
사관 - 조실부모 혈혈단신 형제분리 (아)수명부족 자손귀함

穹 通 四 柱

十] 부부궁의 운세

十]부부궁의 운세

1]부부궁

자기띠에서 태어난 월을 찾아본다

예]1950 년 5 월 5 일생의 경우 경인년이므로 범띠 5 월이니 장궁이된다

	겁궁	재궁	천궁	지궁	년궁	월궁	망궁	장궁	반궁	역궁	육궁	화궁
자	4	5	6	7	8	9	10	11	12	1	2	3
축	1	2	3	4	5	6	7	8	9	10	11	12
인	10	11	12	1	2	3	4	5	6	7	8	9
묘	7	8	9	10	11	12	1	2	3	4	5	6
진	4	5	6	7	8	9	10	11	12	1	2	3
사	1	2	3	4	5	6	7	8	9	10	11	12
오	10	11	12	1	2	3	4	5	6	7	8	9
미	7	8	9	10	11	12	1	2	3	4	5	6
신	4	5	6	7	8	9	10	11	12	1	2	3
유	1	2	3	4	5	6	7	8	9	10	11	12
술	10	11	12	1	2	3	4	5	6	7	8	9
해	7	8	9	10	11	12	1	2	3	4	5	6

1] 겁궁 - 일찍 결혼하면 부부의 정이 없어 자주 싸우게되어 가정이 항상
불안해지므로 늦게 결혼하던지 서로 양보하고 존중하며 협상해야
부부로 해로할수 있고 조혼하면 부부서로 혐의품음
집안불안,처첩의 재취,요화 담장엿보니 초년풍파,액년 지나면
말년 태평함

2] 재궁 - 결혼초에는 부부의 정이 다정하나 시간이 흐를수록 정이
멀어지므로 변화와 젊음을 잃지않기위해 서로 노력하면 항상 신혼
같은 생활이 유지된다.상사천리,산하막힘,독수공방긴세월
초년 매화에 봄이옴,중년후 태평,한지붕 아래살기 어려움

3] 천궁 - 함께 살면서도 자주 싸우고 의견충돌이 잦아 서로를 미워해 함께
외출하거나 외식하는일이 적어져 부부의정이 자꾸 멀어지게 되므로
함께하는 시간이 많아지면 부부의 정도 생기고 무난하게 살게된다

4] 지궁 - 순탄하고 무리없는 부부궁이나 너무 변화가 없고 재미가 없어
중년후에는 바람피우는 경우가 있으므로 서로가 신경써서 변화와
매력을 잃지않도록 신경쓰면 무난함
원앙,하늘의연분,백년화락,

5] 년궁 - 서로 고집이 강하여 지지않으려하나 싸움이 많으나 서로가 서로를
사랑하므로 큰 싸움없이 순탄하나 싸움이 심하면 일시적으로 외도함
금술화목,친애하나 요화담장 엿보니 정이 요화하게 초혼불리,만혼해로

6] 월궁 - 부부가 서로 애교도있고 매력도 있으나 각자의 자라난 환경의
차이를 극복하지 못해 늘상 의견충돌이나 말없이 냉전상태가 자주
발생하나 이해하고 포용하면 부러울 것 없고 아주 애정이 깊은 연인
사이가 됨
개성뚜렷,서로 애교부리지않음,금술 등지고 화목치못함,
남편 무슨 연고로 외방에 정빼앗김,이별수

7] 망궁 - 부부의 깊은 애정은 있으나 너무 무미건조하고 낭만이 없는 고로
가정이 적막하고 화기애애한 분위기가 없으므로 오락이든지
재미있을수있는 것을 개발해 서로가 노력할것,
원앙배개,백년기약,하늘인연 거하니 치부할운
화기넘침,자손창성,45-연운대통,재취길

8] 장궁 - 좋을때는 너무좋고 나쁠때는 원수같아져 좋고 나쁨의 굴곡이 너무
심하여 극단으로 치닫을수도 있으나 싫어질때는 서로가 한발씩
물러서는양보가 필요하며 빨리타면 빨리꺼져 버리는 것이 당연하니
조정이 필요 정의는 꿋탐하는 봉접,하룻밤 광풍,죽어 아니면
이별[아]생이별수,독수공방 몇 년후 다시 가연,늘 초조하게 사는
애닮은 삶 재취수길

9] 반궁 - 부부 서로가 결점도 없는데 왠지 감정적으로 맞지않아 서로가 정을
주지않아 마지못해 사느라 서로가 괴로우니 어짜피 살바에야 상대를
나에게 맞출려고 하지말고 상대에게 내가 맞추어 살면 항상 연인 같은
생활이된다,
정처이별,금술 좋으나 화원의 봄저뭄,이별수,말년운은 자손영화

10] 역궁 - 좋아하면서도 같이 오래있으면 싫증을 빨리 내므로 항상 자꾸
떨어져 생활하는일을 만들어가던지 항상 새로운 변화와 자극을 주면
좋다
서천에 날저므니 홀로앉아 탄식,오래 독수공방,목안세번
날음,중년태평

11] 육궁 - 서로가 너무나 사랑하면서도 어떨땐 너무 무관심하고 너무
개방적이라 서로가 서로를 오해하게되고 각자 멋대로 해버리는
경우가 많음
도화거듭,침범,자유분방,화목치 못함,호탕,조혼불리,만혼해로

12] 화궁 - 평탄하고 무난하나 서로 너무 좋아한 나머지 너무 간섭하고 너무 자기 테두리 안에서만 생활하게 할려다 싸움이 잦아지나 약간의 자유와 시간을 적절히 조절하는 지혜가 필요하나 너무 풀어놓으면 안된다

추월단풍,근신많음,이별수,극자수,말년태평

2]적성 및 직업운

#자기 출생년의 천간으로 태어난 월을 찾아본다

	겁업성	재업성	천업성	지업성	년업성	월업성	망업성	장업성	반업성	역업성	육업성	화업성
갑	1	2	3	4	5	6	7	8	9	10	11	12
을	2	3	4	5	6	7	8	9	10	11	12	1
병	3	4	5	6	7	8	9	10	11	12	1	2
정	4	5	6	7	8	9	10	11	12	1	2	
무	5	6	7	8	9	10	11	12	1	2	3	4
기	6	7	8	9	10	11	12	1	2	3	4	5
경	7	8	9	10	11	12	1	2	3	4	5	6
신	8	9	10	11	12	1	2	3	4	5	6	7
임	9	10	11	12	1	2	3	4	5	6	7	8
계	10	11	12	1	2	3	4	5	6	7	8	9

1] 겁업성

공무원중에서도 행정직 공무원,국영 기업체,정부투자기관,반관,반민업체에 적합

상업,창고업중에서도 농산물 취급계통,농사,과수원,농장

학문,일찍벼슬,대인재상,소인서리,직장운,투기금물,시험운길,경영주나 농업길함

우,양 잘번성 축산쪽 좋음,부귀다남,다복한사람

2] 재업성

문학,종교,의약품 계통이 적합하며 수산물 취급계통이나 전문기술계통

기능직 공무원,축산물계통에 적합

도끼쥐고 날마다 우,양잡음,귀천에 운

육,축,우직함,꾀부리는 장사금물,정육점 직업천하나 돈은 따름

노상거래 행상-어물이 유리,체육,무예,주야 열역천금

3] 천업성

예술,서예,그림증 예술성이 있는직업으로 힘으로 하지 않는 전문 연구직,

전문 기술직,섬세한 기능계통의 직업이 좋음

총명,재력,글재주 출중,예술감각 특출,시화나 손재주 묘함

의술,농업,기술성공,한가한때 없슴,인간계도,교사,예능쪽 잘맞음

4] 지업성

기술공무원,수목원,임산물의 취급이나 유통업이 좋으며 화학분야,

쇠를 가공하거나 취급하는 업이 잘맞음

지능다양,철물 쇠두드리며 생애,명성자자,석숭 같은부자,나무로 재물모음

정밀한 수예 적은것으로 큰 것을 만드니 가산풍족,의사,설계,문예,의학 잘맞음

5] 년업성

의약품,연구원,발명특허,가공생산,식품가공,예술품의 조각,생산판매등에 적합

재예출중,돈씀이 물과같음,의술생애,흙으로 그릇만듬,

사교술능,호텔무역,백화점,사람상대 많이하는 서비스업,좋음,인덕 있음

6] 월업성

물,기름,농수산물의 가공생산,식픔,주류 농산물의 유통,물류업,관광업에 적합

사람이 많이 따름.술상자 생애,화류춘풍,돈쓰기가 물과 같아 호걸

만인 회포풀수있는 유흥업,관광업,당구장,오락,운수업이득 많음

7] 망업성

의약,예술,종교등 신비분야의 예술계통 공무원이나 대변인,비서
벼슬,풍류의 사람,현실보다 이상향도취,예술가,주사청루출입,접객업 성공
인간사이 교류역활,동서유리,강산편답 천지로 집삼음,노후에 태평

8] 장업성

종교,철학,의약[한의학]의 제조,판매,운반,군인,직업군인,경찰계통,무예,운동선수
복술로서 재물,지관음택,양택잘함,명성자자,의료계통,의사,약사,한의사,간호원
마음이 강직,손에 생살권,반포일성,큰사람이 이운 만나면 대장격 경찰,판검사,군인

9] 반업성

외국바이어,부동산 소개업등의 범위가 넓은 직장이나 목장,골프장,수목원 좋음
부모 친척버리고 산문에 몸의지,한가히 염불,수명부족,성직자,마음이 모질지못함
자비심,광활한 지구 무대로 무역함,목축으로 생애,우,양잘 번성,외국생활 많음

10] 역업성

제품생산,가공,판매 지물 유행성 있는 패션,미용,전문기술직,교육,유아원 적합
패션,인테리어,재봉,조경사업,포목,교역
여자는 침선유명,식록남음,부자,자재훈교,교육자,정치가,흥행업

11] 육업성

식품,가공,생산,판매,유통 공장,사회사업이나 봉사업,고아원,양로원,놀이동산
운동 경기장,스포츠센타 잘맞음
소심하지 않고 넓으니 백미산같이 양적 장사꾼
곡상,식료품,가공업 창고업에 천금,마음강직 입이 무거움,타인에 굴하지 않음
무예출중,체육인,군인손에 병권,만인이 우러러봄

12] 화업성

토목,건축.설계,시공,감리등 복합적인 사업이나 직장,놀이,유흥을 위한직업 좋음
수예출중,평생 못하는 바없음,건축,양어장,목공소,제제소등 목,석을 잘다루어
날로 흥함,강태공 외로운 배낙,한가함,부평 같은 신세,토목기사,공예품,수산업쪽

3] 12 신살론(神殺論)보는법

신살은 대운 년운 달운 일진을 대조해서 운세를 파악하는데 참고로 사용하지만
사주 전체를 판단할때도 매우 중요하다고본다
사주에 인수가 년살(도화살)과 망신살이 같은주에 있으면 어머니가 미인이나 품행이
단정치 못하거나 재취일 가능성이 크다고 보기 때문에 사주 전체를 판단할 때
중요한 요인이 될수도 있기 때문이다.

자기 사주에서 년운에 망신살이 오면 망신 당할일을 미리 조심하고 망신살과 년살이
같이오면 이성과 불륜 문제로 망신을 당할수있어서 명예와 재물의 손실이 있다고
판단 하는 것입니다

역마살이 년운에 오면 움직일 일이 생기므로 외국여행 출장 이사등 바쁘고
변동할 일이 생기고 충이되면 교통사고를 주의해야한다고한다
사업하시는분이 사주에 겁살이 있는데 운에서 또다시 겁살이 오면 사주가 신약하면
바쁘기만하고 별소득이 없고 사기나 빼앗길 가능성이 많지만 사주가 신강하면
내가 도리어 뺏을수도 있다.

년월	겁살	재살	천살	지살	년살	월살	망신	장성	반안	역마	육해	화계
신자진	사	오	미	신	유	술	해	자	축	인	묘	진
인오술	해	자	축	인	묘	진	사	오	미	신	유	술
사유축	인	묘	진	사	오	미	신	유	술	해	자	축
해묘미	신	유	술	해	자	축	인	묘	진	사	오	미

(1)-겁 살 (인신사해)십이운성의 절 지에 해당
겁살은 남에게 겁탈당하다 강탈당하다 빼앗기다라는 특성이 있어서 열심히 성실히
노력해도 결과가 별 신통치 않거나 관재구설이나 시비사고등을 당하거나 사기를
당하여 재물의 손실이 발생한다.
겁살이 사주에 있고 신약하거나 흉신일 경우 남에게 억눌리는 삶을 살게되고 부동산을
소유해도 압류나 강재경매같은 경험을 겪게된다

그러나 겁살이 십이운성에 장생 관대 건록 제왕 등과 동주하고 신강할 경우
강한 힘으로 큰일도 잘해처 나가는 인물로 해석한다.

정관과 함께 있으면 관직에서 크게 이름을 떨치고 편재 정재와 같이 있으면
큰부자가 되며 편관과 같이 있으면 가난한 삶을 살게된다.
* 년주에 겁살이 있으면 가문을 잇기 어려우며 일찍 타향으로 나가서
초년 고생을 하게된다.

*월주에 겁살은 부모 형제 친척과도 정이 없으며 친척중에 몸이 불편하거나
단명하는 사람이 나온다.

*일주의 겁살은 부부사이 인연이 좋지않고 부부 어느한쪽이 질병에시달리거나
단명 하거나 이별 할 수 있다

*시주에 겁살이면 자식이 귀하고 있드래도 몸이 불편하거나 아니면 일찍부터
떨어져 살지않으면 단명할 수 있다

*겁살해에 아들을 놓으면 그이후는 자식이귀하고 겁살해에 딸을 놓으면계속해서
딸만 놓는다.

*겁살해에 놓은 자식은 방탕하거나 가출해서 속을 썩히거나 겁살해에 놓은
자식으로 인해 재산이 탕진되어 몰락할수도있다

*년운에 겁살이 오면 여자는 겁탈 당하는 의미이니 혼전 임신등으로 남자가
생겨 결혼가능 한 것으로 본다

*남자는 자신을 억누르는 드센 여자를 만나 그품을 헤어날 수 없다고
보며 결혼한 사람은 임신중이면 유산을 조심해야하며 자녀가 있으면 자녀의 사고를
조심해야하고 사업가는 확장 개업 투자 도박등으로재산 탕진을 주의하고 갑작스럽게
병이 걸릴수 있으니 건강 체크할 것

*대운에 겁살이 오면 강제 압류 실물 사고나 질병으로 가족이 흩어지고 남자는
삼재와 겹치면 직장을 잃어버리고 여자는 남편의 외도로 속을썩히거나 재산을
탕진해서 고달픈 생활을 하개된다

(2)-재 살 (자오묘유) - 십이운성의 태 지에 해당됨

재살은 피가튀는 싸움과 사고를 내포하고 있으며 납치나 감금 구속등

포로가되는 경험도 있게되는 일명 수옥살 이라고하는 무서운 살이다.
신약 사주에 관이 3 개이상있고 재살도 있을 경우 한번쯤 갇혀보기도 하고 편재나
정재와 함께 있으면 남자는 아내가 화를 당하거나 재산이 없어 지는걸로 보고
여자는 지나치게 돈에 집착하는 구두쇠가 된다

* 년주에 재살은 조상이 비명횡사 하는분이 있고 이유없이 관재구설에 휘말리기쉽고
잔병 치레가 잦다. 상대를 꺽는 위압적인 모습을 보여놔야 나중에 우습게 보지않고
충성을 하지만 너무 잘해주면 화를 입을 수 있고 앞에서는 순종하는척 하면서
마음속으론 때가 오기를 기다리는 사람이 많기에 조심해야한다

*월주에 재살은 부모 형제 중에 비명횡사나 객사한 사람이 있고 자유를 빼앗기게
되는 갇히는 경험을 겪게된다

*일지의 재살은 부부관계도 좋지않고 뜻밖의 사고를 당할 위험을 항상 지니고
있으며 배우자 덕도 없다

*시주의 재살은 자녀와 인연이 희박하며 자녀가 어려서 큰 질병을 앓거나 잔병치레가
많아 건강에 신경써야 한다

*나의 년지나 일지에서 봐서 상대가 재살이되는 사람은 나에게 도움을 주는
사람으로보고 자식이 재살에 해당되면 나를 노후까지 돌보게되고 부하일 경우 나에게
충성을 다하고 배우자일 경우 고개를 숙일정도로 순종하게되나 뒤에서
내욕을 하는 사람이 많고 평소에 잘하다가도 한번 틀어져서 다투거나 싸우고나면
무서운 적으로 변할수있음을 주의해야함

*띠가 재살에 해당되는 사람은 다룰 때 강력한 카리스마로 다루어야한다

*대운에 재살이 오면 주위의 친인들을 이용해서 자신의 목적과 포부를 성취한 뒤에는
도망치듯 여러곳을 숨어서 다니면서 생활하게 되고, 사업을 확장하거나 개업을 하면
부도로 감옥에 갇히는 신세가 된다

*재살년이 오면 사고를 당해서 몸에 칼을대거나 생각지 않은 질병으로 수술하게 되고
사업가는 자본 잠식되고 공직자는 명예가 손상될수있으며 여러 곳에서
나쁜소문이 퍼져서 정신적으로 많은 고충이 따르므로 가능하면 새로운일에 손대지말고
자숙 해야 한다

*사주에 신약이고 재살이 있는데 재살이 또 올 경우 주의해야 한다

(3) 천 살-(진술축미)

천살은 하늘의 자연재해로 사람의 힘으론 감당하기 어려운 재앙을 당하게 된다는
천형살 이라고도하는 갑작스런 재난을 암시하며 일이 제되로 풀려나가지 않는
장애물이 막혀있는 것과같은 흉살로서 홍수나 태풍 화재 등 불이의 사고를 의미하는
천재지변으로 화를 당하는데 정신병 고혈압 암 심장마비 등의 재난을 내포하고도
있는살이다.

천살이 있는사람은 돈을 적게쓰고 크게 생색내기를 좋아하고 자존심이 강하고 남을
무시하면서 허세와 허풍이 많아서 자기 형편에 맞지않게 항상 큰 돈만을 쫓아다녀
빚을지고도 허영에 들떠있는 사람이 많다
금전에 욕심만있지 금전 관리가 허술해서 채권 채무등엔 무관심해서 항상 실수가 많지만
명예욕은 강해서 자존심을 상하면 불같이 화를내고 일반 상식이나 도리 따위는 무시하고
막무가내로 자기 뜻되로 처리한다

일지가 천살에 임하면 아무 이유도없이 몸이 아파서 약을 달고살아야 하며 기가 약해서 신체에 장애가 있거나 일찍 사망할수도있으며 배우자 자녀운도 좋지않고 성격도 나쁘며, 여자는 남자를 무시하는 경향이 있다. *년주 천살은 조상중에 비명횡사한 사람이 있으며 일찍 고향을 떠나서 타향살이로 초년 고생이 막심하다

*월주에 천살이면 부모 형제중에 급사하는 사람이 나올 확률이 높고 가정과 인연도 좋지않아 밖으로 떠돈다

* 일주 천살은 부부의 정이 좋지 않고 부부 어느 한쪽이 천재지변으로 목숨을 잃게 될수도 있다고 본다

*시주천살은 자식이 사고를 당하거나 본인이 노후에 사고를 당한다

*띠가 천살에 해당되는 사람은 나의 모든기를 빼앗아 감으로 아무리 잘해줘도 소용이 없어지고 자식이 천살띠면 재산을 물려줘도 전부다탕진해 버릴것이고 동업자나 부하가 천살에 해당되면 그들로인해 나의 재산이 전부 탕진 해진다고 볼 수 있다.

*대운에서 천살이오면 천재지변이 언제 덥칠지 몰라 불안한 마음이니 가슴이 두근거리고 혈압이 상승하고 온몸이 빼근함을 느끼고 심장마비고혈압 중풍등 질병에 잘걸리므로 항상 건강에 신경을 써야하며 위험한 높은산 물가등 천재지변을 당할수 있는곳은 가지말아야한다

*년운에 천살이오면 약하지만 대운애 오는것과 비슷하다고 본다

(4) 지 살(인신사해)-십이운성의 장생 지에 해당됨

지살은 말그되로 땅과 관련된 의미이며 역마살과 거의 같은 의미가 있어 이사변동 여행 고향과 인연없는 타향살이 집안의 변동등의 뜻이 있다.

지살이 해당되는 육신이 인성과 같이있으면 공부 학업을 위해서 멀리따난다고 보며 도화살 홍염살과 함께 있으면 이성을 찾아서 정신없이 떠돌아 다니게 되고 편인과 동주하면 돌아다니면서 말하는 통역가나여행 가이드가 된다고보며 관성이 지살이면 외무부나 해외관련 부서에서근무 한다고보고 정관이 지살이고

길신이면 외무무에서 중책을 맡는다.
지살이 있는사람은 땅을 디디고 다니는 세일즈멘 외판원 운수업등의 바쁘게 돌아다니는
직업을 가지는 경우가 많다

*년주 지살은 고향을 떠나 타향에서 여기저기 옮겨 다니면서 바쁘게 생활하게 되며
가까운 조상이 객사한 사람이 있다고본다

*월주 지살은 부모가 항상 바쁘게 돌아다니시느라 나를 돌볼 시간이없어서 초년기를
외롭게 보내고 자수성가 해야할 운명이다.

*일주 지살은 부부가 서로 각자 따른길을 찾아 떠돌아 다니는 격이니서로 뜻이
맞지않고 함께있는 시간이 적으니 정이 없다고 본다

*시주에 지살은 자녀와 뜻이 맞지않아 자녀가 내품안에 있지않고 밖으로 떠돌면서
부모님 속을 썩히는 사고를 자주 친다

*띠가 지살에 해당되는 사람은 내곁에 있지않고 돌아다니기를 좋아해서그렇게
친해지지도않고 나와는 별로 인연이 없는 사람으로 본다지살의 자식이 있으면
일찍 타향으로 내보내서 독립하게 해야하며 나의 노후를 돌보지 않는 사람으로 본다

*년운에 지살이 오면 이사나 변동 해외출장등 바쁜일이 많이 생기게되고 새로운
직장이나 새로운 사업을 하게되고 금전 유통이 원활해지므로무었이든지 새것으로 바꾸고
싶어지게되고 여자인 경우 남자와 각방을 쓰고 싶어져 부부 불화가 잦아 별거나 심하면
이혼을 할수도 있으며 젊을때는 여기 저기 떠돌아 다니는 여행을 좋아하고
중년 이후는 갑자기고향이 그리워져서 고향에 다시가는 경우도있다.

*대운에 지살이 오면 해외여행이나 해외출장을 가거나 이사 변동 직장을 옮기기도하고
처녀 총각은 여행지에서 상대방을 만나게되고 무역업이나 영업직에있는 사람은
큰목돈을 잡을수있으나 교통 추락 사고 조심해야함

(5) 년 살-(자오묘유) - 십이운성의 목욕 지에 해당됨

년살은 우리가 일명 도화살 이라고도하는 일종의 색난을 내포하고 있는 화려하고 아름다운 것을 좋아하며 신경이 예민하고 이성 문제에 대해선, 적극성을 보이고 주색을 즐기며 음탕 음란 하다고 보기도 하지만 세상사는 것을 귀찮아하고 가정을 돌보지 않는 경우도있고 고독을 즐기기도 하며 끈질긴 학문 수련의 의미도 내포하고 있어서 모르는 것이 없는 척척박사의 소질도 있으며 방송 연예계에서는 스타덤에 오를 수 있는 인기의 상징이기도 합니다.

년살의 해당되는 육신이 잘생기긴했으나 주색을 좋아했거나 품행이 단정치 못했다고 볼수있으며 인수가 년살이면 어머니가 품행이 단정치 못하였거나 재취일 가능성이 있다고 본다

* 년주에 년살이면 조상이 배우자를 지켜주는격이라서 부부 사이에 애정이 두텁고 해로하는 것으로 본다

*월주 년살은 부모 형제 중에서 년살에 해당되는 육신이 이성 문제로 속을 썩혔다고 본다

*일주 년살은 배우자가 미인이나 바람기가 많아 부부 갈등 다툼이 많다*시주 년살은 자식이 이성 문제로 속을 썩히고 그문제로 부부사이에도 다툼이 잦아지고 노후에 이성문제로 명예가 손상된다

*여자 사주에 비견 겁재가 많거나 편관 정관이 많거나 합하는 것이 많은데 년살이 있으면 매우 음란하는 것으로 본다

*띠가 년살에 해당되는 사람은 그가 누구든간에 나를위해서 일해줄 사람이므로 동업자든 연인이든 부하로 이용하기에 적합하며 년살에 태어난 자식은 결혼전에 임신했을 수도있다

*대운에 년살이오면 집안과 사업을 돌보지않고 주색에 빠질수 있으며 사주에 년살이 있는데 또년살이오면 거의가 바람을 피우고 여자인 경우 바람이나서 가출까지 할 수 있다

*사주에 형충이있고 년살이 있는데 대운에서 년살이 또오면 주색으로 성병을 앓거나 재산몰락 명예훼손등을 당할수 있으며 여자인경우다른 남자와 색정에 빠져 폐가 망신당하며 사업 확장하면 손해를 본다*년운에 년살이오면 처녀 총각은 이성을 만나기는 하지만 배우자감은 아니며 결혼한 남녀는 이성문제로 별거나 이별수가있다

(6) 월 살 (진술축미)

월살은 고갈살 고초살 이라고도하는 메마르고 고갈된다는 뜻이므로 발육이 부진하고 씨를 뿌려도 싹이 나지않아 결실을 맺지 못하기에 월살일에는 파종을 하거나 묘종을 옮겨심지 않으며 월살은 패배와 파괴 분쟁등 신체적인 이상 소송등 귀찮은 문제가 발생하고 무슨일이든 벌려만놓고 될 듯 하면서도 마무리가 잘되지않아서 진행되다가도 중도에 포기하는 일이 많아져 가슴이 답답해서 폐질환 심장질환 고혈압에 걸리기 쉽고 여자 사주에 월살이 있으면 남편앞에선 큰소리처놓고 남편을 타인에게 정을 빼앗기고 혼자서 독수공방으로 지세는 날이많으며 낮보다는 밤을 밝은 직업보다는 어두운 직업을 좋아하며 공상 망상 신기가 들기도하며 몸이 마른사람이 많으며 여자는 월살이 2 개이상 있거나 편관에 월살이면 무녀나 보살이 되는경우가 많다

*년주 월살은 모든일을 열심히 부지런하게 일을해도 성사되지 않고 시작은 있는데 끝이 없어 좋은 마무리가 되지 않는다

*월주 월살은 머리는 좋아서 못하는게 없는 팔방 미인이라는 소리르 듣지만 남의말은 듣지않고 자기 머리만믿고 모든일을 처리하기에 좋은 소리를 듣지못하고 결국에는 손해만 보게된다

*일주 월살은 쓸대없이 바쁘게 돌아다니며 부부궁도 좋지않아 애정은 있어도 별거하거나 각방쓰거나 주말부부로 보내야한는 경우가많다. *시주의 월살은 자식이 귀하거나 있어도 불효자를 두기쉬우며 자식때문에 속을 많이썩고 재물도 자식 때문에 없엘 수 있다

*남자는 월살에 해당하는 여자와 결혼하면 처갓집 재산덕을 보게되고 여자가 월살 남자와 결혼하면 친정집에서 사위덕을 많이보며 월살 띠 자녀가 태어난 뒤부터는 집안이 잘풀리게되고 어렵고 안풀리는 일이 생기면 월살에 해당되는 사람과 의논하면 잘풀린다

*대운에 월살은 재물이 들어오는 형국이라서 남에게 빌려준 돈이나위로금 보상금같은 뜻밖의 돈이 들어오게되고 사주에 월살이 있는데 대운에 또월살이오면 틀림없이 빚을 받을 수 있고 횡재수도 있어서 뜻밖의 행재가있어 돈을 손에 쥐게된다

*사주에 월살이 있는데 넌운에서 월살이 또 오면 남에게 이용당하게 되고 직장도 승진은 안되고 좌천되고 여자는 남편이 싫어진다

(7) - 망신살 - (인신사해) -

망신살은 관재구설에 시달리기니 폭행이나 사고로인해 몸을 다치거나 간통이나 겁탈등을 당해서 망신 등이 좋지않은일이 발생하며 주로 주색과 관련된 일로 사람들의 입에 오르내려 수치를 당하는 관부살 또는 파군살이라고도하며 망신살에는 나쁜것과 좋은 것이 썩여있는데 생왕하면 길한 작용을하고 사 절이면 흉성이 작용하여 나쁜 결과로 작용한다.

망신이 좋게 작용하면 결단력 승부욕 설득력이있어서 망신대운이 오면 유산을 상속받거나 부동산의 이득이 생기고 갑자기 승진도 하게되나 발전이나 승진에 도취되서 독선적이고 이기적으로 행동하면 상대방의

적개심으로 비밀의 폭로등 명예손상등의 망신을 당하므로 자중해야함

망신이 나쁘게 작용하면 재성이 망신이면 재물을 탐하다가 망신을하고 여자 문제로 비밀이 탄로나는등 특히 주색으로 비밀이 탄로나고 여자는 관성이 망신이면 외간 남자와 간통이 들통나서 망신을 당하기도 합니다

년주가 망신이면 일찍 고향을떠나 타향으로 떠돌아 다니며 조상중에 주색으로 망신당한 사람이 있었다고 봅니다 대운에서 망신살이오면 남자는 사업실패로 매우 어려운 처지에 놓이고 여자는 자녀운이있어 임신을 하게되지만 병원신세를 자주 지게된다

*월주에 망신살은 어머니나 여 형제가 후처일 가능성이 많다고 봅니다
*일주 망신살은 남자는 아내를 극하고 여자는 수치를 몰라서 주색으로 하루도 집이 편할날이 없고 시끄럽다

*시주에 망신살은 자식과 떨어지지 않으면 자식을 극 하게되고 말년에 망신살의 육신과 관련된 망신으로 한숨으로 노년기를 보낸다*띠가 망신살의 자녀는 가문에 먹칠을 하거나 집안 재산을 거덜내는 패륜아가 될 가능성이 많고 망신살에 속하는 애인은 그냥 스처 지나갈뿐 배필은 되지않고 장모가 망신살 띠면 후처나 소실일 가능성이 많으며 여자는 망신살에 해당되는 남자와 연애하면 망신당하니 주의해야합니다

년운에서 망신살이 오면 이익은 챙길수가 있어도 나의 추한모습들이나 비밀이 탄로나서 명예가 추락되고 부인과병원 출입이 잦아진다

* 망신살도 색정의 살이긴 하지만 년살 도화살과 다른점은 이성을 사귈 때 신사적이기에 오히려 상대방에서 적극적으로 나온다는 점이다.

(8) 장성살(자오묘유) -

장성살은 장군의 별이란 뜻을 내포하고있어 그기운이 왕성하여 권력출세 벼슬 승진 번영 등을 이미하므로 권위와 위엄이있어 군인 경찰등 법조계에 진출할 경우 문무를 겸비하고 진취적이라서 승진과 출세가 빠르고 높은지위까지 오를수있으나 모든 것을 자기가 주도하려하고 주관이 뚜렷하고 지배욕이 강하며 보스기질도 있으나 무작정 겁 없이 사업을 밀어붙이다가 실패하는 경우도 많습니다

여성에게 장성살이 있으면 남편을 휘어잡고 싸돌아 다니기를 좋아해 집안의 분란이 일어나고 남편을 극하나 권력기관에 종사하고 자존심과 고집과 아집을 줄이면 흉살 작용이 덜해진다

장성살 방향은 살육 분쟁 다툼등의 어려운 바람이 불어오니 사업을 하거나 가정 주택을 지을때도 장성살 방향으로 대문을 내면 좋지않다*년주에 장성은 조상이 통솔력이 뛰어나고 권력을 잡았을수 있다

*월주 장성은 부모 형제중에 전쟁터에서 전사하가나 흉사가 있었다고 보며 군인 경찰로 투신할 경우 출세하고 사방에 이름을 떨친다*시주에 있으면 말년으로 갈수록 강한 힘을 발휘하니 노년기가 되어도 젊은이 못지않게 활동력이 대단하고 안정된 생활을 할수있다

*일주 장성은 지혜가 총명하고 진취적이어서 사회적인 명예는 있어도 부부궁이 좋지 않아서 별거나 이별수가 있을수 있으며 특히 여자인 경우도화 역마도 있으면 남편을 두고 도망가는 경우도 있을 수 있다

* 장성살해에 자식을 놓으면 그때부터 재산이 일어나고 잘살게되고 아들을 놓으면 든든한 아들이고 딸을 놓으면 외동딸이고 학업을 중단하게되고 속을 썩히는 수도있으며 어려움에 처했을때도 장성살띠를 만나면 도와주기도하고 이성도 장성띠를 만나면 운이 열린다

*년운에 장성이오면 국가에 록을먹는 공무원일 경우 국가를 위해서 큰일로 봉사하게되고 사업가나 직장인은 해외출장 갈일이 많아지나 가정에도 충실해지며 여자는 남편을 대신해 직업을 가져야하며 이별수도 있을수 있으며 아니면 고독하고 외로운 한해를 보낼것이며 미혼일 경우 우연히 배필을 만날수도있다

*대운에 오면 사업이 확장 발전하고 직장인은 진급 승진하고 재물이 들어오고 나가지 않으며 여자는 좋은 인연을 만날 수 있을것이다.

(9) 반안살-(진술축미)에 해당됨

반인살은 무엇을 붙잡고 오른다는 의미 말안장에 올라탄다는 의미이며 진급,승진 출세를 상징하므로 좋은 운세로 달린다고 해석합니다
반인살이 있으면 언변과 임기응변이 좋아서 의식주의 별어려움이 없는 생활을 하게되며 생각지도 못한 상속 증여가 생기며 인생의 역경이와도 도와주는이가 생겨서 고비를 잘넘기고 편안한 여생을 보냅니다
정관이 같은주에 있으면 아들남편이 아들,남편이 크게 출세하게되고 편제와같이 있으면 아버지가 큰 권력자이며 여자도 명문가 출신을 만난다
학생인 경우 사주에 반안살이 있으면 명문대를 나옿수 있기도하다

#년주에 반안살이 있으면 조상덕이있어 평생동안 의식주 걱정이 없다
#월주애 있으면 부모덕이 좋고 형제간에 화목하고 배경이 든든해서 어딜가나 권세를 누리며 대접을 받고 살아간다
관직으로 나가면 높은 지위까지 오를수 있다

#일주 반안살은 배우자덕으로 말안장에 오르므로 고급차를 타면서 부부서로 화목하고
행복해질수 있다

#시에 반안이면 자식운이 좋아서 많은 자손을 두게되고 만년이 되어도 자식이 출세하여
효도하며 걷지않고 자녀덕에 고급차를 타고 다닌다

#띠가 반안살에 해당하는 사람은 부하나 동료로 삼으면 아주 좋다
나에게 말이 되어주니 절대로 나를 배반하지않고 내말이라면 무엇이든지 잘들어주고
충성한다

반안살에 해당되는 사람은 가장 믿을 수 있는 나를 위해 헌신할 사람이니 평소에
많이 베풀어 놓도록할 것

#대운에 반안살이 오면 사업가는 수입이 늘어나고 공직자는 진급하며 집안이 패텅하고
무슨일을 하던지 예상외에 이득을 얻을수 있다

#년운에 오면 무슨일인가 새로 시작해도 자금만 뒷받침 된다면 성공할 확률이 매우높고
부동산의 매입이나 주식투자를해도 수입이 늘어난다
다만 집안의 슬픈일 상복 입을수도 있으니 나이 많은 노인이 계신다면 건강에
매우신경을 써야한다
좋은일엔 항상 마가 따르는 법이니 가족간강에 신경써야한다

(10)역마살-(인산인해)-십이운성의 병 지에 해당

역마살은 말그대로 돌아다닌다는 의미이니 지살과 거의 같은 뜻으로 해외출장이나
이동,변동,이사,출장,여행,통신등의 폭 넓은 의미가 있으므로 육신과의 조화관계를
매우 중요시 한다
사주의 재성이 역마살이면 일찌부터 여러곳을 돌아 다니면서 재물을 모을운세로 보고
관이 역마이면 인격과 성품이 갖추어 지지않은 무식한 경우가 많고 편인과 역마가
있는 것이 가장좋지않다
편인이 2개 이상 있고 역마살이 2개이상 있고 겁살이나 재살또는 천살이 있을경우
길에서 잠자는 거지 팔자로 본다

#년주에 역마살이 있으면 일찍 고향을 떠나 객지에서 떠돌아 다니면서 고생을 많이하게된다

#월주에 역마살은 객지에서 떠돌아 다니면서 안정된 거처가 없이 사방을 내집으로 생각하고 바쁘게 돌아 다니나 재물을 모으는 재주는 있어서 늦게 자수성가한다고본다

#일주의 역마는 부부인연이 바뀔수 있다고 보며 자주 돌아다니므로 죽을 때 지켜주는 사람이 없을수 있다

#시주의 역마는 배다른 자식을 놓을 가능성이 많고 해외출장이나 이민을 가게되어 고향과 멀리 떨어져 살아갈 가능성이 많다

#띠가 역마살에 해당되는 자녀는 나중에 나에게 큰힘이 되어주며 남이라해도 내가 어려운 시기에 옆에서 나에게 큰힘이 되어줄 사람이다

#대운에 역마가 오면 이사나 해외출장등 변동수 생기고 사업가는 지점을 내게되고 공직자는 출장근무를 하게되고 처녀총각은 여행지에서 이성을 만나게되고 남자는 애인이 생기고 여자는 친정집을 자주드나들게된다
초년에 오면 부모가 고향을떠나 타향에서 터전을 잡았으며 말년에 오면 떠돌아 다녀야하니 늙은 몸으로 고생한다

#년운에 역마살이 오면 현재 있는 장소에서 벗어나 다른곳으로 나가야 좋다고보므로 바쁜만큼 소득이 따르지 않아 돌아다녀야하는 직업을 가진사람은 오히려 운이 잘풀리고 목적달성도 된다

(11)-육해살 (자오묘유)-십이운성의 사 지에 해당됨

육해살은 병고에 시달린다는 신병살 또는 병부살 이라고도하며 실직발병 수술 근심 이별등을 암시하고 천재지변이나 관재구설에 휘말릴수 있는 가능성이 많으며 사주에 육해살이 있는사람은 성질이 조급해서 무슨일이든 빨리 빨리 처리하는 습성이있고 음흉하고 비밀스러운 것이 많고 앞에서 말과 돌아서서 하는 말과 행동이 틀리고 속마음에 무엇이 들었는지 본인도 잘모르며 십이운성의 (사)지이므로 죽은자와 싸워서는 절대로 내가 이길수도 없으므로 직장상사가 육해살에 해당되면 절대적인 복종을해야

살아남을 수 있지 그렇지 않으면 고통을 당하게 됩니다

육해살은 병고에 시달리는 시달리는 경우가많은데 자형과 같이있으면 신경질환으로 고생하고 사주에 육해살이 있는데 대운 년운에서 육해살이 또 오게되면 건강의 적신호가온다 여자는 난산의 우려가있다.

*년주 육해살은 조상에게 해가되니 양자로 가거나 집과는 인연을 끊을 팔자이므로 장남이라도 차남이 장남 역할을한다

*월주의 육해는 내가 특별히 잘못한것도 아닌데도 우연히 부모 형제와 인연이 없어질일이 생기게되고 사람들에게도 이유없이 해를당한다

*일주 육해살은 부부인연이 좋지않아 가정이 적막하고 육체적으로나 정신적모두 부부 애정이없어서 종교에 의지하며 여자는 거의 광적으로 종교에 미처서 재산을 헌납하거나해서 가정파탄을 일으킨다.

*시주 육해살은 자손이 해를 당하거나 불효해서 말년에 고독하고 쓸쓸한 삶을 보내며 종교인일 경우 말년에 크게 이름을 떨친다

*육해살에 해당되는자식은 부모를 가르칠려고하고 부모의 임종을 지키게되며 육해살에 해당되는사람은 많이 베풀고도 큰생색을 내지 않으며 남자는 육해살띠를 만나면 처가덕을 보고 여자는 친정집에서 사위덕을 많이 보게되어 사위가 친정집을 살린다

*년운에오면 신경계 계통의 질환이 올 우려성이있고 마음이 급해서 돈을 쉽게 빨리 벌려고 하다보니 마음만 급하지 잘 되는일도 없다보니 병이 생기게 되는 것이며 이것이 쌓이고해서 고통스러워지니 누군가에게 의지하고 싶어지므로 종교를 찾게되는 경우가 많아집니다

* 대운에 오면 건강에 이상이오고 천재지변을 당하고 도난,분실,압류등재물의 손실이 오고 여자는 남편 시댁과 분쟁으로 불안해지고 고달퍼진다

(12)-화계살-(진술축미)-십이운성의 묘 지에 해당됨

사색과 종교의 별이라서 고독 예술 방랑 종교 총명을 뜻하기도 하지만 화려함속의 외로움을 상징하는 종교계,연예계와 인연이 깊으며 속세의 부귀영화와 거리가 먼 종교와 철학적인 삶의 깊은성찰과 명상과 수도를 하면서 칩거나 은둔하게 되는 경향이 많고 기인성 작가 연예인 유명인이 많으며 화계살은 불교의 윤회사상을 상징하듯 테두리 안에서 원을 그리듯 잠재의식이 풍부해서 내면의 세계를 표출하는 작품활동 종교 예술 문학방면 연예계등에서 두각을 나타내는 사람이 많습니다.
화려함을 덮는다는 의미이기도 하지만 덮는다는 것은 새로운것의 시작이기도 하지만 화계살의 충이오거나 화계살이 사주에 있는데 화계살이 또오는경우엔 색정을 탐하는 경우도있어 애정행각 등으로 명예손상으로 실직 가정파탄 부도등으로 곤욕을 치르고 종교인은 파계 하기도한다

#년주 화계는 어릴적부터 일찍 타향에서 안정이 안되서 고생한다
#월주 화계는 부모 형제 친척의 덕이없고 장남이 아니라도 장남역활을 해야하므로 고달프기만 하고 잘해주고도 좋은소릴 듣지 못한다
#일주 화제살은 첫번 배우자와 해로하기 어렵고 종교 예술쪽 소질이 있어 그쪽으로 갈수있기도 하고 색정을 탐하기도 한다
#시주 화계는 종교 예술인이라면 밀년에 크게 이름을 날리고 성공할수 있지만 자녀중에 속썩히거나 몸이 아픈 자식, 뒷바라지로 힘들고 고독하지만 나름 인생관으로 잘살아 갑니다
#화계살에 해당되는 사람은 믿음직해 보이기는 하지만 현실에 잘적응 잘못하기에 쉽게 접근하기 어렵고 한두번 다투고 오랜시간이 흘러야 진심을 나눌수 있는 의리있는 친구가되고 여자는 모든이에게 베풀기를 좋아하고 남자에게 색정이강해서 몸도 쉽게 베풀기를 좋아한다
*넌운에 화계가 오면 노력은 하지않으면서 큰횡재를 하려다 큰실패를 보게되고 남자는 이성을 따라 다니면서 색정에빠져 사업을 소흘히해서 부도를 내거나하며 여자는 음기가 발동하여 바람을 피우거나 가출한다

*대운에오면 이제까지 노력한 것이 결실을 맺는 시기이기도 하지만 모든 것을 덮어버리기도하고 새출발을 시작하기도 하지만 사주에 화계가 있는데 대운에서 또 화계살이 충을 받으면 모든 것이 바뀌어 지므로 부부 이별 가족이 흩어짐 싸움 교통액 등을 신경써야한다

十一]사주 응용 감정법

1] 사주응용 감정법

十一]사주응용 감정법

1] 부도나거나 사업실패운

- 비겁이 많은 사주나 년운에 재를 만날 때
- 신약사주가 관살년 만나고 년지가 충할 때
- 신약사주가 상관년 만날 때
- 신강하고 인성이 많은 사주가 재년을 만날 때
- 사주에 재성이 형,충될 때

2] 이사나 이동은 언제오는가?

- 년,월 일지가 년운과 삼합을 이룰 때
- 년운에 편관년이 될 때
- 월지나 일지가 충을 받을 때

3] 외국이나 원행운은 언제?

- 역마가 오는년이나 역마가 사주에 있는데 년운과 합될 때
- 사주에 역마가 많은 사람은 외국이나 출행의 인연이 많다
- 사주에 역마가 많으면 바쁘고 고달프나 신왕하면 운수업이나 해외에서 성공

4] 횡재있는 사주와 년운은 언제?

- 사주에 도화와 재가 있으면서 년운이 도화재가 합이될때 횡재한다
- 사주의 일주와 합이되어 나오는 오행이 재가될 때 횡재하게되는 사주
- 일주와 년운과 합이되어 나오는 오행이 재가될 때 횡재가 있는 년이된다

5] 관재,관액은 언제 당하는가?

- 천라지망이 있는 사주가 천라지망을 만나는 년에 사망/교통/관재/불구
- 신약사주가 사주에 수옥살이 있는데 년운에 수옥살을 또 만날 때 관액/병액
- 년운이 일주,월주와 형충을 만날 때
- 인수년이 되면서 사주와 인성이 형충할때는 문서나 계약관계로 관재구설발생
- 식신이 천라지망살과 형충을 만나면 구설이 발생한다

6] 부모 흉사하는 사주

- 재성이나 인성이 극을 많이 받는데 생해주는 것이 없고 12 운성도 흉성에 임할 때
- 재성이나 인성이 백호대살에 임하면서 형충할 때

7] 모친이 재혼이나 소실로 온사주

- 월지가 도화살이나 망신살이면서 인수가 될때
- 인수가 자기의 관성과 합이되면서 일지와 합된사주

8] 조상을 섬기지 않고 무시하는 사주

- 사주의 일주와 년,월주가 충,형,극이 많을때
- 사주의 년이나 월이 공망이 된사주

9] 교통사고 당하는 운은 언제?

- 역마지살이 일지 왕,형,충한 사주가 형충할 때

10] 화상 및 음독하는 사주

- 탕화살 일생이 양도나 삼형등 흉살을 가지고 있으면서 년운에 또 올 때
- 축인오[丑寅午]일생이 삼형살이 사주에 있는데 또 만날 때
- 일주가 사주와 년운과 삼합이 되어 화국이 되면 화왕으로 화상,화액 당함

11] 정신이 혼미 해지거나 정신병이 오는 사주

- 木火土[목화토]일주가 사주에 귀문관살이 있고 신약인데 흉살이 있을 때
- 사주에 귀문관살이 있을 때 그주성이 의처증 의부증이나 정신혼미가 발생
- 사주에 자녀궁에 귀문살이 있는데 또 귀문관살 해당년에 자녀는 저능아됨

12] 자궁외 임신될때는 언제?

- 사주에 식상이 많은사주가 일지가 형충이 있는데 년운에도 형충이 올 때
- 화 일생이 식상이 많은데 년운에 형충이 올 때

13] 수사기관의 팔자는?

- 사주에 일주기준해서 형이 여러 개 있는 사주
- 사주에 수옥살이 있으면서 신강한 사주
- 양도살이 많고 신강한 사주

14] 법조계에 종사할 사주
- 사주에 일주기준해서 丙병경庚이 있고 신왕하면 검사로 재직한다
- 수 水,목木 일생이 일시에 천문성이 있고 신왕하면 판사가 필수있다
- 丁정巳사 일생이 신강하고 재관이 있으면 반관,반민에 근무하게된다

15] 종교가의 사주는 어떠한가?
- 土가 많고 화개살이 공망 맞으면 종교가가 된다
- 木,土 일주에 인성이나 식상이 많은사주
- 인수가 공망이거나 공망이 많거나 화개살이 많을 때
- 火 일주가 木이 많거나 木火 통명된 사주

16] 의사 약사의 운명
- 사주에 자형을 제외한 인사신,축술미,자묘 형이 있고 신왕한 사주

17] 시험합격운은?
- 용신년이나 인수년이나 정관년이 길신이면 합격한다
- 기신년이나 귀문관살,편관년 재년은 실패한다

18] 남녀교제로 구설이 따르는 년은?
- 남자사주에 재가 있는데 년운에서 일간과 합이돠어 나오는 오행이 재가될 때
- 여자사주에 관이 있는데 년운이 일간고 합이되어 나오는 오행이 관이될 때
- 여자사주에 관이 있는데 년운이 식신되면서 식신이 사주의 관가 합이될 때
- 년운에 일주 주동해서 도화살 망신살이올 때
- 사주의 일주가 년운과 충이나 형될 때

19] 객사되어 시체로 돌아오거나 흉하게되는 운
- 역마와 관살이 있는 사주가 년운에 귀문관살이나 조객살이 합이되면 대흉운
- 귀문살,조객살,역마관살이 있는 사주가 관살이 되는 년운과 합이되면 흉함

20] 관재 구설운은 언제 오는가?
- 기신이되는 편관년을 만날 때
- 년운이 사주의 상관을 극하는 년이될 때 신약이면 관재오게된다
- 식상이 일주 주동해서 도화살이 되는년은 색정문제로 관재 구설이 있게됨

21] 강도나 도적 당하는 년은?

- 상관이 기신이고 편관년이 될 때
- 년운과 사주와 합이되어 나오는 오행이 일간을 극하게 되면서 신약일 때
- 편제가 기신인데 편제년을 만날 때 여자로 인해 금전손실/강도/도적 당함
- 비겁이 사주에 많은데 재년이 올 때 친인이나 형제에게 금전손실/도난 당함

22] 성병은 언제 걸리게 되나 ?

- 사주의 도화살이 있는데 년운에서 형이나 충이될때
- 사주에 도화살이 많고 형이 있는 사주에 성병이 잦다
- 년운이 사주의 편관과는 합이되고 지지와는 충이될때

23] 장수하는 사주

- 오행이 전부 사주에 있고 형,충이 없는사주
- 운로상에 용신,희신을 충하지 않고 신왕한 사주
- 사주의 생극 동기가 조화를 이룬사주

24] 단명이나 흉사하는 사주

- 없는 오행이 많고 형충이 많은사주
- 신약사주에 관이나 식상이 많을 때
- 사주에 양도,목욕,도화,편관 모두 있으며 복상사
- 사주내 괴강이 많은데 괴강을 또 만날 때

25] 생명이 위험한 사주나 사망시기

- 운로상에 용신을 극충하는데 용신을 생하는 것이 없거나
  극충하는것을 막아주는 것이 없을 때
- 비겁이 많은데 재년을 만나고 기신년이 될 때
- 신왕한 사주가 인성이나 비겁운을 만날 때
- 년운이 기신이되면서 극충형이되고 묘년이 될 때

26] 사주와 년운이 형,충,극 될 때 운세

- 년운과 사주의 년,지가 충이되면 조상이 발동하므로 조상의 선산보수나 비석,기념사업,족보등을 하게된다
  이해의 사업은 실패하거나 부모유산탕진등의 일이 발생하므로 경거망동은 하지않는것이 좋으며 근신하거나 남을위해 좋은일을하여야하며 조상의 49 재를 지내주어야 모든일이 순조롭게 아무탈없이 진행된다

- 월지와 년운이 충이되면 변동이나 이사이동,직업변동,형제간의 불화가 심함 출가하거나 나이가 어리면 집을 나가는 경우도 있다

- 사주의 일지가 년운과 충될 때 부부간의 불화가 잦으며 심하면 처의 가출이나 이별등이 발생하고 불평불만이 많이 생겨서 싸움을 자초해 관재구설이 발생하게된다

- 사주의 시지와 년운이 충할 때 모든하는일이 될듯하면서 안되며 자녀문제생김

十二]납음오행으로 본 궁합

1]남녀 궁합 해설

十二]납음오행으로 본 궁합

출생년(띠)으로 본다[속궁합은 일주로 보기도 한다]

육십갑자 납음오행표(納音五行表)

甲子(沐) 乙丑(衰)	甲戌(養) 乙亥(死)	甲申(絶) 乙酉(絶)	甲午(死) 乙未(養)	甲辰(衰) 乙巳(沐)	甲寅(建) 乙卯(建)
해중금 海中金[死]	**산두화 山頭火[墓]**	**천중수 泉中水[生]**	**사중금 沙中金[浴]**	**복등화 覆燈火[帶]**	**대계수 大溪水[病]**
丙寅(長) 丁卯(病)	丙子(胎) 丁丑(墓)	丙戌(墓) 丁亥(胎)	丙申(病) 丁酉(長)	丙午(帝) 丁未(冠)	丙辰(冠) 丁巳(帝)
노중화 爐中火[生]	**간하수 澗下水[旺]**	**옥상토 屋上土[墓]**	**산하화 山下火[病]**	**천하수 天河水[胎]**	**사중토 沙中土[帶]**
戊辰(冠) 己巳(帝)	戊寅(長) 己卯(病)	戊子(胎) 己丑(墓)	戊戌(墓) 己亥(胎)	戊申(病) 己酉(長)	戊午(帝) 己未(冠)
대림목 大林木[衰]	**성두토 城頭土[生]**	**벽력화 霹靂火[胎]**	**평지목 平地木[養]**	**대역토 大驛土[病]**	**천상화 天上火[旺]**
庚午(沐) 辛未(衰)	庚辰(養) 辛巳(死)	庚寅(絶) 辛卯(絶)	庚子(死) 辛丑(養)	庚戌(衰) 辛亥(沐)	庚申(建) 辛酉(建)
노방토 路傍土[旺]	**백랍금 白蠟金[養]**	**송백목 松柏木[祿]**	**벽상토 壁上土[胎]**	**차천금 釵釧金[衰]**	**석류목 石榴木[絶]**
壬申(長) 癸酉(病)	壬午(胎) 癸未(墓)	壬辰(墓) 癸巳(胎)	壬寅(病) 癸卯(長)	壬子(帝) 癸丑(冠)	壬戌(冠) 癸亥(帝)
검봉금 劍鋒金[祿]	**양류목 楊柳木[死]**	**장류수 長流水[墓]**	**금박금 金箔金[絶]**	**상자목 桑自木[浴]**	**대해수 大海水[帶]**
戌亥	申酉	午未	辰巳	寅卯	子丑

납음오행이란 생년의 육갑에서 나온느 오행을 갖고 남녀의 상생 상극을 맞추어 보는 것이다

1]남녀 궁합 해설

남금여금 - 용이 고기로 변해 버리는 격

길흉이 교차함이 많으니 부부금술이 처음은 좋으나 자손이 태어나면 자손은
장성하나 불효하며 부부의 금술마저 없어져 정이 없어지고 평생을 무익하게
되며 재물이 없어지고 관재구설과 재앙이 자주 발생하게된다

남금여목 - 고기가 물이 없어져 버리는 격

금극목하니 부부와 가정이 화합치 못하고 우연히 재난과 관재가 자주 발생하여
재산이 줄어들며 부부 이별하고 독수공방하게되며 가세가 기울어져 재산의
궁핍이 심하다

남금여수 - 말이 짐을 얻어 실고 힘을 발휘하는 격

금생수 하니 모든일이 순조롭게 잘 진행되고 기쁜일과 복록이 많아지며
부부화합되니 가세가 늘어나 넉넉해지고 자손이 효도하고 출세하여 명망이
높아져 재산이 나날이 늘어나고 안락하다

남금여화 - 약한 말이 짐을 많이 실어 힘에 겨운 격

화극금 하여 금과은이 녹아없어지니 재산이 있어도 자연히 없어지며
부부가 서로 고집을 부리니 싸움이 잦고 이별하기 쉬우며 자식의 인연이 희박해
자손이 귀하기나 있어도 기르기가 어렵다

남금여금 - 용이 변하여 고기가 되어버린 격

길이 교차함이 많으니 부부금술이 처음은 좋으나 자손이 태어나면
자손은 출세하고 성공 하나 부부의 금술은 금이 가게되어 부부의 정이 없어지고
재산이 줄어들며 관재구설이 자주 따라 평생을 무이하게
지내게되고 고생하게 된다

남금여목 - 연못의 고기가 가뭄을 만난 격

부부와 가정이 화합치 못하고 재난과 재앙이 자주 발생해 재산이 줄어들며 부부 이별하게되고 가세가 점점 기울어져 재산의 궁핍으로 고생한다.

남금여수 - 가뭄에 비를 만난 격

금생수 하니 기쁜 일과 복록이 많고 부부가 협력하고 화합하니
재산이 불어나 가세가 넉넉하여지고 자손이 출세하여 높이되도 효도하며
일생 부족함이 없이 태평하게 지낸다.

남극여토 - 돌산이 흙과나무를 얻은격

토생금하니 금은 보배가 가득한 넓은집에서 부부함께 앉자 서로 도우고
협력하니 재산이 하루가 다르게 불어나고 명예가 높아지며 모든 하는일이
막힘이 없고 순조로우며 자손이 번성하고 효도하니 세상에 불러울것이 없도다

남목여금 - 병든 같이 짐을 지고 가는 격

금극목 하니 서로 싸워서 어느한쪽이 심한 타격을 입게되니 부부 불화하여
오랫동안 같이 동거하지 못하고 자주 떨어지게되며 파란과굴곡이 심하므로 재산의
형성이 어렵고 궁핍이 심하며 자손으로 인한 근심걱정이
떠날 날이없고 타향에서 객사하리라

남목여복 - 집의 닭과 개를 모두 잃어버린 격

평생 길흉이 상반 하고 교차하니 재산의 풍파와 성패굴곡이 심하여 가정이
안정되지않아 여러번 이사하게되고 고생을 많이하나 노후에는 안정되고
재산도 적게나마 지니게 되나 건강이 좋치않아 근심 걱정이 많으리라

남목여수 - 참새가 독수리로 변한격

수생복하니 부부 서로 의견이 일치되고 금술이 화락하고 재산과 복록이 창성하니
부귀영화를 함께 누리게 되고 자손이 효성이 지극하고 일가친척이 화목하니 수명이
장수하며 명성이 원근에 자자하리라

남목여화 - 여름에 부채가 선풍기로 변한 격

목생화하니 부부가 서로 평생동안 사랑하고 해로하니 많은 사람이 존경하고 따르며
학식 또한 풍부하여 아는 것이 많아 여러 사람을 지도하게되며
집안에 금옥이 만당하고 자손이 창성하고 출세하니 부러울 것이 없으리라

남목여토 - 먹을 사람이 많으나 곡식은 적은 격

목극토하니 부부가 서로 만나기만 하면 다투게 되니 서로 떨어져 살아야하나 그런
처지도 아니니 진퇴양난이구나 일가친척 과도 불화하여 인연이 멀어져 도와주는
사람이 없으며 자손이 불효하여 속썩이며 유산은 있어 식록의 모자람은 없으나
차츰 줄어들게되리라

남수어금 - 타향에서 귀인을 만나는 격

금생수하니 부부 서로 화합하고, 뜻이 맞으니 무슨일이나 성취가 빠르며
전토가 불어나고 어딜가나 남의 도움이 많아 일이 순조롭게 풀리며
금은보화가 집안에 가득하며 자손도 많아 모두 출세하고 효도하며 일가친척과도
화목 하리라

남수여목 - 교룡이 비구름을 만난 격

수생목하니 자손이 창성하고 출세하여 큰 나무의 무리를 이루어 그늘이 넓어 여름을 그늘에서 시원하게 보내게되며 재산과명성이 자자하여 찾아오는 사람이 많아 평생 안락하고 패평스럽게 걱정없이 살아가리라

남수여수 - 굶주린 소가 풀을 만난격

물과 물이 다툼없이 서로 잘 통하니 부부의 금술이 원앙같고 전답이 사방에 가득하고 농사가 대풍작을 이루니 식솔이 늘어나고 재산이 불어나 가도가 점점 번성하여 부자의 소리를 듣게되며 자손 또한 창성 하리라

남수여화 - 봄 꽃이 비바람과 태풍을 격

수화 상극하니 부부 싸움이 그 칠날이 없고 서로 원수같 이목숨 걸고 싸우니 명이 짧아지고 재산이 없어지며 친인과도 불화하여 도움줄 사람마져 없으니 일생을 어렵게 고생하며 살아가게되며 자손이 불효 하리라

남수여토 - 봄의 싹이 서리를 만난 격.

토극수하여 흙 과 물이 상극하니 재산과 전토가 불어나지 않고 줄어들며 부부가 한지붕 아래 살아도 정이없어 남보다 못할때가 많으니 한평생 한탄만 하다가 남편의 상고를 당하게되니 자식마져 불효하여 고생이 심하리라

남화여금 - 용이 여의주를 잃어버린 격

화극금하니 불속에 금이 녹아 없어지니 모든 것이 사라지고 세상에 있을것이 하나도 없어진다,부부 서로가 좋아하고 애교도 있으면서 자존심이 강해 불화하게 되며 자손이 귀하여 늦게 얻은 자식이 인륜을 어지렵혀 가문에 누를 끼치고 사회의 비난을 받게되리라

남화여복 - 비둘기가 변하여 봉황이 되는 격

복생화하니 만사가 순조롭게 뜻대로 이루어져 성취가 빠르며 재물이 늘어나고도
명예도 올라가 모든 사람이 따르고 존경하여 사회의 지도자적 위치에 서게되며
모든 일에 웃자리에 추대되어 바쁘며 자손 또한 높이되고 효성이 지극 하리라

남화여수 - 늙은이가 짐을 지고 산을 넘는 격

수극화하여 물과불이 격돌하니 부부 서로 고집이 강해 한치의 양보 없이
서로 이길려하니 싸움이 끊이지않아 한지붕 아래살면서 서로 미워하면서
원수 같이 살게되며 자식은 착하나 건강이 나빠 걱정하게 되리라

남화여화 - 매가 변하여 참새가 되어버린 격

불과불이 만났으니 성격이 불같이 급해서 아침저녁으로 싸우니 집안이 편안할
날이 없고, 불화가 끊이지 않는다
모든 일을 급하게 속전속결로 처리하므로 옆에서 보면 시원스레 일을 처리하는것
같으나 실속이 없고 매사에 실수투성이므로 재산이 모이질 않고
화재수도 따르되리라

남화여토 - 고기가 바다로 나가는 격

화생토하니 전답이 많아지며 모든 만물이 잘자라 일생의식이 풍족하고
먹고 남음이 있으니 남을 위해 좋은일 많이하여 그 명성이 사방을 진동하여
만인의 추대를 받아 사회와 인류를 위해 봉사하게 되리라

남토여금 - 참새가 변하여 독수리가 되는 격

토생금하니 부부의 금술이 좋아 백년해로하며 일생동안 다툼없이 편안히
살아가며 하는일마다 기쁜일만 생겨나고 막힘없이 순조롭게 일이 잘 풀리고
도와주는이가 많아 지위가 올라가 여러사람의 윗자리에 서게 되리라

남토여목 - 고목이 겨울 비바람 만난 격

목극토하니 부부가 불화하여 화합하지 못하고 근심으로 이별하게되며
남과도 다툼이 잦아 항시 관재구설니 떠날날이 없으며 남보기는 부자이나
실속은 텅비어서 경제적 고통이 심하고 한평생 빛을 보지 못하리라

남토여수 - 여행하면서 슬픈노래 부르는 격

토극수하니, 재산을 도박과 색정으로 날려 버리고 방랑생활을 하게되니 부부궁이
불화하여 괴로움이 많으며 부부지간 생이별 하게되고 원만한 가정생활을 영위
할수 없으며 자식이 있다하나 동서로 흩어져 살게되어 고독하리라

남토여화 - 고기가 물을 만난 격

화생토하니 부부금술이 너무좋아 해마다 경사가 많으며 전답이 늘어나니 일생을
부자의 소릴 들으며 명망이 높아 존경하는 사람이 많아 만인의 호감을 받는다
자식 또한 효자효부를 두게되어 만년까지 안락하리라

남토여토 - 가지마다 꽃이 피고 열매 맺는 격

양토가 서로 합하니 전답이란 금위옥식에 고루거각 큰집에서 많은 식솔을 거느리며
풍류로 세월을 보내게 되니 수명이 장수하게되고 자손이 창성하고 발전하며 한평생
후회없는 삶을 살게되리라

十三] 궁합보는법

1] 좋은 궁합
2] 삼합(三合)
3] 방합(方合)
4] 육합(六合)
5] 좋지 않은 궁합

十三] 궁합보는법

사주명리학의 이론 중에 궁합은 술사들이 만든 비책(秘策) 같은 것으로 궁합에 대한 적용법과 해석이 다를 수 있다.

명리학에서 일간(태어난 날)에 해당하는 천간을 "나"로 보고, 일간을 기준으로 나머지 7 글자를 분석하는 것이 사주명리학의 핵심이다.
궁합을 보는 정석은 두 사람의 사주 8 글자를 보고 서로에게 남는 기운이 무엇이며, 부족한 기운이 무엇인지 판단하는 것이다
.
궁합은 결혼하기 전의 남녀 뿐만 아니라 동업 등 사람과의 모든 인연을 알아볼 수 있으며, 궁합이 좋은 사람과 결혼하면 부족한 기운을 채워 좋은 인생을 만들수 있다.
결혼 궁합은 상대방의 사주와 대운이 너무 좋지 않을 경우 볼 필요가 없을 것 같고 상대방의 사주가 정상적일 때 본인과 궁합을 보는 것이 좋다.

○ 사주가 좋지 않은 남성
- 비견, 겁재가 많을 경우 고집이 강하여 자주 다툰다.
- 사주나 결혼할 시기의 대운에 원진살, 충이 발생할 경우 좋지 않다.
- 재성이 많고 도화살이 많은 남자
- 배우자 궁(일지)에서 사주에 지지충이 발행했을 경우 궁합이 좋지 않다.

○ 사주가 좋지 않은 여성
- 비견, 겁재가 많을 경우 고집이 강하여 자주 다툰다.
- 사주나 결혼할 시기의 대운에 원진살, 충이 발생할 경우 좋지 않다.
- 관성이 많고 도화살이 많은 여자
- 배우자 궁(일지)에서 사주에 지지충이나 합이 발행했을 경우 궁합이 좋지 않다.
- 사주에 같은 기둥이 둘 있을경우 이혼할 가능성이 높다.

※ 대운이 좋을 경우 지지충, 사주 같은기둥 등이 크게 영향받지 않는다.

기본적으로 궁합을 제일 먼저 보는 원칙은 예전에는 월지를 중요시 해서 1 순위로 보았지만, 지금은 일지를 먼저 본다.

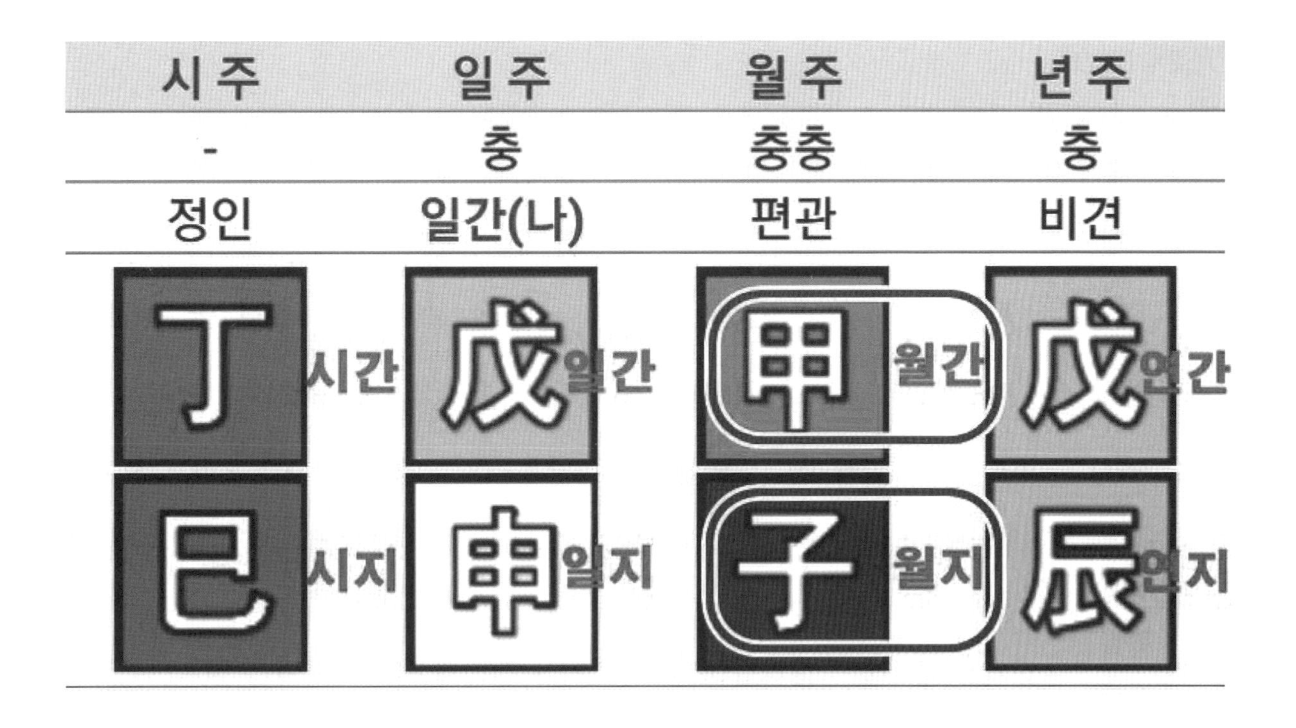

첫째, 일지(日支)를 본다. / 둘째, 월지(月支)를 본다. / 셋째, 일간(日干)을 본다.

□ **좋은 궁합**

첫째, 일지(日支)를 본다. 일지가 같은 글자 또는 삼합, 방합, 육합이면 좋다.

일주에서 일간보다 일지궁합은 배우자(남여) 궁으로 중요하다.
명리학에서 일지를 건강, 직업궁, 부부궁으로 보는데 그만큼 중요한 자리가 바로 일지이다.
일간은 정신적이고, 일지는 육체적이고 행동적이다.

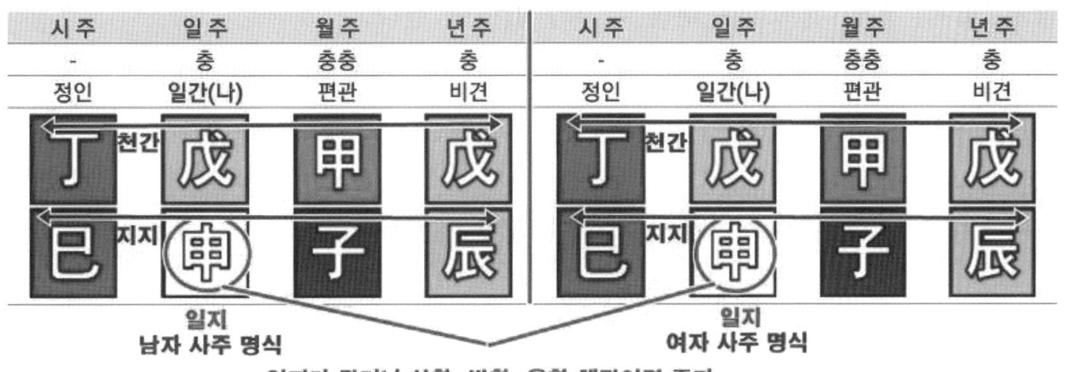

○ **삼합(三合)**

- 지지합은 삼합, 방합, 육합이 있다.

삼합	해묘미-목		인오술-화	사유축-금		신자진-수
방합	인묘진-목		사오미-화	신유술-금		해자축-수
육합	자축-토	인해-목	묘술-화	진유-금	사신-수	오미

삼합(三合)				
합하는 오행	인오술(寅午戌)	신자진(申子辰)	사유축(巳酉丑)	해묘미(亥卯未)
변하는 오행	화(火)	수(水)	금(金)	목(木)

예) 子(자) - 辰(진), 亥(해) - 卯(묘)

- 寅午戌(인오술) : 호랑이, 말, 개
  세개가 모이면 삼합, 두 개가 모이면 반합이 된다.
  寅午戌, 午戌, 午寅이 반드시 旺地의 글자가 있어야 한다.

- 亥卯未(해묘미) : 돼지, 토끼, 양
  세개가 모이면 삼합, 두 개가 모이면 반합이 된다.
  亥卯未, 卯未, 亥卯 반드시 旺地의 글자가 있어야 한다.

- 申子辰(신자진) : 원숭이, 쥐, 용
  세개가 모 삼합, 두 개가 모이면 반합이 된다.
  申子辰, 子辰, 子申 반드시 旺地의 글자가 있어야 한다.

- 巳酉丑(사유축) : 뱀, 닭, 소
  세개가 모이면 삼합, 두 개가 모이면 반합이 된다.
  巳酉丑, 酉巳, 酉丑 반드시 旺地의 글자가 있어야 한다.

- 지지삼합도

장생 제왕 묘 (長生帝旺墓)	변화오행 (變化五行)	변화십간 (變化十干)
해(亥) 묘(卯) 미(未)	목국(木局)	을(乙)
인(寅) 오(午) 술(戌)	화국(火局)	병(丙)
사(巳) 유(酉) 축(丑)	금국(金局)	신(辛)
신(申) 자(子) 진(辰)	수국(水局)	임(壬)

※ 예) 지지가 삼합인 경우 亥 - 卯(해-묘) / 子 - 辰(자-진)

○ **방합(方合)**

방합은 삼합보다 역량이 크고 삼합은 육합보다 역량이 크다.
예를 들어 해자축이 방합인데 해자축이 다 있으면 전방(前方)이라하고, 해자축 가운데 그 하나가 없어 해축, 해자, 자축 이렇게 두 개의 지(支)만 있으면 반방(半方)이라 한다.
반방을 이루어도 오행은 역시 방합한 오행으로 화하나 전방보다 힘이 못한 것 뿐이다.

방합(方合)				
합하는 오행	인묘진(寅卯辰)	사오미(巳午未)	신유술(申酉戌)	해자축(亥子丑)
변하는 오행	목(木)	화(火)	금(金)	수(水)

※ 예) 지지가 방합인 경우 인-묘(寅-卯) / 신-유(申-酉)

- 국방대조도(局方對照圖)

국(局)	목국(木局)	화국(火局)	금국(金局)	수국(水局)
	해묘미(亥卯未)	인오술(寅午戌)	사유축(巳酉丑)	신자진(申子辰)
방(方)	인묘진(寅卯辰)	사오미(巳午未)	신유술(申酉戌)	해자축(亥子丑)
	동방(東方)	남방(南方)	서방(西方)	북방(北方)

○ **육합(六合)**

- 지지육합(地支六合) : 12 지지가 상호 합체합화작용을 하는 관계이다.
  지지육합은 지합이다. 지구의 자전에 의해서 태양과의 접점이 합치하는 곳을 적용한 것이다.

  사주 중에 육합이 있는 것은 단결하여 화합의 뜻을 갖게 되고 각기 역량이 왕하게 된다.

- 지지 육합도

오미(午未)	사신(巳申)	진유(辰酉)	묘술(卯戌)	인해(寅亥)	축자(丑子)
일월(日月)	수(水)	금(金)	화(火)	목(木)	토(土)

지합은 부자경애(父子敬愛), 조업계승 등 가권을 상속하는 사주가 되고 배우자와 화합하고 노후의 안정 및 자녀와의 화합을 의미하다

천간합(天干合)						
합하는 오행	갑기(甲己)	을경(乙庚)	병신(丙辛)	정임(丁壬)	무계(戊癸)	
변하는 오행	토(土)	금(金)	수(水)	목(木)	화(火)	
육합(六合)						
합하는 오행	자축(子丑)	인해(寅亥)	묘술(卯戌)	진유(辰酉)	사신(巳申)	오미(午未)
변하는 오행	토(土)	목(木)	화(火)	금(金)	수(水)	잘되지 않음.

□ **좋지 않은 궁합 (나쁜 궁합)**

○ **원진**

예) 지지가 원진인 경우 사(巳) - 술(戌)

자미(子未)	축오(丑午)	인유(寅酉)	묘신(卯申)	진해(辰亥)	사술(巳戌)

○ **충**

예) 지지가 충인 경우 인(寅) - 신(申)

자오(子午)	축미(丑未)	인신(寅申)	묘유(卯酉)	진술(辰戌)	사해(巳亥)

- 일간 일지가 충인 관계 (천충지충)

예) 을(乙) - 신(辛) / 묘(卯) - 유(酉)

결혼 궁합(宮合), 궁성합(宮星合)

궁합(宮合)은 궁(宮)과 성(星)을 해석하기 때문에 궁성합(宮星合)이다.

일지(日支)궁합은 서로 합(合)이나 상생(相生)관계이면 좋다.

일지(日支)가 배우자 궁(자리)이기 때문에, 남녀궁합에서 가장 중요한 궁합은 일지 궁합이다

穹通四柱

十四]작명법

1] 성명의 상식
2] 우리 나라의 성명 형성과정
3] 이름의 흐름
4] 좋은이름

十四] 작명법 - 이름 짓는법(作名法)

(1)성명의 상식

남녀가 사랑 할때는 모두가 시인이 되고 온세상 모두 아름답게 보이고 오직 자기들을 위해 이세상이 존재 하는 것과 같이 느껴질때가 있다. 그리하여 남녀가 결합하여 애기를 출산 하게되면 또한번 그러한 경지에 몰입하게 된다

그리고 나서 사랑의 결실인 애기의 이름을 창출해 내던지 부모님이나 전문가에게 의뢰 해야한다

소설이나 텔레비전의 연속극에 등장하는 인물의 이름에 대해서도 고심하기 마련인데 부모의 경우 사랑의 결실인 자신의 아들 딸의 이름이야 더말할 필요가 없지 않겠나

태어나면 출생 신고를 해야하므로 출생 신고에 앞서 사랑스런 자식의 이름을 먼저 지어야 한다는 것이다.

조상의 성명에서 1세 2세(世)등 서양의 의식과는 다르게 우리나라는 가문의 의식의 영향을 받아 가문의 항렬자를 비롯하여 삼원오행 통계 수치의 길흉과 주술적 의식까지 곁들여 신경을 써서 이름을 짖게되고, 이름에 대해선 특유한 집착력이 강하다

면면히 내려오는 호랑이는 죽어서 가죽을 남기고 사람은 죽어서 이름을 남긴다는 말에서도 미뤄 짐작할수 있듯이 이름의 영원성에 대한 오랜 관습이 뿌리깊이 내려오고 있기 때문이다.

옛날에는 애기가 태어나면 집안의 선비나 웃어른께서 이름을 지어주었으나 요즘은 핵가족 시대에 선비가 드물뿐 아니라 요즘같이 바쁜 세상에 다른 할 일도 많은데 작명에 대해 공부하시는 웃 어른도 계시지 않아서 오행을 공부하신 운명 철학관이나 작명소에 대부분 의뢰한다 젊은 부부께서 부부가 함께 지혜를 모아 이름을 짖기로 하는 경우도 있기에 참고가 될까해서 작명법을 소개한다
부모의 취향과 희망 시항을 함께 살려서 부모가 직접 지었다는 긍지도 있고 그로인해 애기에 대해 애정을 더깊게 갖일수도 있다. 운명 철학관이나 작명소를 하실려는 분께서도 참고 하시면 많은 도움이 되시리라 생각 합니다.

(2)우리 나라의 성명 형성 과정

우리나라 성명에는 성(姓)과 명(名, 이름)으로 이루어진다.)성은 혈족의 일원임을
나타내나 이름은 개체성이 나타나므로 본인이 선택할수 있지만

성(姓)은 혈족을 나타내는 기호인 동시에 내가 마음되로 선택 할수없이
이미 정해지고 주어진 것이다

우리나라 성씨(姓氏)의 수가 2백 80성 정도가 있다고 들어서 알고있으며,
본관(本貫)은 9천 4백여 본에 달한다고 한다

본관의 계보를 더욱더 세분화한 파(派)는 비례하여 더욱더 많을 것이다.
한국의 모든성은 대성(大姓) 저성(著姓) 귀성(貴姓) 희성(稀姓) 벽성(碧姓)진성(珍姓)
복성(複姓)으로 구분된다

우리나라 성씨중에 귀화족을 대변하는
중국계 몽고계 여진계 위글계 아랍계 베트남계 일본계 등이 있다.

일본의 성씨가 두글자인 복(復)성 인 것은
우리 나라의 백제 문화에서 영향을 받아서이다

혈족 관계를 나타내는 성씨는 고대부터 사용된 것이 아니고
신라의 진흥왕(540-576)때부터 김(金)씨를 사용 했다고 전해진다

우리 나라에서 성과 이름이 같이 사용된 시기는 삼국시대 초기이나 왕족과 특수계층
소수에게만 성이 있었을뿐 일반 대중에게는 신라말이나 고려 초기에부터
쓰여지기 시작 하였다.

고려 문종때 성씨가 없으면 과거에 응시 하지 못하게 하였으므로
이때부터 성씨가 많이 생겨 났다고한다

직접 작명 하거나 전문가에게 의뢰할 수 있는 가변성이 있다
성명은 사회에서 통용되고 거래하는 자기의 기호이고 인격과 분신이다

그러므로 사회 생활을 하는데 있어서 없어서는 안될 편리하고 귀중한 역할을 하므로 단순한 글자의 조합이 아니라 독자적인 호흡과 영혼적인 힘을갖는 생명체라고 할 수 있다.

옛 성현들도 귀한 자녀에게 재산을 물려 주느니보다 좋은 이름과 학문을 물려주라고 했듯이 성명에 대해선 깊은 관심이 있었으므로 자기와 자기의 후손의 이름이 세상에 널리 알려지는 소망은 옛날이나 지금이나 모든 사람의 마음속에 뿌리깊게 내려오고 있다

이러한 사고는 현대사회의 물질 문명에 접하면서 약화 되기는 했으나
그맥락이 끈질기게 이어져 내려 오고 있다.

선조의 이름이나 자기의 이름 때문에 도덕적으로 나쁘게 될수없게끔 자재력을 길러 주었으며 이것이 우리나라 선비 사회의 형성에 중요한 역할을 하였고 법이 없어도 모럴만으로 사회의 질서가 유지되고 잡혀가는 이상사회를 이룩한 원인이 되었다.

조상과 선조의 명예가 곧 자신의 지위와 재산이 되었으며 우리나라는 조상의 음덕으로 살아가는 사람이 많았고 현제도 조상의 명성으로 대를이어 명성을 유지하는 경우가 많이 있다.

남에게 좋은일 많이해 선과 덕을 쌓아서 조상의 명예와 이름을 후손에 무려주는 것이 가장 위대한 유산이며 특히 우리 나라는 이름 내기로 유별나서 경치좋은 명산이나 바위 산등 어디에든 이름을 쓰고 하는 것을 보면 이름에 대한 굉장한 집착이 있는 것은 우리나라 비석 문화의 영향을 많이 받았다고 할 수 있다.

(3) 이름의 흐름

동양에서는 이름짓는 방법이 비슷하나 옛날에는 어떤 격식을 따지지 않고 그 이름의 동기가있어 그 동기에 따라 이름을 지었으며 꿈이나 태몽 태어난 지명 부모들의 바램등을 일정한 방식없이 무슨동기나 계기에의해 거기에 부합되는 작명을 했다

그러나 이조시대에 이르러 학문이 발달되고 생활 양식이 복잡 다양해지고 생존경쟁이 있어지면서 운명학에 대한 관심과 함께 성명에도 큰 관심이 생겨서 음양 오행 수리(數理)가 생겨나고 사주 팔자와 대입하여 작명 하기까지 발전 하였다.

어머니 꿈에서 산신령이 계시한되로 이순신 장군이 있고 신사임당이용을보고 잉태
했다고해서 율곡 이 이(李珥)의 아명이 현룡(見龍)이라고 했다고 하며 태어날 때
밤 하늘에서 옥동자가 태어났느냐는 똑같은 물음이 세 번이나 들려와 성삼문(成三問)
밤하늘에서 집 뜰안에 떨어지는 별을보고 지었다는 강감찬(姜邯贊)이 전해 내려오고
있다

우리 나라에서는 죽은아이의 이름자를 다음 아이에 넣는 것을 금기사항으로 여기지만
외국 에서는 그대로 다음 아이에게 물려주어 이름을 날리는 경우도 있고 그렇게
하기도 한다.

아기가 갖 태어나면 정식 이름을 지을때까지 우선 쓰는 젖이름이나 아명을 보면
우리 나라의 남존 여비 사상이 심했음을 알 수 있다. 사내 아이가 태어나길 바랬으나
여아가 태어났을 때 그 계집아이의 아명에 실망이 섭섭이 끝순이 서운이 필년이
조진년등 사내아이를 원한다는 뜻이 직설적으로 표현되어 있었다.

남자 아이를 바라고 기대한다는 뜻에서 후남이 기남이 희남이 확실이 차남이 등
여러 가지 아명이 있으며 연속극에도 후남이가 등장 했으며 노마 란 이름도 등장하는데
놈 아를 음화한 것으로 남아의 탄생을 간절히 소원 하는 뜻에서 붙여진 이름이다.

옛날에는 여자에게는 젖먹이때 식별을 필요로하는 아명이 있었을뿐 시집 가게되면
아명마져 없어져 평생 이름도 없이 살았지만 시집을가도성씨만은 그대로 간직 했는데
비해 서양의 여성들은 자기 이름은 갖고 있지만 결혼과 함께 남편의 성을 따르는 것을
보면 서양도 역시 남존 여비 사상이 우리보다 더 뿌리깊게 존재 했는것같다
일제의 침략기에 창시개명을 하지않은 사람 중에도 일본식 이름이 많았는데 특히 아들
자(子)자가 많았으며 아직도 왜래 이름의 색이 물씬 풍기는 이름이 많이 있는 것은
외래의 동경이나 선망의 체질을 벗어나지 못하고 뜻만 우리말로된 국적 없는 이름을
쓰지말고 될수 있는대로 우리 고유의 문화를 지키고 계승 발전 시키자는 뜻에서라도
국제화도 좋지만 외래색 짙은 이름은 삼가는 것이 지조있는 사람이고 애국하는 길인
것이다

경남 양산시 원동면 영포안길 11-76
사단법인 대승불교 법관사 주지 홍연표(혜명)합장 055-381-2211.
051-502-7937.010-3596-0883

4]좋은이름

1. 이름의 의미가 좋아야 함
2. 사주의 부족한 부분을 보충 (자원오행)
3. 부르기 쉬워야 함 (발음오행)
4. 수리가 좋아야 함 (수리격, 음양의 조화, 삼원오행)

1. 이름의 의미가 좋아야 함 : 인생의 목표 및 좌우명 부여

이름은 평생동안 불리어지고 또한 후세에도 남는 것으로 뜻이 좋아야 합니다.

이름은 주로 다른 사람이 부르고 또한 자기 자신이 음미하는 것으로

이름의 의미를 본인의 인생목표 또는 삶의 태도로서 여기며 살아가게 됩니다.

조선시대 글이 뛰어나 과거 급제하여 청백리 암행어사로 잘 알려진

박문수(朴文秀 숙종17~영조32)의

이름이

박문둔(朴文鈍:글에 어두움)이었더라면 과거에 급제할수 있었을지 의심스럽습니다.

물론 이름이 좋아야 좋은 사람이 된다는 것을 미신이라 생각하는 분이 있을지 모르나

본인의 인생이 인생관(인생목표)에서 결정되고

자신의 이름은 인생관을 결정하는데 많은 영향을 미치는 것을 생각하면

역시 뜻이 좋은 글자로 이름을 지어 주어야 합니다.

이름 이외에 호를 지어 자신의 좌우명으로 삼기도 합니다.

박문수(朴文秀) : 글문, 뛰어날수, 문장이 뛰어남) : 암행어사 판서등 역임
유정현(柳廷顯): 조정정, 귀할현, 조정에서 귀하게 됨): 영의정등 역임
강맹경(姜孟卿): 맏맹, 벼슬경, 벼슬의 맏이): 영의정등 역임

2. 타고난 사주에서 부족한 부분을 보완해 주어야 함

(부족한 부분은 각 개인마다 다름)

사주팔자는 태어날 때 정해지지만 이름은 원하는대로 지을 수 있습니다.
타고난 사주에서 부족한 부분이 있으면 이름에서 보완해 주어야 합니다.
약한 부분은 보완하고 막힌 부분은 소통시켜
기가 상생순환하는 건강한 사주로 만들어 주어야 합니다.

사주보완을 할때 전체(순환,억부,조후,통기등 고려한 사주 전체적인면)를 생각하지 않고,
오행의 갯수만을 계산하여 보완하면 만족한 사주보완을 할 수가 없습니다.
사주 전체를 생각하여 기운이 순환하고 약한 부분을 보완하고 너무 강한 부분은
억제하여 건강한 사주가 되도록 해야 합니다.

부족한 부분을 보충하기 위해서는 글자가 갖고 있는 원래의 의미를
각 오행에 맞게 분류한 자원오행으로 보충합니다.
즉 사주에서 수(水)의 기운이 부족하면,
수의 의미를 내포한 글자(자원오행이 수인
글자 : 江 강강, 河 물하, 海 바다해, ...)로 작명하여
부족한 부분을 보완해 주어야 합니다.

사주를 톱니바퀴라 하면 자원오행은 톱니로 볼 수 있습니다.
톱니바퀴(사주)가 원활하게 순환하며 잘 굴러가기 위해서는 빠지고 약한 톱니를
자원오행(이름)으로 보완해 주어야 합니다.
타고난 사주에서 부족한 부분을 자원오행으로 보완
(보완할 자원오행은 각 개인의 사주에 의해서 결정됨.)

모든 자연이 순환을 하듯이 사주에서도 기운이 순환을 해야 합니다.

부족한 부분을 보충하여 약한 곳을 보완하고 막힌 기운을 소통시켜

가장 훌륭한 사주의 조건중 하나로 여기는 기가 통하는 사주로 만들어 주어야 합니다.

자연에는 봄,여름,가을,겨울 사계절이 있어 순환을 하고

사람의 몸은 건강한 활동을 위하여 오장(五臟)이 모두 온전해야 하듯이

사주에서도 부족한 부분을 보충하고 약한 부분을 보완하여,

사주의 기운이 상생순환하는 건강한 사주로 만들어 주어야 합니다.

오행상생순환론(희신)

통기용신(희신), 억부용신(신강신약: 희신,용신),조후용신(사주의 춥고 더움),

병약용신(기운 편중 방지)

예:**김영삼(金泳三)** --> 자원오행: 금수화
戊(토) 乙(목) **己**(토) 甲(목)
辰(토) 丑(토) 未(토) 戌(토)
--> 사주에서 지도력운(土)과 관직운(목)은 충분히 타고났음.

(금,수,화: 사주에 부족한 오행)

사주에서 순환에 필요한

오행 **금(재능운) 수(재물,성과운) 화(학문,협력운)**를 우선 보완함.

사주풀이를 할때 **오행상생순환론(부족한 오행보완)**을 고려하지 않으면

실제와 맞지않는 엉뚱한 사주풀이가 될 수 있습니다.

즉 물이 부족하여 사막처럼 되거나

화가 부족하여 추운 얼음동토처럼 되는 현상을 풀이하지 못하게 됩니다.

자원오행 : 부수나 글자가 갖고 있는 원래의 의미를 각 오행에 맞게 분류한 것.

자원오행	글자 예
목(木)	나무목(木), 수풀림(林), 수풀삼(森), 소나무송(松) ...
화(火)	불화(火), 불꽃염(炎), 솥정(鼎), 빛날현(炫) ,...
토(土)	흙토(土), 언덕릉(陵), 뫼산(山), 봉우리민(岷) ...
금(金)	쇠금(金), 거울경(鏡), 구슬옥(玉), 쌍옥각(珏) ...
수(水)	물수(水), 강강(江), 바다해(海), 물하(河) ...

金泳三(김영삼:대통령) -->자원오행:금수화
裵克廉(배극렴:영의정) -->자원오행:목목목
河崙(하륜:영의정) -->자원오행:수토
柳廷顯(유정현:영의정) -->자원오행:목목화
金炳國(김병국:영의정) -->자원오행:금화수
許積(허적:영의정) -->자원오행:금목
李鐸(이탁:영의정) -->자원오행:목금
金載瓚(김재찬:영의정) -->자원오행:금화금

金大中(김대중:대통령) -->자원오행:금목토
曺錫文(조석문:영의정) -->자원오행:토금목
姜孟卿(강맹경:영의정) -->자원오행: 토수목
南九萬(남구만:영의정) -->자원오행:화수목
黃喜(황희:영의정) -->자원오행:토수
韓明澮(한명회:영의정) -->자원오행:금화수
韓致亨(한치형:영의정) -->자원오행:금토토
徐命善(서명선:영의정) -->자원오행:화수수

천간	갑(甲)	을(乙)	병(丙)	정(丁)	무(戊)	기(己)	경(庚)	신(辛)	임(壬)	계(癸)
음양	양(陽)	음(陰)	양(陽)	음(陰)	양(陽)	음(陰)	양(陽)	음(陰)	양(陽)	음(陰)
오행	목(木)	목(木)	화(火)	화(火)	토(土)	토(土)	금(金)	금(金)	수(水)	수(水)

지지	자(子)	축(丑)	인(寅)	묘(卯)	진(辰)	사(巳)	오(午)	미(未)	신(申)	유(酉)	술(戌)	해(亥)
음양	양(陽)	음(陰)	양(陽)	음(陰)	양(陽)	양(陽)	음(陰)	음(陰)	양(陽)	음(陰)	양(陽)	음(陰)
오행	수(水)	토(土)	목(木)	목(木)	토(土)	화(火)	화(火)	토(土)	금(金)	금(金)	토(土)	수(水)

3. 발음이 좋아야 함 (발음오행이 상생)

이름은 발음하기 쉬운 것이 좋습니다.
이름은 평생 불리어지므로 발음하기가 어려우면 그것이 누적되어 좋지 않은
영향을 미칠 수가 있고 또한 부르는 사람도 이름을 보고 이미지를 연상하므로
가능하면 부드럽게 이어지는 이름이 좋습니다.

한글 자음을 발음으로 구분하여 발음상 연결이 쉬운 관계를 발음오행으로 나타냈으므로
발음오행이 상생이 되면 발음이 쉽다고 생각하시면 됩니다.
어금니 소리는 혓소리나 입술소리와는 발음상 연결이 쉬우나
(발음오행 상생 : 가나, 가마)
어금니 소리와 목구멍 소리와는 발음상 연결이 쉽지 않습니다
(발음오행 상극 : 가아, 가하).

한글의 발음은 훈민정음 창제시에는 소리나는 순서가
(音出牙舌脣齒喉 : 훈민정음 해례 참조)
어금니소리(아음 :牙音) --> 혓소리(설음:舌音) --> 입술소리(순음:脣音) -->
잇소리(치음:齒音) --> 목구멍소리(후음:喉音) 순으로 나오는 것으로 이해하였습니다.

훈민정음은 세종대왕의 높으신 덕과 밝으신 슬기와 깊으신 연구로 말미암아
창작된 것이다.
그것이 반포된 뒤에 그 오묘한 진리를 갈고 닦은 사람이 거의 없었다.
그러다가 한글이 생겨난 지 305년만에 겨우 비로소 그 묻힌 진리를 파내고자
괭이를 잡은 이가 있으니 이가 곧 여암이다.
그의 「훈민정음 운해」는 독자적인 음운학적 역학적인 연구를 한 것으로
15세기 「훈민정음해례」로부터 조선조의 학맥을

다시 18세기 중엽으로 이어주고 있는 것이다.

여암의 학적 노작은 확실히 정음학(한글갈)의 중흥자라고 높이 평가를 받고 있다.

조선시대 영조때 여암이 훈민정음에 대하여 본격적인 연구를 하니,
훈민정음 운해(訓民正音 韻解)에서 소리나는 순서가
목구멍소리(후음:喉音) --> 어금니소리(아음 :牙音) --> 혓소리(설음:舌音) -->
잇소리(치음:齒音) --> 입술소리(순음:脣音)
순서로 소리가 난다고 논문을 발표하였습니다.

훈민정음 운해(訓民正音 韻解)논문 발표후에는 소리나는 순서가
목구멍소리에서 시작하여 입술소리까지 이르는 것을 대부분 인정하고
그에 따라 오행을 정하니 현재 대부분 사람들이 사용하는 발음오행입니다.

물길이 여럿 있어도 물이 흐르기 쉬운 곳으로 물이 흐르며
그 물이 흐르는 길에 의해 흐름의 특성이 나타납니다.
발음도 상생이 되는 쪽으로 부드럽게 발음이 연결이 되며
발음이 연결이 되는 쪽의 특성이 나타납니다.
발음오행이 상생이 되도록 작명하기 위해서는 **다음 3가지중 하나를 만족하면 됩니다.**

(1). 발음오행 초성상생(초성 상생: 성초성+이름첫자초성+이름끝자초성)

발음은 초성 위주로 발음이 되므로 초성상생이 중요하다는 학설.

초성은 입의 모양을 여는 음으로, 초성끼리 상생으로 작명하면 발음이 부드럽게 연결이 됩니다.

(작명시 파란색 ㄱ,ㄴ,ㄷ,ㄹ,...) 성:초성 + 이름:초성 + 이름:초성

예: 이순신(장군) : 이(초성ㅇ:토) + 순(초성ㅅ:금) + 신(초성ㅅ:금) : 발음오행(토금금) 상생

예: 박문수(암행어사): 성(초성ㅂ:수) + 문(초성ㅁ:수) + 수(초성ㅅ:금) : 발음오행(수수금) 상생

예: 유정현(영의정) : 유(초성ㅇ:토) + 정(초성ㅈ:금) + 현(초성ㅎ:토) : 발음오행(토금토) 상생

예: 김병국(영의정) : 김(초성ㄱ:목) + 병(초성ㅂ:수) + 국(초성ㄱ:목) : 발음오행(목수목) 상생

예: 홍순목(영의정) : 홍(초성ㅎ:토) + 순(초성ㅅ:금) + 목(초성ㅁ:수) : 발음오행(토금수) 상생

예: 허적(영의정) : 허(초성ㅎ:토) + 적(초성ㅈ:금) : 발음오행(토금) 상생

예: 이탁(영의정) : 이(초성ㅇ:토) + 탁(초성ㅌ:화) : 발음오행(토화) 상생

(2). 발음오행 종성고려 상생(성종성고려: 성종성+이름첫자초성+이름끝자초성)

발음은 초성 위주로 발음이 되나, 성씨와 이름은 구분해서 발음하므로 성의 종성이 중요하다는 학설.

종성(받침)은 소리가 끝나는 음으로, 성의 종성과 이름초성끼리 연결을 해도 발음이 부드럽게 연결이 됩니다.

(작명시 초록색 ㄱ,ㄴ,ㄷ,ㄹ,...) 성:종성 + 이름:초성 + 이름:초성

예: 김재찬(영의정): 김(종성ㅁ:수) + 재(초성ㅈ:금) + 찬(초성ㅊ:금) : 발음오행(수금금) 상생

예: 김종수(좌의정): 김(종성ㅁ:수) + 종(초성ㅈ:금) + 수(초성ㅅ:금) : 발음오행(수금금) 상생

예: 정태화(영의정): 정(종성ㅇ:토) + 태(초성ㅌ:화) + 화(초성ㅎ:토) : 발음오행(토화토) 상생

예: 김수환(종교인): 김(종성ㅁ:수) + 수(초성ㅅ:금) + 환(초성ㅎ:토) : 발음오행(수금토) 상생

(3). 발음오행 초종파동상생

초성종성 상생:

성초성+(종성) + 이름초성+(종성) + 이름초성+(종성))

초종파동상생: 초성과 종성이 위아래_위아래로 파동처럼 상생이 됨

발음은 초성,종성 구분없이 모두 고려해야 한다는 학설.

성의 초성부터 이름 끝음까지 발음오행이 상생이 되면 발음이 부드럽습니다.

(작명시 초록색 ㄱ,ㄴ,ㄷ,ㄹ,...)

성초성+(종성) + 이름초성+(종성) + 이름초성+(종성)

예: 서종태(영의정) :

서(초성ㅅ:금)+종(초성ㅈ:금+ 종성ㅇ:토) + 태(초성ㅌ:화)-> 금금토화 : 발음오행 상생

예: 김상로(영의정) :

김(초성ㄱ:목+종성ㅁ:수) +상(초성ㅅ:금+ 종성ㅇ:토) +로(초성ㄹ:화)

-> 목수금토화 : 발음오행 상생

예: 이율곡(학자) :

이(초성ㅇ:토) + 율(초성ㅇ:토 + 종성ㄹ:화) + 곡(초성ㄱ:목 + 종성ㄱ:목)

-> 토토화목목 : 발음오행 상생

구 분	木	火	土	金	水
발 음	ㄱ ㅋ	ㄴㄷㄹ ㅌ	ㅇ ㅎ	ㅅㅈㅊ	ㅁㅂㅍ
발성기관	어금니소리 (牙音)	혓소리 (舌音)	목구멍소리 (喉音)	잇소리 (齒音)	입술소리 (脣音)

발음은 성부터 이름끝자까지 부드러워야 합니다.
성부터 발음오행이 상생이라 함은, 성부터 발음이 부드러움을 나타냅니다.

相生관계(상생관계 : 상생해주는 관계)

목생화 : 목은 화를 생하여 줌
화생토 : 화는 토를 생하여 줌
토생금 : 토는 금을 생하여 줌
금생수 : 금은 수를 생하여 줌
수생목 : 수는 목을 생하여 줌

목 → 화 → 토 → 금 → 수

相剋관계(상극관계:극하는 관계)

목극토 : 목은 토를 극함
토극수 : 토는 수를 극함
수극화 : 수는 화를 극함
화극금 : 화는 금을 극함
금극목 : 금은 목을 극함

목 → 토 → 수 → 화 → 금

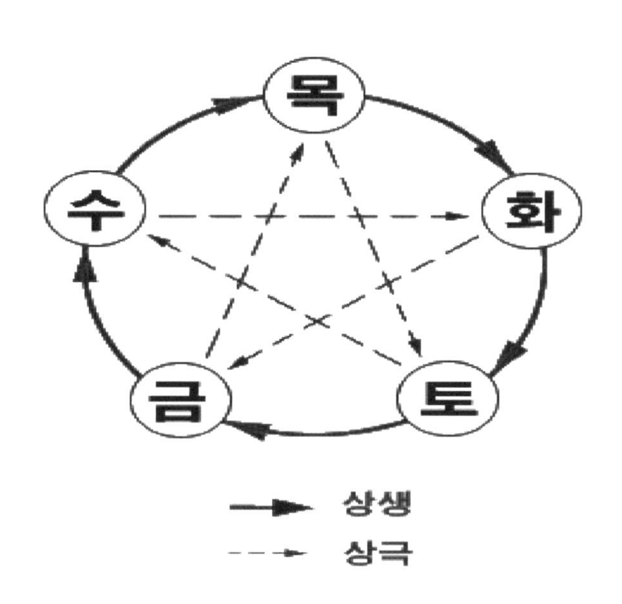

4. 글자의 수리가 좋아야 함.

수리론(數理論)은 수(數)가 지닌 고유의 의미(意味)를 성명학(性名學)에 응용한 것으로
성명자의 수리(數理)에 따라 길흉화복(吉凶禍福), 부귀빈천(富貴貧賤)
영고성쇠(榮枯盛衰)를 예지(豫知)할 수 있다는 이론입니다.

성명학에서 수리론(數理論)의 핵심(核心)은 성자(性字)와 명자(名字)의
획수(劃數)를 계산하여 4격(元, 亨, 利, 貞)으로 구분하여 인생운(人生運)을
예측(豫測)하는 것입니다.

수는 1부터 9까지가 기본인데 성명학(性名學)에서는 1부터 81까지를
기본으로 하여 각 수(數)가 지닌 기운(氣運)을 설명하고 있습니다.

(1) 수리격

성과 이름을 구성하는 글자들의 획수가 길한수인가,
흉한 수인가를 구분하여 길한수로 작명하는 방법입니다.
각 수가 지닌 기운에 근거하니 참고하시길 바랍니다.

원격(元 格) : 이름첫자와 둘째자 합 (초년운세) --- 명격,지격등으로도 부름

형격(亨 格) : 성과 이름 첫자의 합 (청년운세) --- 주격,인격등으로도 부름

이격(利 格) : 성과 이름 끝자의 합 (중년 운세) --- 외격으로도 부름

정격(貞 格) : 성과 이름첫자, 둘째자 모두의 합 (말년운세) --- 총격으로도 부름

김 (金8획) 대 (大3획) 중 (中4획)

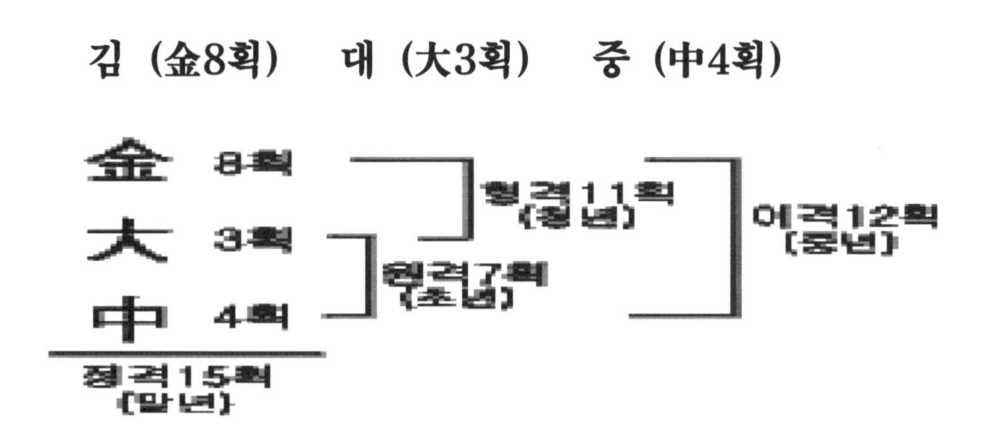

초년 : 원격(대 + 중 = 7획)獨立格(독립격:길)

청년 : 형격(김 + 대 = 11획)新成格(신성격:길)

중년 : 이격(김 + 중 = 12획)薄弱格(박약격:흉)

말년:정격(김+대 +중 =15획)統率格(통솔격:길)

길한 획수									
01 수	基本格 (기본격)	03 수	成形格 (성형격)	05 수	定成格 (정성격)	06 수	繼成格 (계성격)	07 수	獨立格 (독립격)
08 수	開物格 (개물격)	11 수	新成格 (신성격)	13 수	智謀格 (지모격)	15 수	統率格 (통솔격)	16 수	德望格 (덕망격)
17 수	健暢格 (건창격)	18 수	發展格 (발전격)	21 수	頭領格 (두령격)	23 수	功名格 (공명격)	24 수	立身格 (입신격)
25 수	安全格 (안전격)	29 수	成功格 (성공격)	31 수	隆昌格 (융창격)	32 수	順風格 (순풍격)	33 수	昇天格 (승천격)
35 수	平凡格 (평범격)	37 수	仁德格 (인덕격)	38 수	福祿格 (복록격)	39 수	安樂格 (안락격)	41 수	大功格 (대공격)
45 수	大智格 (대지격)	47 수	出世格 (출세격)	48 수	有德格 (유덕격)	51 수	春秋格 (춘추격)	52 수	能直格 (능직격)
57 수	努力格 (노력격)	58 수	自力格 (자력격)	61 수	榮華格 (영화격)	63 수	吉祥格 (길상격)	65 수	完美格 (완미격)
67 수	成長格 (성장격)	68 수	達成格 (달성격)	73 수	亨通格 (형통격)	75 수	旺盛格 (왕성격)	81 수	還喜格 (환희격)

흉한 획수									
02수	分離格 (분리격)	04수	不定格 (부정격)	09수	窮迫格 (궁박격)	10수	空虛格 (공허격)	12수	薄弱格 (박약격)
14수	離散格 (이산격)	19수	苦難格 (고난격)	20수	虛望格 (허망격)	22수	中折格 (중절격)	26수	是非格 (시비격)
27수	中斷格 (중단격)	28수	波亂格 (파란격)	30수	浮夢格 (부몽격)	34수	破滅格 (파멸격)	36수	失敗格 (실패격)
40수	無常格 (무상격)	42수	苦行格 (고행격)	43수	迷惑格 (미혹격)	44수	魔障格 (마장격)	46수	不知格 (부지격)
49수	隱退格 (은퇴격)	50수	不幸格 (불행격)	53수	不和格 (불화격)	54수	辛苦格 (신고격)	55수	不忍格 (불인격)
56수	不足格 (부족격)	59수	不遇格 (불우격)	60수	暗黑格 (암흑격)	62수	孤獨格 (고독격)	64수	沈滯格 (침체격)
66수	逆難格 (역난격)	69수	衰弱格 (쇠약격)	70수	暗難格 (암난격)	71수	不安格 (불안격)	72수	相半格 (상반격)
74수	不交格 (불교격)	76수	離散格 (이산격)	78수	無力格 (무력격)	79수	不信格 (불신격)	80수	陰影格 (음영격)

(2) 음양의 조화

이름의 수리를 맞출 때도 음양의 조화를 고려하여 작명합니다.

수에서 양은 홀수, 음은 짝수를 나타냅니다.

양 : 1,3,5,7,9,11,13,... 음 : 2,4,6,8,10,12,14,...

조화된 음양 배열 (吉)
양 양 음 (○ ○ ●)
양 음 양 (○ ● ○)
양 음 음 (○ ● ●)
음 양 양 (● ○ ○)
음 양 음 (● ○ ●)
음 음 양 (● ● ○)

조화되지 않은 순음,순양의 배열(凶)
양 양 양 (○ ○ ○)
음 음 음 (● ● ●)

예: 김(金8획)대(大3획)중(中4획) : 8(음) 3(양) 4(음) --> 음양의 조화 만족

이름의 수리도 음이나, 양 한쪽으로 편중되지 말고 조화를 이루어야 합니다.

3) 삼원오행

글자의 획수를 오행으로 표시하여 천격,인격,지격으로 나누어 하늘과 사람과 땅이 상생이 되도록 이름을 작명해야 한다는 이론임.
(수리에서는 삼원오행보다 수리격을 중시하는 경향이 있습니다.)

. **천격**(하늘:부모) : 성의 획수 (부모에게서 물려 받은것)

. **인격**(사람:자신) : 성+이름첫자 획수

. **지격**(땅:처와 자식) : 이름첫자+이름끝자의 획수

획수와 오행: 1,2획 : 목 3,4획 : 화 5,6획 : 토 7,8획 : 금 9,0획 : 수
획수가 10 이상 이면 끝수로 판단함. 예:15획이면 --> 끝자 5획으로 삼원오행은 토(土)임

예: 김(金8획) 갑(甲5획) 돌(乭6획)

천격 : 김(金8획) = 8획(금)
인격 : 김(金8획) + 갑(甲5획) = 13획(화)
지격 : 갑(甲5획) + 돌(乭6획) = 11획(목)
삼원오행(금화목) 상생 만족하지 못함

(4) 부수의 획수 계산

성명학에서 부수의 획수는 원 뜻을 찾아서 원래 글자를 기준으로 획수를 계산합니다.
즉 삼수변 부수는 원래의 한자 물수를 찾아 4획, 심방변 부수는 원래의 한자
마음심을 찾아
4획등으로 계산 --> 혼동하기 쉬운 부수 보기

(5) 여성에게 획수

조선시대에는 여성은 집안 일을 하는 사람(집사람)이고, 남자는 바깥 일을 하는

사람(바깥사람)으로 여겨서 여성이 큰 소리를 내면, 집안이 망하고 남편이

좋지 않다는 사고가 있었습니다.

성명학에서도 이를 반영하여 여성이 너무 잘나가면(두령격_21획:지도자가 됨,

공명격_23획:출세하여 이름을 떨침) 좋지 않다는 개념이 있었으나,

요즘은 여성도 바깥에서 크게 성공하기를 원하여,

오히려 출세운(두령격_21획),공명격_23획)을 선호하는 분이 많습니다.

(6)수리의 길흉

통계로 나온것이니 꼭 맞다고 생각하지 말고 재미로 보는정도로 하기 바란다.

11 획수(신성격)

봄을 만나 새싹이 돋아나듯 발전의 기운이 있다.
우연히 남의 도움이 많아 순조롭게 뻗어나가 자연히 부귀명예를 함께얻어
집안을 일으켜 세운다

12 획수(박약격)

너무 큰뜻을 품고 무리하게 밀어 부치다가 역량 부족으로 중도에 포기하여
모든것이 좌절되고 쇠망해져 버리는 경우가 많다
무모 하기만 하고 의지력도 약해 역경이 초라하면 뒷처리를 감당 할수있는 박력도 없다

13 획수(지모격)

지모가 뛰어나고 총명하여 무슨일에나 능력을 발휘하고 성공하여 재산을 모우는
지모가 뛰어나다
예능방면에도 소질이 많아 능력을 발휘하고
이름이 나며 많은사람이 따르고 존경한다.

14 수(이산격)

변동과 성때의 굴곡이 심해 일평생 박복한 인생을 살아가게되며
특히 가정운이 불길하여 가족의 파산이나 이별이 나타난다
사업은 실패가 잦으므로 직장에 충실히 다니거나 기술을 가지면 무난하게 지낼수 있다

15 획수 (통솔격)

성격이 활달하고 친화성이 많아 많은사람의 존경과 신망이 높아 지도자적 위치에
서게되며 재산과 명예 건강 모두가 좋아지고 모든 사람이 잘 따르고 통솔력도 있어
어딜 가나 그 분야에선 지도자적 위치에 서게된다

16 획수 (덕망격)

훌륭한 인격과 덕을 갖춘 인물로 출세가 빠르며 많은 사람의 어려운 일은
내일같이 잘돌봐줘 많은사람이 따르고 존경하여 사람이 모이므로
사회의 기둥역활을 한다

17 획수 (건창격)

개성이 뚜렸하고 신념이 있어 모든일 추진함에 있어 진취성과 적극 성으로 끝까지
박력있게 관철시키고 성공 시킨다.
너무 자기주장이 뚜렷해 대인관계의 불화가 따라 인화와 단결이 잘 되지 않은
결점이 있다

18 획수 (발전격)

재능이 뛰어나고 의지가 뚜렷해 활동력과 추진력이 왕성해 많은 사람의 호감을 받고
도움을 받아 빨리 발전한다
너무 강한 자존심과 자만심이 강해 항상 남에게 잘해주고도 수고한 공덕을
보지 못하고 나쁜 소리만 듯는다

19 획수 (고난격)

잔꾀가 많고 멀리 보지 못하고 눈앞의 이익만 생각해 일시적인 성공은 거두나
오래가지 못해 파산하고 시작은 거창하나 끝 마무리가 시원치 않아 파란곡절을
많이 겪는다
육친과의 인연이 박하고 가정의 불안정이 심하고 파경이나 단명등이 겹치는
비극적인 암시가있다

20 획수 (허망격)

부지런하고 성실하긴 하나 욕심이 많고 도량이 좁아 사람이 따르지 않고
의지는 강하나 지모가 부족하여 매번 실패로 끝나며 망상과 공상만 발달되어
배우자와 자식을 고생시키며 말년까지 고독과 실망속에 살아가는 허망한 인생이다

21 획수 (두병격)

남을 위해 봉사하는 봉사정신이 강하고 두령적 기질이 있어 사람을 잘 통솔하고
사회에서도 여러사람의 신망이 두터워 높은 지위에 추대되고 명예와 자산이
함께 따르나 성공하기까지 시련이 많이 따라 고생이 많다.
성공하고 나서도 너무 과신 하지않는것이 이로우며 이성은 너무 강한 수라서
남편을 꺽어 누르려는 힘이 강해 이혼이나 사별의 망시가 있으나 사회활동하는
여성은 출세하고 사회의 지도자적 위치에 선다

22 획수 (중절격)

일만 많이하고 고생이 심하나 소득은 적고 인내부족으로 모든 일이 중도에서 중단되고
좌절되어 초년에 행복하드라도 중년부터 쇠락해져 파란과 고생이 심하다
무슨일이든 끝까지 성사되는 일이 없다

23 획수 (공명격)

어려운 가운데서도 타고난 지모와 탁월한 능력으로 활동력이 왕성하여 마침내 성공하여
명예와 자산이 불어나고 모든일이 일사천리로 막힘없이 발전하여 사회의 모든 사람의
신망이 두터워 지도자로 부상하여 더욱더 명예와 공명이 올라간다
이성은 강한 수라서 배우자에게 이길려고해 싸움이 잦고 가정불화가 잦으므로
피하는 것이 좋다

24 획수 (입신격)

정직하고 겸손하며 재주와 능력으로 근면 성실히 창의력을 발휘하여
자주성가 하게되고 재산과 명예를 얻고 출세한다
배우자의 덕이 많아 배우자로 인해 경제적 도움이 많아 일생 안락하고 편안히 지낸다

25 획수 (안전격)

재치와 유머감각이 뛰어나고 경우도 바르나 개성이 뚜렸하여 대인관계에 인화를
헤치게되며 자기 편리한대로 살아가는 기질이 있어 이성관계가 복장하고
일부일처로 살아가지 않아 색정으로 재산을 소모하거나 이성관계만 조심하면
무난하고 안전하다

26 획수 (파란격)

난세의 영웅 등 비극적인 삶을 살아가는 사람이 많다
과신과 자만심이 많아 자기도취에 잘 빠지고 한때 성공 하나 잠시뿐 이고
다시 몰락하여 가정이 이산되고 파산되어 타탁하거나 장님이되는등 파란과 굴곡이
심해 안정된 생활을 하지 못하고 고독하다.

27 획수 (중절격)

지모가 뛰어나고 성격이 냉정하고 날카로와 노력에 의해 중년까지는 발전하고
성공하나 자존심이 너무 강하고 남을 무시하는 아만심이 많아 많은사람의 악평으로
몰락하는 비운을 격 다

28 획수(유랑격)

무슨 일이든 조화를 이루지 못하고 한쪽으로 치우쳐 성공과 실패의 기복이 심하고
정착되지 못해 안정이 되지않아 동서팔방으로 떠돌아 다니는 신세가된다
본인이나 자식이 병약이나 형벌 살상을 입어 혼자서 고독하게 유리방랑하는 신세가 된다

29 획수 (안타격)

지모와 재능이 겸비되어 일찍부터 출세하여 두각을 나타내 활동력이 뛰어나고
매력 또한 많아 많은 사람에게 인기가 많다
인내심이 없어 모든 일이 끝마무리가 서툴러 일을 그르치는 경우가 많다
시험운이 약해 다른 사람보다 많은 노력이 필요하고 항상 늦게 성취가 된다

30 획수 (변전격)

성공과 실패의 기복이 심한 인생 항로를 걷는다
투기나 요행,도박등으로 일시적으로 거금을 잡기도 하지만 결국에 빈털 털이가 되고
고생하며 형벌을 받기도 합니다.
모험적인 극단적인 삶으로 길흉상반의 인생을 걷게되는 변화무쌍한 삶이된다.

31 획수 (삼덕격)

지능,덕망,재복 세가지 덕목을 고루 겸비하여 만인의 존경과 지지를 얻어
사회적 지도자 위치에 서게된다
굳은 의지와 앞날을 바라보는 날카로운 통찰력으로 부귀겸전하게되고
대업을 성취하게된다

32 획수(행운격)

성품이 온확하고 대인관계가 무난해 세인의 신망과 존경이 따라 귀인의 도움으로
빨리 출세한다.
벼슬운이 강해 관직에 봉사하면 더욱더 행운을 누린다
배우자의 덕도 많아 명문가에 결혼한다

33 획수(서운격)

강한 의지력과 생활력이 강해 자수성가로 목적이 달성되고 부귀,명예,수명
모두가 좋은 수이다
너무 빨리 발전하거나 지나치면 오히려 역효과가 난다
풍파와 굴곡이 많아 걱정하게되므로 조화를 잃지않고 너무 무리하지 말어야 한다
이성은 강한 수여서 남편을 누르므로 사별이나 갈등이 많고 생활전선에
뛰어 들어야 한다

34 획수 (파멸격)

하는일마다 중도에 좌절되고 쇠락해지는 불운이 따라 성취 되는 일이 없어
자신의 성격마저 비뚤어지고 타락되어 파멸의 길을 걷게되는 흉수이며 가정과 재산이
파산되어 말년에 이를때까지 고독하고 파란만장의 인생이다

35 획수 (온순격)

성격이 온화하고 인품이 고상히여 남의 호감을 사나 추진력이나 의지력이 약해
주관마져 뚜렸하지않아 남의 말에 잘 흔들린다
학자 군인 예술 계통이 어울리고 남의 밑에서 참모로서는 적격이며
여성은 현모양처로 내조의 공을 세워 안락하게 지낸다.

36 획수 (협기격)

의협심 정의감 투기성이 강해 한때의 영웅으로 군리 할때도 있으나
인생의 부침이 많아 군림과 하락의 기복이 심하여 가정이 원만치 못하고
단명,병약,귀양 등의 재난과 파란곡절이 많이 나타나는 수이다.

37 획수 (권위격)

자존심이 강하고 명예를 소중히 여겨 재산은 많지 않아도 명예와 권위가 높아
사회에서 존경의 대상이 된다
박사학위 취득자나 권위가 중시되는 직업에 많다.
너무 한가지 일에 집착하여 목적을 달성하는 인내심과 끈기는 있으나
가정이나 다른것은 소흘히해 조화를 이루지 못하는 결점이 있으므로
이것만 보완하면 길수이다.

38 획수 (평범격)

모든 일을 좋은게 좋다는 식으로 처리하므로 진취성이 없고 독립심과 패기가 없어
대사 대업을 이끌며 크게 성공하진 못하나 모든 사람의 인심은 잃지않아
평범하게 지낸다
문화, 종교,예술방면에 좋고 여성은 내조자로서 남편에게 순종하는 미덕을 가지고 있다

39 횟수 (장수격)

재산과 명예를 함께얻어 발전하고 안락한 좋은수이나 재산과 명예가 너무 높으면
수명이 줄어드는 경우가 있으니 너무 욕심내지 않고 재산을 좋은일에 많이쓰면서
조화를 이루면 좋은수이다.
외동이나 명이 짧거나 자손이 귀한데는 길수이다

40 획수 (구상격)

사람이 욕심이 없어 진취성이나 끈질김이 없고 모질지 못해 자기 사업을 하면
실패가 잦아 성격이 날카로와져 대인관계가 원만하지 못해 능력은 있으나 발휘하지도
않고 인정 받지도 못하므로 직장인이나 종교인은 무난하다

41 획수 (길경격)

지모가 뛰어나고 앞을 내다보는 선견지명이 있어 성취가 빠르며 사회의 신망을 얻어
많은 사람의 지도자로 추대된다.
급출세 하면 급하락이 될수도 있으니 지모만 믿고 너무 무리하면 남의 모함으로
실패 할수있다.

42 확수 (고행격)

아는 것이 같아 여러방면의 능력을 발휘하고 처세술이 능해 도처에 친구가 많으나
의지력과 추진력이 결핍되어 처음은 거창하나 끝이 없으니 성공하기 어렵다
귀가 여려 남의 말에 잘 현혹되어 실패를 자주보아 고생이 막심하니
남의 말 듣지 않는것이 좋다

43 획수 (산재격)

재주가 많고 처서술에도 능하나 지능이 없어 계산에 무디어 재산형성에 무디다
낭비벽이 심하고 이성관계도 복잡해 색정으로 재산을 탕진하므로
이성을 멀리 하는것이 좋다

44 획수 (비운격)

머리가 뛰어나 노력하지 않고 일확천금을 꿈꾸며 매사에 성실치 못해 엉통하고
삐뚤어진 곳에 머리를 돌려 사기,횡령등 형벌을 받는 경우가 많으며 나쁜 곳에 머리가
잘돌아가 가정의 파산,이별,신병,형옥,조난,천재지변등으로 신고가 많은
비운의 삶을 살아간다

45 획수 (순풍격)

두뇌가 명석하여 학업에 매진하여 인내와 노력으로 자수성공하게되고
인생항로에 역경이나 난관이 닥쳐와도 지혜로 순조롭게 극복하여 많은 사람의
귀감이되어 사회의 존경과 신망이 높아 만사가 순조롭게 발전한다

46 획수 (부지격)

좋은일 보다 나쁜 일이 많아 파란만장의 인생을 살아가게되며
고학으로 고생하고 노력하여 부와 명예를 잡기도 하나
중년의 급변하거나 예상치 못한 재난이 자주 발생해 모든 것을 잃어버려
정력과 재산 모두 없어지고 가정의 파괴,고독,단명등
비운이 연속되는 고달픈 인생을 살아가게된다

47 획수 (결실격)

차분한 성격과 성실한 노력으로 모든 사람의 신망을 얻어 재산이 많아져
먹고도 남음이 있어 주위사람에게도 자비를 베풀고 후손에게
큰 재산을 남겨 주는 길수이다.
무슨일이나 처음은 적으나 결실의 결과는 알차게 열매 맺어진다

48 획수 (명안격)

영민하고 재능이 뛰어나 임시변통의 재주가 있어 남을 보좌하는 역활이나
남을 즐겁게 해주거나 남의 어려운일 해결하는 직업을 가지면 편안한 여생을
보내며 배우궁과 자식궁이 모두 안락하고 행복하다.

49 획수 (성쇠격)

길흉이 상반되어 초년 중년 말년의 성패굴곡의 교차가 심해 허영과 타락으로
재산이 모이지않고 흩어진다
미리 대비하여 절약하는 습관을 들여 저축에 힘쓰거나 부동산에 묻어두면
변화의 기복이 없어져 말년이 안락하다

50 획수 (성패격)

감정의 기복이 심하고 무슨 일이든 일관성이 없어 기분 내키는데로 처리하는
변태적 기질이 있어 일시적인 성공을 거두나 대인관계의 신용을 잃어
여러 사람의 비난과 시기,모함으로 실패가 거듭된다
말과 행동의 통일성이 없음을 고치야 한다.

51 획수 (춘몽격)

놀기를 좋아하고 일하기를 싫어해 부모 유산은 있어도 이성의 복잡함과 색정으로
아니면 도박으로 구름에 날려 보내고 옛 영광에 사로잡혀 한탕주의만 생각하면서
일하지 않고 놀기만하다가 어느덧 인생이 일장춘몽으로 끝이난다